ANTÔNIO JOSÉ DE ALMEIDA

SOIS UM EM CRISTO JESUS

LIVROS BÁSICOS DE TEOLOGIA
Para a formação dos agentes de pastoral
nos distintos ministérios e serviços da Igreja

DIREÇÃO E COORDENAÇÃO GERAL DA COLEÇÃO:
Elza Helena Abreu, São Paulo, Brasil

ASSESSORES:
D. Manoel João Francisco, bispo de Chapecó, Brasil
Mons. Javier Salinas Viñals, bispo de Tortosa, Espanha
João Batista Libanio, S.J., Belo Horizonte, Brasil

PLANO GERAL DA COLEÇÃO

TEOLOGIA FUNDAMENTAL
1. *Crer num mundo de muitas crenças e pouca libertação*
   João Batista Libanio

TEOLOGIA BÍBLICA
2. *A História da Palavra I*
   A. Flora Anderson, Gilberto Gorgulho, Pedro L. Vasconcellos, Rafael R. da Silva
3. *A História da Palavra II*
   A. Flora Anderson, Gilberto Gorgulho, Pedro L. Vasconcellos, Rafael R. da Silva

TEOLOGIA SISTEMÁTICA
4. *Esperança além da esperança*
   M. Angela Vilhena e Renold J. Blank
5. *A criação de Deus* (Deus e criação)
   Luiz Carlos Susin
6. *Deus Trindade: a vida no coração do mundo*
   Maria Clara L. Bingemer e Vitor Galdino Feller
7. *Deus-Amor: a graça que habita em nós*
   Maria Clara L. Bingemer e Vitor Galdino Feller
8. *Cristologia e Pneumatologia*
   Maria Clara L. Bingemer
8.1. *Sois um em Cristo Jesus*
   Antonio José de Almeida
8.2. *Maria, toda de Deus e tão humana*
   Afonso Murad

TEOLOGIA LITÚRGICA
9. *O mistério celebrado. Memória e compromisso I*
   Ione Buyst e José Ariovaldo da Silva
10. *O mistério celebrado. Memória e compromisso II*
    Ione Buyst e Manoel João Francisco

TEOLOGIA MORAL
11. *Aprender a viver. Elementos de teologia moral cristã*
    Márcio Fabri dos Anjos

DIREITO CANÔNICO
12. *Direito eclesial: instrumento da justiça do Reino*
    Roberto Natali Starlino

HISTÓRIA DA IGREJA
13. *Eu estarei sempre convosco*
    Henrique Cristiano José Matos

TEOLOGIA ESPIRITUAL
14. *Espiritualidade cristã*
    Francisco Catão

TEOLOGIA PASTORAL
15. *A pastoral dá o que pensar. A inteligência da prática transformadora da fé*
    Agenor Brighenti

APRESENTAÇÃO DA COLEÇÃO

A *formação teológica* é um clamor que brota das comunidades, dos movimentos e organizações da Igreja. Diante das complexas realidades local e mundial, neste tempo histórico marcado por agudos problemas, sinais de esperança e profundas contradições, a *busca de Deus* se intensifica e percorre caminhos diferenciados. Nos ambientes cristãos e em nossas igrejas e comunidades, perguntas e questões de todo tipo se multiplicam, e os *desafios da evangelização* também aumentam em complexidade e urgência. Com isso, torna-se compreensível e pede nossa colaboração o *clamor por cursos e obras de teologia* com sólida e clara fundamentação na Tradição da Igreja, e que, ao mesmo tempo, acolham e traduzam em palavras a ação e o sopro de vida nova que o Espírito Santo derrama sobre o Brasil e toda a América Latina.

É importante lembrar que os documentos das Conferências do Episcopado Latino-Americano (Celam) e, especialmente, as *Diretrizes Gerais da Ação Evangelizadora da Igreja no Brasil* (CNBB), assim como outros documentos de nosso episcopado, não cessam de evidenciar a necessidade de *formação teológica* não só para os presbíteros, mas também para os religiosos e religiosas, para os leigos e leigas dedicados aos distintos ministérios e serviços, assim como para todo o povo de Deus que quer aprofundar e levar adiante sua caminhada cristã no seguimento de Jesus Cristo. Nossos bispos não deixam de encorajar iniciativas e medidas que atendam a essa exigência primordial e vital para a vida da Igreja.

O documento 62 da CNBB, *Missão e ministérios dos cristãos leigos e leigas*, quando trata da "força e fraqueza dos cristãos", afirma: "... aumentou significativamente a busca da formação teológica, até de nível superior, por parte de leigos e leigas" (n. 34). E, mais adiante, quando analisa o "diálogo com as culturas e outras religiões", confirma: "tudo isso torna cada vez mais urgente a boa formação de cristãos leigos aptos para o diálogo com a cultura moderna e para o testemunho da fé numa sociedade que se apresenta sempre mais pluralista e, em muitos casos, indiferente ao Evangelho" (n. 143).

Atentas a esse verdadeiro "sinal dos tempos", a Editorial Siquem Ediciones e a Editora Paulinas conjugaram esforços, a fim de prestar um serviço específico à Igreja Católica, ao diálogo ecumênico e inter-religioso e a todo o povo brasileiro, o latino-americano e o caribenho.

Pensamos e organizamos a coleção "Livros Básicos de Teologia" (LBT) buscando apresentar aos nossos leitores e cursistas todos os tratados de teologia da Igreja, ordenados por áreas, num total de quinze volumes. Geralmente, os tratados são imensos, e os manuais que lhes correspondem são volumosos e rigorosamente acadêmicos. Nossa coleção, pelo contrário, por unir consistência e simplicidade, diferencia-se das demais coleções voltadas a essa finalidade.

Conhecer a origem desse projeto e quem são seus autores tornará mais clara a compreensão da natureza desta obra e qual seu verdadeiro alcance. A coleção LBT nasceu da frutuosa experiência dos *Cursos de Teologia para Agentes de Pastoral* da Arquidiocese de São Paulo (Região Episcopal Lapa). Os alunos dos vários núcleos freqüentemente pediam subsídios, apostilas, livros etc. O mesmo acontecia em cursos semelhantes, em outras regiões e dioceses. Contando com a colaboração de experientes e renomados teólogos de várias dioceses da Igreja no Brasil, pouco a pouco foi surgindo e ganhando corpo um projeto que pudesse atender a essa necessidade específica. De todo esse processo de busca e colaboração, animado e assistido pelo Espírito Santo, nasceu a coleção "Livros Básicos de Teologia".

Fidelidade a seu propósito original é um permanente desafio: proporcionar formação teológica básica, de forma progressiva e sistematizada, aos agentes de pastoral e a todas as pessoas que buscam conhecer e aprofundar a fé cristã. Ou seja, facilitar um saber teológico vivo e dinamizador, que "dê o que pensar", mas que também ilumine e "dê o que fazer". É desejo que, brotando da vida e deitando suas raízes na Palavra, na Liturgia e na Mística cristã, essa coleção articule teologia e prática pastoral.

Cabe também aqui apresentar e agradecer o cuidadoso e sugestivo trabalho didático dos nossos autores e autoras. Com o estilo que é próprio a cada um e sem esgotar o assunto, eles apresentam os temas *fundamentais de cada campo teológico*. Introduzem os leitores na linguagem e na reflexão teológica, indicam chaves de leitura dos diferentes conteúdos, abrem pistas para sua compreensão teórica e ligação com a vida, oferecem vocabulários e bibliografias básicas, visando à ampliação e ao aprofundamento do saber.

Reforçamos o trabalho de nossos autores, convidando os leitores e leitoras a ler e mover-se com a mente e o coração através dos caminhos descortinados pelos textos. Trata-se de ler, pesquisar e conversar com o texto e seu autor, com o texto e seus companheiros de estudo. Trata-se de dedicar tempo a um continuado exercício de escuta, de consciência crítica, de contemplação e partilha. Aí, sim, o saber teológico começará a transpor a própria interioridade, incorporando-se na vida de cada dia e, pela ação com o Espírito, gestará e alimentará formas renovadas de pertença à Igreja e de serviço ao Reino de Deus.

Certamente esta coleção cruzará novas fronteiras. Estará a serviço de um sem-número de pessoas e comunidades eclesiais da América Latina e do Caribe, com elas dialogando. Estreitaremos nossos laços e poderemos ampliar e aprofundar novas perspectivas evangelizadoras em nosso continente, respondendo ao forte clamor de preparar formadores e ministros das comunidades eclesiais.

A palavra do Papa João Paulo II, em sua Carta Apostólica *Novo millennio ineunte* [No começo do novo milênio], confirma e anima nossos objetivos pastorais e a tarefa já começada:

> *Caminhemos com esperança! Diante da Igreja, abre-se um novo milênio como um vasto oceano onde é necessário aventurar-se com a ajuda de Cristo (n. 58).*
>
> *É necessário fazer com que o único programa do Evangelho continue a penetrar, como sempre aconteceu, na história de cada realidade eclesial. É nas Igrejas locais que se podem estabelecer as linhas programáticas concretas — objetivos e métodos de trabalho, formação e valorização dos agentes, busca dos meios necessários — que permitam levar o anúncio de Cristo às pessoas, plasmar as comunidades, permear em profundidade a sociedade e a cultura através do testemunho dos valores evangélicos (...). Espera-nos, portanto, uma apaixonante tarefa de renascimento pastoral. Uma obra que nos toca a todos (n. 29).*

Com as bênçãos de Deus, certamente esta coleção cruzará novas fronteiras. Estará a serviço e dialogará com um sem-número de pessoas e comunidades eclesiais da América Latina e do Caribe. Estreitaremos nossos laços e poderemos ampliar e aprofundar novas perspectivas evangelizadoras em nosso continente, respondendo ao forte clamor de capacitar formadores e ministros das comunidades eclesiais.

ELZA HELENA ABREU
Coordenadora geral da Coleção LBT

Dados Internacionais de Catalogação na Publicação (CIP)
(Câmara Brasileira do Livro, SP, Brasil)

Almeida, Antônio José de
　　Sois um em Cristo Jesus / Antônio José de Almeida. – 2. ed. – São Paulo : Paulinas ; Valência, ESP : Siquem, 2012. – (Coleção livros básicos de teologia ; 8.1)

　　ISBN 978-85-356-1407-7 (Paulinas)
　　ISBN 84-95385-58-9 (Siquem)
　　Bibliografia.

　　1. Fé　2. Igreja　3. Teologia sistemática　I. Título.　II. Série.

12-10181　　　　　　　　　　　　　　　　　　　　　　　　CDD-262

Índices para catálogo sistemático:
1. Eclesiologia : Teologia : Cristianismo　　262
2. Igreja : Eclesiologia : Teologia : Cristianismo　　262

2ª edição – 2012
2ª reimpressão – 2018

© Siquem Ediciones e Paulinas
© Autor: Antônio José de Almeida

Com licença eclesiástica (24 de junho de 2004)

Coordenação geral da coleção LBT: *Elza Helena Abreu*
Editora responsável: *Vera Ivanise Bombonatto*
Assistente de edição: *Cirano Dias Pelin*

Nenhuma parte desta obra pode ser reproduzida ou transmitida por qualquer forma e/ou quaisquer meios (eletrônico ou mecânico, incluindo fotocópia e gravação) ou arquivada em qualquer sistema ou banco de dados sem permissão escrita da Editora. Direitos reservados.

Siquem Ediciones
C/ Avellanas, 11 bj. 46003 Valencia – Espanha
Tel.: (00xx34) 963 91 47 61
e-mail: siquemedicion@telefonica.net

Paulinas
Rua Dona Inácia Uchoa, 62
04110-020 – São Paulo – SP (Brasil)
Tel.: (11) 2125-3500
http://www.paulinas.org.br – editora@paulinas.com.br
Telemarketing e SAC: 0800-7010081
© Pia Sociedade Filhas de São Paulo – São Paulo, 2004

INTRODUÇÃO

Gostaria de escrever um livro de eclesiologia que fosse ao mesmo tempo simples, bonito e completo. Você pode ter certeza de que tentei, mas tenho certeza de que não consegui.

Não é fácil escrever um livro de eclesiologia. A eclesiologia supõe muitos conhecimentos prévios. Você precisa de um pouco de história, de Bíblia, de cristologia, de pneumatologia, de Trindade, de sacramentos, de graça... de tudo. Mais que um tratado de introdução, é um tratado de conclusão.

Chega uma hora, porém, em que você tem de entrar na Igreja. Com "I" maiúsculo. Nessas horas, como é bom ter alguém que nos acompanhe! Entrar pela porta certa. Sentir o clima. Observar as grandes estruturas. Perceber os detalhes importantes. Ver os vitrais, que, ao deixarem passar a luz, mostram as figuras que os estruturam. Descobrir o altar em sua singeleza e majestade. Não ficar tão embasbacado com nenhum aspecto das naves ou do transepto a ponto de não enxergar também a cátedra do bispo ou as cadeiras do presbitério.

Nesta eclesiologia, tentei tornar fácil a difícil iniciação teológica ao mistério da Igreja. Mesmo sabendo que você, ainda que esteja estudando teologia pela primeira vez, já tenha seus conceitos e preconceitos a respeito da Igreja. Você não precisa deixá-los do lado de fora. Pode entrar na sala de aula com eles, desde que esteja disposto a questioná-los, a discuti-los com quem fez este caminho antes e diferente de você, a confrontá-los com a grande tradição acumulada na Bíblia, nos textos dos Santos Padres, nos ensinamentos do magistério, nas flexões e reflexões anosas dos teólogos, que ajudam a Igreja a pensar com regra, método e sistema.

A teologia deve ser bonita. Não pode falar só à razão, mas ao coração, à sensibilidade.[1] Uma teologia fria enrijece alma e corpo, não seduz nenhum deles. Uma teologia árida pode conduzir um ou outro ao deserto da oração, mas, e as multidões que o acompanharam o dia inteiro vão ser despedidas para comprarem onde o pão da vida? Uma teologia que não contagia o

---

[1] "[Ninguém] creia que lhe baste a leitura sem a unção, a especulação sem a devoção, a investigação sem a admiração, a circunspecção sem a exultação, a atividade sem a piedade, a ciência sem a caridade, a inteligência sem a humildade, o estudo sem a divina graça, a pesquisa humana sem a sabedoria inspirada por Deus" (S. BOAVENTURA. *Itinerarium mentis in Deum*. Prólogo, n. 4). Cf. *OT* 16, n. 32.

leitor, porque antes não contagiou o autor, denuncia a ausência daquela experiência que só o Espírito Santo é capaz de dar. A teologia, na verdade, não é uma ciência que construímos, baseando-nos em nossa própria autoridade — como a matemática, a química, a biologia, a psicologia —, mas que administramos como servidores e artistas de Deus. O teólogo — e antes dele o cristão — tem de estar convencido de que "a beleza salvará o mundo".[2] A beleza da flor que se fez palavra de amor no encontro entre dois. A beleza dos bombeiros que salvaram o escavador do fundo do poço que desbarrancou. A beleza da dona-de-casa que se dispôs a dar reforço escolar para as crianças da vizinhança em sua própria casa e hoje acompanha setenta crianças no ônibus transformado em escola. A beleza de um texto capaz de dizer tudo em poucas palavras, de dizer a verdade com unidade, bondade e beleza, de penetrar no mistério, deixando-se contagiar por ele para contagiar a outros com a mesma beleza. Com a própria beleza. A beleza — veja, toque, sinta, contemple — é o próprio mistério, que fascina e comove, pacifica e alegra.

Vou ficar devendo o "completa". Minha modesta eclesiologia só é completa — se é que o é — como iniciação. Não me ouça nem saiba meu venerando professor de eclesiologia, mas se naquela época, quando estudei eclesiologia pela primeira vez, eu só tivesse estudado não o simplesmente científico, e, sim, o cientificamente simples, estaria colocado no bom caminho da eclesiologia. O mais cruel — oh! destino cruel — é que não me lembro absolutamente nada daquelas aulas, certamente sapientíssimas, de eclesiologia. Só sei que fui aprender eclesiologia depois, fora de aula, sem professor (ou quase). Minto. Com professor, sim, com professor tornado papel. Não é isto, contudo, o que desejo a você, a quem certamente Deus dotou com aquelas qualidades que faltaram a mim naquela hora, quando toda uma estrutura, antiga de quinhentos anos, foi colocada com tanta seriedade e solenidade à minha disposição para eu aprender eclesiologia.

Alguns mestres de papel marcaram-me muito. Não vou dizer quais. Espero que este marque você também. Não precisa ser muito. É uma questão de simpatia, de paixão, não sei. Já lhe aconteceu de ler um livro num dia? Ou numa noite? A mim, tantas vezes. Não espero tanto da relação entre você e este livro. Até acho que não foi feito para ser lido de um golpe. Seria melhor saboreá-lo, sorvê-lo aos poucos, voltar a algum capítulo, retomar um parágrafo para compreendê-lo melhor e aprofundá-lo mais. Há muita riqueza escondida nestas páginas. Santos Padres falando. Teólogos célebres discutindo. Solenes concílios definindo. Papas anatemizando (e abençoando). Só indo e vindo pelas mesmas páginas para podermos perceber essas riquezas... e apossar-nos delas.

---

[2] Dostoievski, F. M. *O idiota*. Rio de Janeiro/São Paulo, José Olympio, 1949. p. 417.

Aqui você vai encontrar, perdoe-me a falta de modéstia, o essencial. Ou quase. Passo-lhe o roteiro. As várias abordagens a partir das quais se pode estudar a Igreja (história, sociologia, psicologia, fé, teologia, história da teologia, teologia ecumênica). A Igreja como obra do Pai, do Filho e do Espírito Santo, que professamos una, santa, católica e apostólica. A Igreja em imagens tão ricas e várias como as experiências que tecem a nossa vida. A Igreja em noções, não menos ricas, mas menos várias que a linguagem das metáforas e símbolos: povo de Deus, corpo de Cristo, construção do Espírito (as três noções trinitárias); comunhão, sacramento de comunhão, mistério, instituição. A Igreja formada de seres humanos: discípulos, filhos, irmãos. E servida por aqueles dons do Alto que a estruturam socialmente: carismas e ministérios: episcopal, presbiteral, diaconal. Neste contexto, o bispo de Roma, "a Igreja que preside à caridade na observância da lei de Cristo", recebeu o lugar que lhe cabe numa eclesiologia católica. A Igreja, entretanto, não é uma mônada que vive em si e para si. Por sua própria natureza e missão, ela estabelece relações que, em larga medida, a constituem e direcionam sua missão: o reino de Deus, o povo de Israel, as religiões, o cristianismo, os fiéis, a sociedade, o Estado. Finalmente, um capítulo para um tema apaixonante: os modelos. Pensamos em modelos interpretativos, não em modelos aplicativos. Os primeiros são uma riqueza; os segundos, um risco.

O título vem de Paulo. Da carta aos Gálatas. Naquele contexto em que, na longa argumentação de Paulo sobre a filiação, o pedagogo cede lugar à fé. O regime da Lei, apanágio dos judeus, não se sustenta mais quando se revela a dignidade dos filhos, que assume — mas supera em Cristo — as diferenças. Graças à identificação com Cristo, não têm mais significado identificações firmadas na etnia, na condição social ou nas diferenças sexuais. Uma realidade nova redefine o ser humano. Somos filhos e filhas, irmãos e irmãs. Há uma unidade nova que nos liberta e redime do que há de desumano nas diferenças: somos "um em Cristo Jesus"! Proclame-se o evangelho de Paulo nestes tempos sombrios para o ser humano, virado menos que lixo, tornado mais do que bicho e com ares de divindade. Recorde-se, na indignidade em que vivem pequenos e grandes, a humana dignidade. Lembre-se de que todos somos chamados à comunhão:

> [...] *vós todos sois filhos de Deus pela fé no Cristo Jesus. Vós todos que fostes batizados em Cristo vos revestistes de Cristo. Não há mais judeu nem grego, escravo ou livre, homem ou mulher, pois todos vós sois um só em Cristo Jesus (Gl 3,26-28).*

Desta unidade é a Igreja sacramento.

A memória dos pobres acompanhou-nos da primeira à última página. O vocabulário da pobreza contabiliza mais de cem ocorrências. Número não é tudo, mas é bom indicador. A palavra de Pedro, que nunca deixou de ecoar nos ouvidos de Paulo, chegou ao meu também: "Nós só nos devíamos lembrar dos pobres, o que, aliás, tenho procurado fazer com solicitude" (Gl 2,10). Digo mais. A antiga história do samaritano foi o paradigma do espírito que nos invadiu e derramou-se sobre este texto:

> *Uma simpatia imensa o perpassou de uma extremidade à outra. A descoberta das necessidades humanas (e são tanto maiores quanto maior se faz o filho da terra) absorveu a atenção do nosso Sínodo.*

Dizia do Concílio o papa Paulo VI.[3] Com as devidas proporções, posso dizer deste opúsculo.

Não nos atardemos: "O noivo vem aí! Saí ao seu encontro!" (Mt 25,6). Acompanhe-me nesta experiência,[4] que muitos já fizeram antes de nós e tantos haverão de fazer por causa de nós.

---

[3] PAULO VI. Summi Pontificis Pauli VI homilia in IX Ss. Concilii Sessione. In: *Il Concilio Vaticano II. Enchiridion Vaticanum*. Bologna, EDB, 1968. pp. 280-282.

[4] BOFF, L. *Atualidade da experiência de Deus*. Petrópolis, Vozes, 1974. MARTINI, C. M. *A dimensão contemplativa da vida*. São Paulo, Loyola, 1982. FABRI DOS ANJOS, M. (Ed.). *Experiência religiosa*: risco ou aventura? São Paulo, Paulinas, 1998. CNBB. *Diretrizes gerais da ação pastoral da Igreja no Brasil, 1991-1994*. São Paulo, Paulinas, 1991. CASTIÑEIRA, A. *A experiência de Deus na pós-modernidade*. Petrópolis, Vozes, 1997. VANNINI, M. *Introduzione alla mistica*. Brescia, Morcelliana, 2000. BOFF, L. *Experimentar Deus. A transparência de todas as coisas*. Campinas, Verus, 2002.

Capítulo primeiro

A IGREJA NÃO CABE NUM ÚNICO OLHAR

A Igreja é uma realidade tão rica, complexa e dinâmica, que não se deixa apreender num único olhar. Ela apela a diversas regiões e níveis do compreender humano para deixar-se revelar. Desta forma, as várias abordagens com as quais podemos aproximar-nos da realidade Igreja, longe de decompô-la num amontoado de fragmentos, na verdade vão formando o mosaico em que ela se dá à nossa contemplação.

Não só. A Igreja tem uma autocompreensão, pela qual ela é uma realidade revelada e crida. Por isso, nesta multiplicidade de olhares, ao crente e ao teólogo importa distinguir, antes de tudo, um olhar "exterior" e um olhar "interior". Embora possa assemelhar-se a outros grupos sociais, a Igreja não se deixa igualar a eles, uma vez que se autocompreende como uma realidade que supera as criações meramente humanas. A sua própria autocompreensão exige um olhar "interior", que é o olhar próprio da fé, com sua própria consistência, seus limites e suas regras.

O olhar da fé não dispensa nem desqualifica outros olhares, embora se veja como o único adequado a captar a realidade que escapa ao olhar meramente "exterior". Por sua vez, o olhar "exterior" da história, da sociologia, da psicologia não é concorrente nem excludente do olhar "interior" da fé, mas tão pertinente quanto este, desde que cada um reconheça seu alcance e seu limite, não desqualificando aprioristicamente o que não aparece — nem poderia aparecer — em seu campo de conhecimento e linguagem.

A Igreja, portanto, dá-se a conhecer, fundamentalmente, em dois níveis: um nível "empírico" e um nível "normativo". No nível empírico, captamos a Igreja como um dado de fato: a Igreja é uma instituição com uma estrutura organizativa, com determinadas condições de pertença, com uma história. No nível normativo, a Igreja tem uma determinada autocompreensão que vai além dos dados concretos: a Igreja tem uma visão de si que não pode ser deduzida da realidade empírica, mas remete a um horizonte e a um projeto com os quais se sente envolvida e comprometida. Os dois níveis devem ser levados em conta em eclesiologia.

1. A PERSPECTIVA HISTÓRICA

A Igreja não só se sente "real e intimamente ligada ao gênero humano e à sua história" (GS 1), mas "existe neste mundo e com ele vive e atua".

É composta de homens e mulheres "que são membros da cidade terrena e chamados a formar já na história a família dos filhos de Deus, a qual deve crescer continuamente até à vinda do Senhor". Ela "caminha com toda a humanidade, participa da mesma sorte terrena do mundo" (*GS* 40). Em síntese, a Igreja é uma realidade histórica, herdeira de um longo passado, que condiciona o seu presente, mas não impede decisões livres para o futuro.

O que mais cria problemas é a história passada da Igreja, que não podemos esconder, negar, remover, fazendo de conta que não existiu ou "não foi bem assim". A história passada da Igreja pertence-nos como nos pertencem a Igreja passada, a presente e a futura. Trata-se sempre da *nossa* Igreja. Aquilo que todo o ser humano normal faz em relação ao seu passado — assimilando-o, aceitando-o e trabalhando-o —, devemos fazer em relação ao passado da nossa Igreja. Assim, diante do passado de nossa Igreja, podemos tomar três atitudes: uma apologética, uma condenatória, uma crítico-confessante.

A atitude *apologética* encontra-se fortemente presente no Vaticano I. Aí a Igreja é colocada entre os "sinais certíssimos da divina revelação, adequados a toda a inteligência", e apresentada como "um grande e perene motivo de credibilidade e um irrefutável testemunho da sua missão divina".[1] Dessa maneira, como um estandarte levantado entre as nações (cf. Is 11,12), ela "convida a si aqueles que ainda não crêem e aumenta nos seus filhos a certeza de que a fé por eles professada apóia-se sobre um solidíssimo fundamento".[2] Sua força de convicção provém de três dados que seriam encontráveis só na Igreja católica: 1) a sua difusão através de povos e gerações; 2) a sua qualidade moral; 3) a sua estabilidade social e histórica.[3]

Muitos, porém — e não são só os críticos mal-intencionados —, duvidam de que uma sóbria investigação histórica possa desempenhar este papel apologético em relação à Igreja. No pólo oposto, então, encontram-se atitudes *condenatórias*, para as quais parece justificado dizer que o cristianismo organizado como Igreja, considerando-se a sua história, é talvez mais comprometido do que qualquer outra religião. A historiografia não conduziria à apologia da Igreja, mas ao seu oposto, à condenação ou, pelo menos, a sérios questionamentos.

Para aqueles que assumem uma atitude *crítica e confessante,* a memória da Igreja "não é constituída só pela tradição que remonta aos apóstolos", é normativa para a sua fé e a sua própria vida,

> *mas é também rica da variedade das experiências históricas, positivas ou negativas [...] O passado da Igreja estrutura em larga medida o*

---

[1] *DS* 3013.
[2] *DS* 3014.
[3] *DS* 3013.

seu presente. A tradição doutrinal, litúrgica, canônica, ascética nutre a vida mesma da comunidade crente, oferecendo-lhe um mostruário incomparável de modelos [...] Ao longo de toda a sua peregrinação terrena, porém, a boa semente está sempre misturada com a cizânia, a santidade caminha lado a lado com a infidelidade e o pecado. E, dessa forma, a recordação dos escândalos do passado pode obstaculizar o testemunho da Igreja de hoje, e o reconhecimento das culpas cometidas pelos filhos da Igreja de ontem pode favorecer a renovação e a reconciliação no presente.[4]

Por isso, a Igreja inteira, mediante a confissão do pecado de seus filhos, "assume sobre si o peso das culpas também passadas para purificar a memória e viver a renovação do coração e da vida segundo a vontade do Senhor".[5] Numa perspectiva bem diversa da do Vaticano I, a Igreja, com o Vaticano II, confessa-se "ao mesmo tempo santa e está em constante purificação" (*LG* 8), e, por isso, ao mesmo tempo que reconhece oficialmente o que a graça pode realizar de forma exemplar em seus membros, "não se cansa de fazer penitência e reconhece sempre como próprios, diante de Deus e dos homens, os filhos pecadores".[6]

2. A PERSPECTIVA SOCIOLÓGICA

O contar a própria história acompanha a Igreja praticamente desde suas origens. Basta ver os Atos dos Apóstolos e, de certa maneira, também os evangelhos e as cartas. As coisas ficam mais difíceis, entretanto, com a sociologia: suas diversas teorias excluem completamente a questão de uma essência íntima; seus métodos empíricos são relativamente neutros e produzem conhecimentos utilizáveis a partir de interesses até contrastantes.[7]

Acolher os enfoques sociológicos parece uma aprovação do relativismo, ou seja, uma atitude que se contrapõe à lógica da fé, que se pretende absoluta. A necessidade de conhecer a situação real da Igreja em determinada sociedade e suas reais possibilidades de comunicar a fé, porém, tem levado a instituição eclesiástica a recorrer a pesquisas e a análises sociológicas.

Para a sociologia, a Igreja aparece não como uma entidade totalmente autônoma, mas como um elemento inserido no contexto social que a rodeia; Igreja, cristianismo e religiosidade não são a mesma coisa; a estrutura interna da Igreja não goza de uma autonomia absoluta, mas se revela nas

---

[4] Comissão Teológica Internacional. Memoria e riconciliazione. La Chiesa e le colpe del passato. *Il Regno Documenti* 44 (2000) 140.
[5] Idem, ibidem, p. 138.
[6] João Paulo II. *Tertio millennio adveniente,* 33.
[7] Cf. Berger, P. L. *Rumor de anjos. A sociedade moderna e a redescoberta do sobrenatural.* Petrópolis, Vozes, 1997. p. 62

relações que acontecem, por um lado, entre organização institucional, reflexão e prática, e, por outro, entre cada um desses elementos e o ambiente social circunstante.[8]

É claro que a abordagem sociológica pode trazer à tona contrastes e incoerências, seja entre os elementos que estruturam a Igreja como grupo social (organização ↔ reflexão ↔ prática), seja entre estes e determinado contexto social.[9]

Pesquisa recente sobre "tendências atuais do catolicismo no Brasil", encomendada pela CNBB ao Ceris, procura traçar um perfil do católico brasileiro, a fim de fornecer elementos para a definição de diretrizes para a ação da Igreja no País. Foram entrevistadas 5.211 pessoas, maiores de 18 anos, das classes E (60%), D (31%) e C (9%), em seis grandes capitais. Elas responderam a 40 perguntas sobre os mais variados temas. Alguns resultados já são conhecidos: 1º) sob o aspecto sociorreligioso, a população brasileira pode ser dividida em quatro grupos: os católicos; os que se declaram católicos, mas exercem formas variadas de religiosidade; os cristãos não-católicos; os sem religião; 2º) embora 67% dos adultos brasileiros pobres que moram nas grandes cidades declarem-se católicos, apenas 35% professam a fé em Jesus Cristo, em Maria e acatam os ensinamentos da Igreja, podendo, por conseguinte, ser considerados "integralmente católicos"; os outros 32% identificam-se apenas com Cristo e seus ensinamentos, aproximando-se, assim, dos evangélicos, ou acreditam apenas em Deus, ou acreditam numa força superior, sem vinculação institucional com a Igreja, ou ainda misturam elementos de catolicismo, de espiritismo e/ou de religiões afro-brasileiras; 3º) embora a fé religiosa seja considerada muito importante na vida pessoal, muitos católicos mostram-se bastante autônomos em relação à Igreja oficial: se por um lado concordam com as posições da Igreja contrárias ao adultério (80%), ao aborto (72%) e à homossexualidade (61%), por outro são a favor do uso de anticoncepcionais (73%), do divórcio (59%), de novo casamento (63%) e do sexo antes do casamento (63%); aliás, muitos são da opinião que a Igreja não deveria envolver-se com essas questões ou, no máximo, propor, mas não impor; 4º) em relação a uma questão no âmbito da vida interna da Igreja — casamento dos padres —, 33% são a favor da liberação, 34% são contra, 11% não têm opinião e 17% são indiferentes.[10]

---

[8] Cf. MADURO, O. *Religión y lucha de clases*. Caracas, Ateneo, 1979.
[9] ROLIM, F. C. *Religião e classes populares*. Petrópolis, Vozes, 1980. IDEM. Comunidades eclesiais de base e camadas populares. *Encontros com a Civilização Brasileira* 22 (1980) 89-114.
[10] Cf. ALVES, T. & CAMPOS, A. C. O que pensa o católico. Pesquisa revela o perfil dos fiéis brasileiros. *Tudo* 14, 06.05.2001. BERABA, M. Só 35% dos pobres seguem a Igreja católica. Pesquisa revela as tendências atuais do catolicismo no Brasil. *Folha de S. Paulo*, 12.07.2001, p. 12. Cf. CNBB. *Diretrizes gerais da ação evangelizadora da Igreja no Brasil*. São Paulo, Paulinas, 2003. pp. 33-44. IDEM. *Desafios do catolicismo na cidade. Pesquisa em regiões metropolitanas brasileiras*. São Paulo, Paulus, 2004.

Não existe uma, mas muitas perspectivas sociológicas, "pois não há uma escola que consiga o consenso de todos os que se dedicam às ciências sociais". Simplificando, poder-se-ia, porém, pensar em duas grandes correntes: para a primeira, supõe-se que o sistema social "tende a permanecer em seu estado de equilíbrio, apesar das mudanças que acontecem em suas condições externas (e internas)"; a segunda coloca em primeiro plano "os conflitos de interesses entre os vários grupos ou classes que constituem um sistema social".[11]

Na prática, a contribuição que as ciências sociais dão à eclesiologia

consiste fundamentalmente em dar-nos um olhar diferente sobre a Igreja, capaz de ver o que, acostumados como estamos ao olhar teológico, tende a escapar-nos. É semelhante à contribuição do estrangeiro, que descobre, com seu ponto de vista diferente do nosso, aspectos novos de nossa própria realidade [...] Em particular, é altamente positiva a contribuição que um olhar dessacralizado sobre os aspectos institucionais e organizacionais da Igreja, que, às vezes, de tanto vê-la como sacramento que prolonga na história a encarnação, nos passam despercebidos [...] Isto é especialmente válido para o que diz respeito ao exercício do poder na Igreja...[12]

Se a sociologia pode ajudar a eclesiologia numa percepção mais profunda e crítica da Igreja, a teologia também pode ser útil às ciências sociais, ajudando-as a proceder a uma autocrítica teológica, aparentemente estranha, mas inegavelmente benéfica.[13] Por isso, a abertura entre teologia e sociologia é benéfica para ambas.

3. A PERSPECTIVA PSICOLÓGICA

A Igreja pode ser encarada também do ponto de vista psicológico.[14] Para a psicologia social, as relações entre pessoas, grupos e estruturas dentro da Igreja e entre a Igreja e a sociedade não são muito diferentes das mesmas relações em outras instituições sociais. Tanto sociólogos como psicólogos sabem que as relações entre pessoas não dependem apenas da consciência e da liberdade individuais, que são únicas e insubstituíveis,

---

[11] Silva Gotay, S. La mirada sociológica y la mirada teológica sobre la Iglesia como "Pueblo de Dios": conflictos y aportes mutuos. *Teología y Vida* 26 (1985) 87. Cf. Oliveira, P. A. R. de. Religião e dominação de classe: o caso da romanização. *Religião e Sociedade* 6 (1980) 167-187. Idem. *Religião e dominação de classes: gênese, estrutura e função do catolicismo romanizado no Brasil*. Petrópolis, Vozes, 1985.
[12] Silva Gotay, S. art. cit., p. 88. Cf. Le pouvoir dans l'Église. *Pouvoirs - Revue Française d'Études Constitutionnelles et Politiques* 17 [número monográfico] (Paris, 1981) 224 p.
[13] Cf. Idem. La mirada sociológica y la mirada teológica..., cit., pp. 88-99.
[14] Cf. Tange, A. *Análise psicológica da Igreja*. São Paulo, Loyola, 1975.

mas também de "estruturas" previamente dadas. Por estruturas, entendem-se mentalidades e princípios ordenados e ordenadores dentro de uma determinada situação, que permitem sobrevivência, projetos, realizações.

As pessoas relacionam-se e formam grupos, ou seja, conjuntos de indivíduos que estão em contato recíproco, onde uns levam em conta os outros e compartilham elementos comuns. Há grupos primários: pluralidade de indivíduos normalmente restrita, com características de associação e de cooperação íntima, face a face, espontâneos nas relações mútuas, em que a individualidade funde-se numa totalidade comum de escopos e de vida. O grupo primário, por sua ampla liberdade de organização e forte carga de espontaneidade, oferece ao indivíduo uma experiência de unidade social, plasmando suas estruturas de consciência e levando-o a um sentimento de "nós". Outros grupos são secundários: formados por um grande número de membros, que têm entre si relações impessoais, formais, funcionais, racionais, sem uma participação totalizante, mas somente limitada e parcial (a partir dos papéis sociais).

Os grupos primários são a matéria-prima das comunidades. Comunidades são formas de relação humana caracterizadas por um alto grau de intimidade pessoal, profundidade emocional, empenho moral, coesão social e continuidade no tempo. A participação do indivíduo numa comunidade normalmente envolve a totalidade do indivíduo. Comunidade é, com efeito, fusão de sentimento e pensamento, tradição e novidade, adesão ao grupo e acolhimento pelo grupo. A sua forma psicológica provém de níveis de motivação muito profundos e traduz-se numa identificação e dedicação praticamente totais à vontade coletiva e individual.[15]

Neste sentido, é necessário lembrar a importância daquilo que cada um experimenta e valora pessoalmente, de que ele pode falar em primeira pessoa porque pessoalmente envolvido. A eclesiologia — e não apenas a teologia prática — não pode trabalhar somente com estruturas objetivas, mas levar em conta também os conhecimentos individuais, os juízos de valor e os posicionamentos emocionais.[16]

É óbvio que as experiências e visões pessoais não são integralmente originais, mas sempre mediadas, portanto marcadas por modelos difusos

---

[15] Cf. SECONDIN, B. I nuovi protagonisti. Movimenti, associazioni, gruppi nella Chiesa. Cinisello Balsamo (MI), Paoline,1991. pp. 127ss. RAMÍREZ, R. G. Las comunidades cristianas de base como grupos primarios. *Servir* 83-84 (1980) 583-608.

[16] "A nossa realidade é, em última análise, construída e participada através daqueles textos nos quais se diz 'eu' e 'nós'. A pergunta sobre como a Igreja está presente nas histórias pessoais é, portanto, insubstituível. Da mesma forma que a biografia de uma pessoa não é a de outra, assim também a Igreja de um não é idêntica à de outro, ainda que os dois se filiem à mesma [...] Na medida em que ao diálogo sobre o próprio mundo é dada importância notável, a todos os que dele participam é reconhecida uma competência de percepção e de interpretação que não pode ser substituída, digamos, nem pela ciência nem pelos títulos de um especialista" (ZIRKER, H. *Ecclesiologia*. Brescia, Queriniana, 1987. p. 38).

de vida e de interpretação. Por isso, o perguntar-se sobre a presença e a percepção da Igreja na vida de cada dia implica que se dê atenção também às imagens de Igreja presentes na opinião pública, às apreciações veiculadas pela mídia, às conversas do dia-a-dia sobre a Igreja e às associações emocionais e intelectuais que transparecem em tudo isso. A modo de exemplo, não deixa de ser significativa a posição da Igreja no *ranking* de credibilidade das instituições em nosso País.[17]

Alguns falam também de um ponto de vista filosófico — a Igreja na filosofia — que mencionamos, sem, porém, aprofundar-nos neste texto.[18]

4. A PERSPECTIVA DA FÉ[19]

O ponto de vista da fé não se opõe à história, à sociologia, à psicologia, à filosofia, mas não necessariamente se compõe com essas ou outras perspectivas. Sua natureza é radicalmente diferente. Vê com olhos humanos o que é divino e com olhos divinos o que é humano, numa dialética única e complexa. Seu ponto de partida é a experiência do Deus da vida no vivo da história pessoal ou comunitária.[20]

A Igreja é, antes de tudo, uma comunidade que crê, *congregatio fidelium*, ou seja, comunidade daqueles que crêem.[21] Sua existência é referida a realidades, atos e fatos que lhe são anteriores: o Pai, o Filho e o Espírito Santo; não em si, mas em suas relações com o mundo ("criador do céu e da terra"), com a história ("concebido, nascido, padecido, morto e sepultado") e com a definitiva inseparabilidade dos dois ("a santa Igreja, a comunhão dos santos, a remissão dos pecados, a ressurreição dos mortos, a vida eterna"). A Igreja é (existe) porque crê e deixa de ser quando deixa de crer.[22]

---

[17] Em pesquisa recente, feita pelo Ibope, sobre o grau de credibilidade de algumas instituições, o Ministério Público fica em quarto lugar (58%), a imprensa em terceiro (72%), as Forças Armadas em segundo (73%) e a Igreja católica em primeiro (74%). Foram ouvidas 2.000 pessoas em 145 cidades, entre 7 e 11 de fevereiro de 2004 (Maioria rejeita mordaça. *Folha de S. Paulo*, 04.03.2004, p. A13).

[18] Cf. TILLIETTE, X. *La Chiesa nella filosofia*. Brescia, Morcelliana, 2003. O'MEARA, T. Modelos filosóficos em eclesiologia. *Selecciones de Teología* 19 (1980) 80-91.

[19] "Uma interpretação da Igreja latino-americana deve ser feita *a partir da fé*. É o único modo de penetrar em sua profundidade sacramental e no dinamismo interior do Espírito que a move..." (PIRONIO, E. Latinoamérica: "Iglesia de la Pascua". *Criterio* 45 [1652], 1972, p. 520 [520-526]).

[20] Cf. BINGEMER, M. C. L. A experiência cristã de Deus como vitória da vida. *Convergência* 178 (1984) 597-606.

[21] Cf. *Dei Verbum* 5. Cf. Código de Direito Canônico, cân. 748.

[22] Com efeito, a Igreja, em sua totalidade, "crê e confessa a Trindade, espera, ama e serve o seu Senhor. É ela que, na sua miséria e na sua primitiva dispersão, foi misericordiosamente buscada por ele; ela que, resgatada pelo seu sangue precioso, agora é nele reconciliada com Deus; ela que lhe nutre todos os dias com os seus sacramentos; ela que é a fielmente unida como a esposa ao esposo; ela que dele dá testemunho, que o invoca, que deseja ver o seu rosto e espera a sua volta; ela ainda que combate nesta terra e triunfará nos céus" (DE LUBAC, H. *Meditazione sulla Chiesa*. Milano, Jaca Book, 1979. p. 20).

A Igreja, na verdade, crê e é crida. Ao mesmo tempo que, no credo, ela diz "creio em Deus Pai", "creio em Jesus Cristo, seu único Filho, nosso Senhor", "creio no Espírito Santo", diz também: "creio na santa Igreja". A Igreja é sujeito e, de forma derivada e segunda em relação ao Deus uni-trino, objeto de fé, objeto de sua própria fé!

Portanto, é preciso fazer uma precisão que nas línguas modernas não se percebe mais. Nem, aliás, nas antigas, pois se trata de uma criação cristã,[23] na tentativa de dizer o que a língua não era capaz de fazer em seu estado comum. No símbolo niceno-constantinopolitano, que se baseava no antigo credo batismal de Jerusalém, não se diz que cremos *na Igreja* (ou em qualquer outra obra de Deus). Ao contrário, cremos, segundo uma fórmula muito antiga,[24] no Espírito Santo, ou, mais exatamente, em toda a Trindade "na Igreja",[25] ou então, como explicará em seguida Tomás, "no Espírito Santo que unifica a Igreja",[26] ou "que santifica a Igreja".[27] Dizendo "creio a santa Igreja católica", não proclamamos nossa fé "na Igreja", mas "à Igreja", isto é, à sua existência, à sua realidade sobrenatural, à sua unidade, às suas prerrogativas essenciais. Como proclamamos nossa fé na criação do céu e da terra por obra de Deus Pai, depois na encarnação, na morte, na ressurreição e na ascensão de Jesus Cristo, nosso Senhor, do mesmo modo professamos agora que a Igreja é formada pelo Espírito Santo, que ela é "sua obra própria",[28] o instrumento com o qual nos santifica. Afirmamos que é nela, pela fé que ela nos comunica, que participamos da comunhão dos santos, da remissão dos pecados, da ressurreição da carne para a vida eterna. Proclamamos a existência de uma vasta assembléia, "dispersa por todo o mundo, cheia de esperança pela fé no amor, unida a Deus com os vínculos de um matrimônio eterno e indissolúvel, e que ninguém poderá salvar-se se não viver fielmente no seio da sua unidade".[29]

> *Finalmente, cremos que esta Igreja existe não para si mesma, mas para Deus [...] Não é este um particular sem importância ou um sim-*

---

[23] A fórmula *credere in* (gr. *pisteyein eis*) (= crer em) é criação do evangelho de João. Seu mais célebre esclarecimento deve-se a Agostinho com a *distinção*: crer na existência de uma coisa ou de um ser (*credere Deum:* acusativo), crer na autoridade de alguém, ou seja, admitindo uma verdade com base na sua palavra (*credere Deo:* dativo), a fé em Deus propriamente dita, que comporta uma procura, um movimento da alma, um arrojo pessoal e, finalmente, uma adesão que não poderiam de forma alguma ter seu termo numa criatura (*credere in Deum:* acusativo com preposição).

[24] Cf. "Creio [...] no Espírito Santo e na ressurreição da carne na santa católica Igreja" (*DS* 2ss.); *DS* 1-76; 150.

[25] Cf. Nautin, P. *Je crois à l'Esprit dans la sainte Église pour la résurrection de la chair.* Paris, Cerf, 1947.

[26] Tomás de Aquino. *In 3 Sent.*, d. 25, q. 1, a. 2, ad 5m.

[27] Idem. *Secunda secundae*, q. 1, a. 9, ad 5m.

[28] Alberto Magno. *De sacrificio Missae.* 1. II, cap. 9, a. 9. Borgnet, P. (Ed.). t. 38, pp. 64-65.

[29] Eliando di Froidmont. Sermo 27. In. *Dedicatione:* PL 212, 707C-D.

ples matiz. No sentido pleno e forte da expressão, de fato, não cremos e não podemos crer — isto é, ter fé — senão apenas em Deus, Pai, Filho e Espírito Santo.[30]

Nos casos em que não se trata da divindade, mas das criaturas ou dos mistérios, omite-se a preposição *in*, explica Rufino de Aquiléia, e, depois dele, tantos outros, em livros de teologia e textos de catequese. Dessa maneira, "com essa preposição [*in*], o Criador é distinto das criaturas, as coisas divinas são separadas das coisas humanas".[31]

Assim, a Igreja não é apenas a primeira obra do Espírito Santo santificador, "mas é aquela que compreende, condiciona e absorve todas as outras [...] O mistério da Igreja resume em si todo o mistério. Ele é por excelência o nosso mistério. Toma-nos totalmente. Envolve-nos por todos os lados, porque é na sua Igreja que Deus nos vê e nos ama, é nela que ele nos quer e que nós o encontramos, é nela ainda que nós aderimos a ele e ele nos plenifica".[32]

5. A PERSPECTIVA DA TEOLOGIA

Em sua identidade profunda, a teologia não é outra coisa senão a própria fé, porém em sua forma sistemática, crítica, regrada. Os teólogos e as teólogas esforçam-se por chegar a uma compreensão mais profunda dos mistérios que, com todos os demais fiéis (= aqueles que crêem), acolhem na fé,[33] para servi-los melhor.

A reflexão é inerente à fé, pois a fé não dispensa a razão, ainda que a supere. Há uma reflexão espontânea, elementar, acessível a todos, que já é teologia. A teologia em sentido estrito é o prolongamento dessa reflexão inicial, tornando-se "reflexão consciente (de seus princípios, de seu método, de seu estatuto de ciência, de suas conclusões) e procurando penetrar o objeto de fé metodicamente".[34]

O crente serve-se da razão para compreender melhor o que já possui pela fé. A teologia é a própria fé "em estado de ciência" ou, como a definiu

---

[30] Este longo texto (com suas várias citações) é de H. de Lubac, *Meditazione sulla Chiesa*, cit., pp. 14-15.
[31] RUFINO DE AQUILÉIA, *Commentarius in symbolum apostolorum*. cap. 26, PL 21, 373A-B.
[32] DE LUBAC, H. *Meditazione sulla Chiesa*, cit., p. 22.
[33] Cf. ALSZEGHY, Z. & FLICK, M. *Como se faz teologia*. São Paulo, Paulus,1979. pp. 14-38.
[34] LATOURELLE, R. *Teologia*: ciência da salvação. São Paulo, Paulus, 1971. p. 16. É possível, na verdade, distinguir três formas de teologia e isso não só na teologia da libertação (popular, pastoral e profissional) (BOFF, C. Epistemología y método. In: ELLACURÍA, I. & SOBRINO, J. *Mysterium liberationis. Conceptos fundamentales de la teología de la liberación*. Madrid, Trotta, 1990 [doravante apenas *MysLib*, sem citar organizadores, local e ano de edição]. v. I, pp. 91ss.).

lapidarmente santo Anselmo, *fides quaerens intellectum*, a fé que procura entender seu objeto.[35] Ou Agostinho: "Desejei ver com minha inteligência aquilo em que eu cri, e muito debati e esforcei-me".[36] E ainda: "Aquilo que cremos, desejamos conhecer e entender".[37]

Sob o aspecto *metodológico*, a dificuldade maior consiste em dizer a diferença (o mistério da Igreja) na linguagem da identidade (a linguagem com que dizemos as coisas simplesmente humanas). Esta empreitada só não é irrealizável porque o próprio Deus revelou-se a nós e comunicou-se conosco em palavras e fatos intimamente relacionados, sem deixar-se aprisionar e limitar pelas palavras da Escritura. Esta lei fundamental da hermenêutica teológica aplica-se também à Igreja e explica-se em alguns critérios metodológicos.

A eclesiologia há de ser *bíblico-eclesial,* submetida ao primado da Palavra de Deus, mas, ao mesmo tempo, consciente e responsável diante da Tradição da Igreja, que acolheu, transmitiu e interpretou a Palavra, definindo a si própria sob a ação do Espírito Santo. A eclesiologia — como toda a teologia — deve organizar-se de tal forma que "os temas bíblicos proponham-se em primeiro lugar"; em seguida, "o contributo dos Padres das Igrejas oriental e ocidental para a transmissão fiel e o esclarecimento de cada uma das verdades da revelação"; depois, "a história posterior do dogma, considerando a relação desta com a história geral da Igreja"; finalmente, para iluminar, no que for possível, os mistérios da salvação, será necessário "penetrá-los intimamente pela especulação e ver o nexo existente entre eles", conscientes de que estão "presentes e operantes nas ações litúrgicas e em toda a vida da Igreja". A eclesiologia tem também uma finalidade prática, pois também ela deve buscar, "à luz da revelação, a solução dos problemas humanos, aplicar as verdades eternas à condição mutável das coisas humanas e anunciá-las de modo conveniente aos homens seus contemporâneos".[38]

A eclesiologia deve ser *histórico-salvífica*, aberta em relação ao passado e em relação ao horizonte último, não menos que em relação ao realizar-se presente da comunhão e da missão eclesiais,[39] em todos os seus sujeitos, lugares e modalidades.

---

[35] "Não pretendo, Senhor, penetrar em tua profundeza, pois como comparar minha inteligência ao teu mistério? Mas desejo de algum modo compreender a verdade em que creio e que meu coração ama. Não procuro compreender para crer, mas creio primeiro, para depois esforçar-me por compreender. Pois nisso eu creio: se não começo por crer, não compreenderei jamais" (ANSELMO. *Proslogion*. 1, PL 158, 227).
[36] AGOSTINHO. *De Trinitate*. XV, 28, 51, PL 42, 1098.
[37] Idem, ibidem IV, 1, PL 42, 961.
[38] *OT* 16c.
[39] Cf. **CNBB**. *Igreja*: comunhão e missão na evangelização dos povos, no mundo do trabalho, da política e da cultura. São Paulo, Paulinas, 1988.

A eclesiologia não pode não ser *teológica,* sua referência absoluta deve ser a permanente soberania e transcendência de Deus, que é a origem, a forma e a pátria da Igreja. Ao falar da Igreja, deve ficar sempre claro que se fala do dom que vem "do alto" e encontra e cumpre a expectativa que brota "de baixo". A eclesiologia construída a partir da iniciativa de Deus ("do alto") é a única resposta crível à procura de unidade que brota do coração da história humana ("do baixo"). A Igreja, em Cristo — Verbo de Deus que armou sua tenda entre nós, ponto perfeito do encontro entre o céu e a terra —, é o mistério do encontro do êxodo humano e do Advento divino.[40]

Quanto ao conteúdo, a eclesiologia aborda sobretudo três eixos temáticos: a origem, a forma, o fim. A origem trinitária é contemplada no contexto das divinas missões do Filho e do Espírito pelo Pai celestial (*Ecclesia de Trinitate*). A forma trinitária não é outra senão a "comunhão" dos fiéis (*communio sanctorum*), gerada pela participação na vida divina (*communio Sancti),* pela palavra, pelos sacramentos e pelos carismas e ministérios *(communio sanctorum sacramentorum).* A meta trinitária da Igreja é a consumação do seu destino de povo peregrino (*Ecclesia viatorum*) e servidor da humanidade na pátria trinitária, "onde Deus será tudo em todos" (1Cor 15,28).

6. A PERSPECTIVA DAS TEOLOGIAS

A primeira teologia da Igreja, fundante e normativa, é a *eclesiologia do Novo Testamento*. Este nos oferece, por um lado, uma série de traços fundamentais e constantes da Igreja, e, por outro, uma pluralidade de visões da Igreja. O sentido comunitário, a igualdade e a fraternidade, a variedade de carismas, a organicidade estrutural, a responsabilidade pessoal, a historicidade, o cristocentrismo, a presença do Espírito, a *kénosis* (esvaziamento), a abertura ao Reino e o lugar privilegiado dos pobres[41] na Igreja são traços essenciais da eclesiologia do Novo Testamento. Por outro lado, se em Paulo a Igreja é vista como povo de Deus, corpo de Cristo e templo do Espírito, em Colossenses e Efésios Cristo aparece como cabeça da Igreja, e esta como sua esposa. Nas cartas pastorais, a Igreja é apresentada como casa de Deus, templo e edifício. Para o livro dos Atos, a Igreja situa-se entre a primeira e a segunda vinda de Cristo, que prolonga sua missão messiânica através do Espírito Santo. A primeira epístola de Pedro contempla a

---

[40] A Igreja, semelhantemente a Cristo, "é *oriens ex alto* (= nascida do alto); mas, enquanto composta de seres humanos, é dom que espera resposta, graça que aguarda acolhida, descida que suscita subida, quando recebida no assentimento da liberdade" (FORTE, B. *La Chiesa della Trinità. Saggio sul mistero della Chiesa comunione e missione*. Cinisello Balsamo (MI), Paoline, 1995. p. 43).

[41] Cf. BARREIRO, A. *Os pobres e o reino*. São Paulo, Loyola, 1983.

Igreja como povo de Deus, linhagem escolhida, sacerdócio santo. No evangelho de João, mais cristológico que eclesiológico, a Igreja é revelada como rebanho e videira, da qual os crentes são os ramos.

A *eclesiologia patrística*, muito próxima das origens bíblicas da Igreja, tem seu principal eixo no tema do "mistério de comunhão". A Igreja é vista como mistério — faz parte do desígnio de Deus e da revelação de Deus em Cristo —, cujo centro é a comunhão: a) comunhão com o Pai pelo Filho no Espírito, que se exprime na unidade da fé e cujo termo é a divinização do cristão; b) comunhão eclesial, que culmina na eucaristia e manifesta-se na comunhão com os irmãos, com o bispo, com as demais Igrejas, com o bispo de Roma, que preside a comunhão na caridade; c) comunhão solidária com os pobres, pois para os Padres "privata sunt communia" [as coisas próprias são comuns]. A Igreja aparece ligada sobretudo ao Espírito Santo: "Credo in Spiritum sanctum, sanctam Ecclesiam catholicam...". Sua linguagem é, sobretudo, simbólica.

Na Idade Média — mas as bases para isso começam a ser lançadas já no século IV — a Igreja passa por uma série de transformações. No século IV, passa de perseguida a livre (313), de livre a oficial (381). Nunca se pesará suficientemente o que significou passar de Igreja confessante a Igreja de massa, do batismo de adultos ao batismo de crianças, das catacumbas às basílicas, de seita a Igreja![42] Dá-se um eclipse da pneumatologia, concomitante a um vigoroso crescimento da cristologia, que passa a ser o âmbito em que a Igreja é pensada. A *eclesiologia medieval* marca a passagem de uma linguagem simbólica a uma linguagem dialética, de uma concepção sintética a uma concepção analítica. Embora permaneçam alguns elementos da eclesiologia patrística (a Igreja como *congregatio fidelium*, a comunidade como sujeito integral da eucaristia, a celebração de inúmeros concílios provinciais ou regionais), elementos novos vão se afirmando: num primeiro momento, a Igreja passa a ser o povo cristão, a sociedade cristã, a comunidade política formada por todos os batizados; num segundo, acaba identificada com o sacerdócio, com a hierarquia. Neste nível, opera-se uma radical divisão de funções: o sagrado para os sacerdotes; o profano para os leigos.[43] A Igreja, que, na patrística, era concebida como mistério, agora é vista como sociedade e enquadrada na categoria de poder.[44]

Na Idade Moderna, opõem-se uma *eclesiologia invisibilista* e uma *eclesiologia visibilista*, que exprimem e, ao mesmo tempo, alimentam a Re-

---

[42] Cf. WEBER, M. *Wirtschaft und Gesellschaft*. Tübingen, 1921.
[43] Cf. *Decretum Gratiani*. C. 7 c. 12 q. 1. Ed. Friedberg I, 678.
[44] Coube a Giacomo Capocci da Viterbo a elaboração — em torno da categoria de poder — do primeiro tratado separado de eclesiologia, o *De regimine christiano*, publicado em 1301-1302. Cf. RIZZICASA, A. & MARCOALDI, G. B. M. (Ed.). *Il governo della Chiesa*. Firenze, Nardini, 1993.

forma protestante, a Contra-Reforma e a Reforma católica. Desde o século XIV fazia-se ouvir o clamor por uma reforma, "in capite et in membris, in fide et in moribus" [na cabeça e nos membros, na fé e nos costumes"], visando a uma Igreja pobre, destituída de poder temporal, evangélica, à imagem de Cristo pobre e servo.[45] Na Reforma protestante confluem alguns movimentos leigos e populares de reforma e contestação que atravessam a Idade Média e avançam pela Idade Moderna. Se a crítica impiedosa de Wycliff († 1384) à Igreja, que para ele é "a sinagoga de Satanás",[46] caminha *pari passu* com a acentuação de uma Igreja invisível e dos predestinados,[47] em Lutero o acento cai claramente sobre a dimensão invisível da Igreja e é desenvolvido com o tema da "Igreja escondida", conhecida somente por Deus, cujos limites são muito diferentes dos da Igreja visível. Embora Lutero esporadicamente aluda a características externas com base nas quais reconheça a Igreja, sua concepção de fundo é a de que a Igreja é a "invisível comunidade dos justos".[48] Na Confissão Augustana, os representantes dos luteranos confessam a doutrina (mais moderada) segundo a qual

> *a única Igreja permanecerá para sempre. Esta Igreja é a congregação dos santos na qual o Evangelho é corretamente ensinado e os sacramentos são corretamente administrados. E para essa verdadeira unidade da Igreja basta ter unidade de fé com referência ao ensino do Evangelho e à administração dos sacramentos. Não é necessário que em toda parte haja a mesma tradição de homens ou os mesmos ritos e cerimônias feitas por homens...*[49]

Para o reformador de Genebra, Calvino, a Igreja é "aquele grupo de fiéis que Deus escolheu e elegeu para a vida eterna" e que "pode subsistir sem aparência visível".[50] A reação católica — infelizmente, pendular — veio exemplarmente por meio de Roberto Bellarmino, com sua célebre definição de Igreja:

---

[45] Cf. CERETI, G. *Per un'ecclesiologia ecumenica.* Bologna, EDB, 1997. p. 26.
[46] Cf. idem, ibidem, p. 27. Em sua obra *De Ecclesia* (1378), Wyclif rejeita a concepção medieval da Igreja como instituição sacramental e comunidade de fé (*congregatio fidelium*) e defende a idéia segundo a qual ela é a "congregatio omnium praedestinatorum"; os demais podem estar "in Ecclesia" sem ser *"de Ecclesia"*.
[47] Wyclif é seguido por Hus († 1415), cuja obra principal é igualmente um *De Ecclesia* (1412-1413), onde esta é apresentada também como a comunidade dos predestinados, que, porém, inclui também os não-predestinados, os quais formariam a Igreja "reputative" (aparentemente) ou "secundum famam saeculi" (segundo a opinião do mundo).
[48] "A primeira (realidade), que é essencial, fundamental e verdadeiramente Igreja, vamos chamá-la de cristandade espiritual. A outra, que é uma criação humana e um fato exterior, vamos chamá-la de cristandade corporal e exterior" (LUTERO, M. *Trattato sul papato*, de maio de 1520) (DE LUBAC, H. *Meditazione sulla Chiesa*, cit., p. 49).
[49] Confissão de Augsburgo, 1530 In: *Corpus Reformatorum*, XXVI. 263 ss. Kidd, n. 116, compilado por H. Bettenson, *Documentos da Igreja cristã*, São Paulo, Aste, 1967. p. 261.
[50] Cf. CALVINO. Lettera al re di Francia. In: *Opera omnia*. t. III, pp. 26-27.

A Igreja é uma sociedade composta de homens unidos entre si pela profissão de uma única e idêntica fé cristã e pela comunhão nos mesmos sacramentos sob a jurisdição de pastores legítimos, sobretudo do Romano Pontífice. Para que alguém possa em alguma medida fazer parte da verdadeira Igreja [...] não se exige nenhuma virtude interior, mas somente a profissão exterior da fé e a participação nos sacramentos, que são coisas que se podem perceber com os sentidos. De fato, a Igreja é um grupo de pessoas tão visível e palpável quanto o grupo de pessoas que formam o povo romano, o reino da França ou a república de Veneza.[51]

A Reforma católica não produziu uma eclesiologia própria, mas grandes santos: "Com a sua pessoa [são Carlos Borromeu] contribuiu mais com a Igreja romana que todos os decretos conciliares juntos".[52]

Os séculos XIX e XX foram séculos de renovação. A eclesiologia desse período não se pretende acabada, mas em vir-a-ser (*Ekklesiologie im Werden*).[53] Os grandes eclesiólogos dão atenção, nem sempre em igual medida, é claro, ao passado (Bíblia e patrística), ao presente (aos "sinais dos tempos" tanto eclesiais quanto sociais) e ao futuro (a dimensão escatológica da Igreja e do mundo).

No século XIX, destacam-se J. A. Moehler, o pai da eclesiologia renovada, e J. H. Newman, ex-anglicano, um dos líderes da minoria no Vaticano I, presente em muitos dos temas do Vaticano II. No século XX, passado o rolo compressor do "concílio do papa", assiste-se a um inesperado florescimento da eclesiologia — conectado, evidentemente, com inúmeros movimentos de renovação (bíblico, patrístico, ecumênico, eclesiológico, litúrgico, querigmático, missiológico, apostolado leigo etc.) — que fez um teólogo descrever o século XX como o "século da Igreja"[54] e, mais que isso, tornou possível o Vaticano II, que, sem dúvida, foi o "concílio da Igreja sobre a Igreja".[55] No Vaticano II, a Igreja aparecerá como "mistério", "Povo de Deus", "sacramento de comunhão", como no Novo Testamento e na patrística, abrindo novas e fecundas perspectivas não só para a eclesiologia, mas sobretudo para a vida e a missão da Igreja.[56]

---

[51] BELLARMINO, R. *Controversiae*. IV, liber III, cap. 2.
[52] Palavras do embaixador veneziano em Roma, Soranzo, em relação ao santo arcebispo de Milão, em H. Jedin (ed.), *Storia della Chiesa*, Milano, Jaca Book, 1975-1980. v. 6, p. 597.
[53] Título de polêmica e precursora obra que advoga a noção de "povo de Deus" e nega validade teológica à de "corpo místico de Cristo" (KLOSTER, M.-D. *Ekklesiologie im Werden*, Paderborn, 1940).
[54] Cf. DIBELIUS, O. *Das Jahrhundert der Kirche*. Berlin, 1926.
[55] Cf. RAHNER, K. Das neue Bild der Kirche. *Geist und Leben* 39 (1966) 6.
[56] Cf. CODINA, V. El Vaticano II: ¿Qué fué? ¿Qué significó? Claves de interpretación. *Sal Terrae* 4 (1983) 243-251.

Na América Latina, desenvolveu-se, nos anos posteriores ao Vaticano II,[57] em linha com a tradição mais antiga da presença da Igreja no continente,[58] uma *eclesiologia latino-americana da libertação*.[59] Trata-se, em seu núcleo e em sua inspiração de fundo, de "algo absolutamente central para o cristianismo: a opção pelos pobres. Isto se tornou algo irrenunciável".[60] Sensível às injustiças sociais imperantes, busca, justamente a partir da opção preferencial pelos pobres,[61] o projeto histórico do povo numa linha participativa e socializante. Deus é visto como o Deus da vida, misericordioso e terno, que defende o direito e a justiça, especialmente dos pobres. Cristo é o Jesus de Nazaré, que anuncia a Boa-Notícia do Reino aos pobres,[62] é condenado à morte por suas opções históricas e ressuscita porque o Pai confirma o seu caminho como o verdadeiro.[63] A Igreja é o povo de Deus, convocado pelo Pai. A dimensão comunitária é inerente à Igreja, que é uma comunidade fraterna de batizados, orgânica, com estrutura sacramental e pluralidade de carismas, com especial sensibilidade para com os mais necessitados, o que toma corpo e visibiliza-se sobretudo nas comunidades eclesiais de base, que se tornam "a experiência mais imediata e concreta do Povo de Deus"[64] (princípio comunional). Ao mesmo tempo, é a comuni-

---

[57] Cf. COMBLIN, J. La Iglesia latinoamericana desde el Vaticano II. *Contacto* 15 (1/1978) 9-21.
[58] GONZÁLEZ-FAUS, J. I. Un modelo histórico de Iglesia libertadora. *Estudios eclesiásticos* 55 (1980) 469-508.
[59] Cf. CODINA, V. Eclesiologia latino-americana da libertação. *REB* 42 (1982) 61-81. DUSSEL, E. "Populus Dei" in populo pauperum. Dal Vaticano II a Medellín e Puebla. *Concilium* 20 (6/1984) 71-85. BOFF, L. Significato teologico di popolo di Dio e Chiesa popolare. *Concilium* 20(6/1984) 153-168. LORSCHEIDER, A. Una ridefinizione della figura del vescovo nell'ambiente popolare, povero e religioso. *Concilium* 20 (6/1984) 86-90. SCHILLEBEECKX, E. I ministeri nella Chiesa dei poveri. *Concilium* 20(6/1984) 169-184. QUIROZ MAGAÑA, A. Eclesiología en la teología de la liberación. *MysLib*, cit., v. I, pp. 253-272.
[60] VON BALTHASAR, H. U. 30 *giorni* (6/1984), [ed. ital.], p. 78.
[61] Cf. Medellín, Pobreza, n. 90; Puebla, nn. 382, 707, 711, 733, 769, 1134, 1144, 1145, 1165, 1217. GUTIÉRREZ, G. Os pobres na Igreja. *Concilium* 124 (1977/4) 464-470. MUÑOZ, R. *Nova consciência da Igreja na América Latina*. Petrópolis, Vozes, 1979. SOBRINO, J. *Resurreción de la verdadera Iglesia. Los pobres lugar teológico de la eclesiología*. Santander, Sal Terrae, 1981. BOFF, L. *A Igreja no povo. Para uma eclesiologia latino-americana*. Petrópolis, Vozes, 1985. SANTA ANA, J. de. A Igreja dos pobres. São Bernardo do Campo, Imprensa Metodista, 1985. GUTIÉRREZ, G. Pobres y opción fundamental. *MysLib*, cit., v. I, pp. 303-321.
[62] "O Jesus histórico não pregou sistematicamente nem a si mesmo, nem a Igreja, nem a Deus, mas o reino de Deus" (BOFF, L. Jesucristo liberador. Una visión cristológica desde Latinoamérica oprimida. In: AA. VV. Jesucristo en la historia y en la fe. Salamanca, Sígueme, 1977. p. 188 [pp. 175-199]. Cf. NEUTZLING, I. *O reino de Deus e os pobres*. São Paulo, Loyola, 1986.
[63] BOFF, L. *Paixão de Cristo — Paixão do mundo*. Petrópolis, Vozes, 1977. p. 30.
[64] "A comunidade não é um modelo uniforme e determinado, nem corresponde a um movimento eclesial específico. Existe comunidade eclesial de base quando temos simplesmente, e em geral, uma *vivência comunitária*, na *base*, da *plenitude eclesial*..." (RICHARD, P. Teologia en la teología de la liberación; In: *MysLib*, cit., v. I, p. 221). Cf. PETRINI, J. C. *CEBs: um novo sujeito popular*. Rio de Janeiro, Paz e Terra, 1984. TEIXEIRA, F. L. C. *A gênese das CEBs no Brasil. Elementos explicativos*. São Paulo, Paulinas, 1988. IDEM, *Comunidades eclesiais de base. Bases teológicas*. Petrópolis, Vozes, 1988. IDEM. *A fé na vida. Um estudo teológico-pastoral sobre a experiência das comunidades eclesiais de base no Brasil*. São Paulo, Loyola, 1987.

dade que prossegue a memória de Jesus, é seu corpo na história e tem como centros a palavra e a eucaristia. Por isso, deve referir-se continuamente à práxis de Jesus e à missão dos apóstolos (princípio cristocêntrico). A Igreja vive pela força do Espírito, que nela habita como num templo. O Espírito a vivifica pelos sacramentos, pelo martírio, pelo dom da fé, pela infalibilidade, pelo ministério dos pastores, pelos carismas dos leigos, pela vida consagrada. O Espírito a lança sempre de novo para a missão (princípio pneumático).[65]

Cresce, nos últimos tempos, uma tendência, típica da Modernidade: a Igreja é uma instituição que toca só um setor limitado da vida das pessoas (suas *necessidades privadas*); a delimitação da esfera de influência da Igreja na sociedade tornou possível a formação de *concorrências ideológicas* ("igrejas", "seitas", "comunidades religiosas"), como num *mercado* dominado pela propaganda; o indivíduo, em seus ambientes quotidianos, experimenta que a Igreja encontra consenso só em termos limitados, o que lhe abre espaço para as próprias decisões, facilitado pelo pluralismo de posições confessionais, religiosas e ideológicas com que é constantemente confrontado. Por isso,

> *num ambiente em que o pluralismo religioso faz parte das experiências quotidianas, nem mesmo no interior da Igreja se deve esperar — e hoje menos que nunca — uma consciência totalmente unitária. O sistema eclesiástico de fé e de valores não é mais acolhido simplesmente como um todo, mas com escolhas mutáveis.*[66]

A adesão parcial — ou, mais benignamente, a leitura eclesiológica parcial dos dados comuns da realidade Igreja — aparece como um dado eclesiológico com o qual temos de fazer as contas.

7. A PERSPECTIVA DE UMA TEOLOGIA ECUMÊNICA

A questão eclesiológica é o problema ecumênico por excelência. Entre os teólogos já se chegou a posições comuns sobre importantes assuntos. Igrejas inteiras entraram em acordo sobre posições delicadas, como é o caso da doutrina da justificação, mas as discussões são mais espinhosas

---

[65] Cf. COMBLIN, J. *O Espírito Santo*. Petrópolis, Vozes, 1987. CODINA, V. *Creio no Espírito Santo. Ensaio de pneumatologia narrativa*. São Paulo, Paulinas, 1997. IDEM. *Para compreender a eclesiologia a partir da América Latina*. São Paulo, Paulus, 1993. pp. 185ss.

[66] ZIRKER, H. *Ecclesiologia*. Op. cit., p. 65. Que, na seqüência, cita um grande pastoralista austríaco: "Ao que parece, hoje as pessoas montam por sua conta seu próprio pacote 'ideológico'" (ZULEHNER, P. *Religion nach Wahl*. p. 30), e conclui: "Isto comporta que os fiéis em não poucas coisas pensem de maneira diversa das expressões oficiais da sua Igreja" (p. 65).

quando o tema é eclesiologia e ministério.[67] Aqui está a cruz do ecumenismo.

O Vaticano II, porém, representa, inegavelmente, um marco importante na história da eclesiologia e do ecumenismo.[68] Graças ao seu retorno às origens, sobretudo ao Novo Testamento, a Igreja católica aproximou-se da Ortodoxia e da Reforma, impulsionando de modo inigualável o diálogo ecumênico.

Pode-se fazer uma lista interminável de aspectos em que o concílio contribui para a causa ecumênica: o uso de imagens bíblicas de preferência a conceitos sociológicos e jurídicos; as noções de mistério, comunhão, povo de Deus (a caminho); a valorização do que é comum a todos os membros da Igreja antes da afirmação do que é distinto e próprio a cada um; a redescoberta das Igrejas locais, que não são meros "distritos administrativos" de uma multinacional, mas "verdadeiras Igrejas num lugar"; a colegialidade episcopal e a conseqüente revalorização dos concílios e sínodos; a particular revalorização do papel dos bispos, tanto individual quanto colegialmente, tanto em âmbito local quanto nos níveis intermediários e no nível universal; a legitimidade de um autêntico pluralismo na Igreja (*UR* 4); a dimensão escatológica da Igreja, onde a salvação "já" é dada, embora permaneça "ainda" encoberta; a colocação de Maria não num documento independente, mas num capítulo do documento sobre a Igreja, da qual é protótipo, enquanto ouve a Palavra de Deus e a acolhe.

Do ponto de vista estritamente ecumênico, o concílio ensina pelo menos cinco doutrinas inovadoras: a Igreja de Cristo não é mais pura e simplesmente equiparada com a Igreja católica romana;[69] a Igreja reconhece-se unida aos batizados "que são ornados com o nome cristão, mas não professam na íntegra a fé ou não guardam a unidade da comunhão sob o sucessor de Pedro" (*LG* 15); enquanto a *Lumen gentium* timidamente fala de "comunidades eclesiais" em relação às confissões evangélicas, o decreto *Unitatis redintegratio* — sobre o ecumenismo — designa como Igrejas seja os ortodoxos, seja os evangélicos, com os quais temos discrepâncias con-

---

[67] Cf. CERETI, G. *Per un'ecclesiologia ecumenica*, cit., p. 13. SCHÜTTE, H. *La Chiesa nella comprensione ecumenica. La Chiesa del Dio uno e trino*. Padova, Messaggero, 1995.
[68] Cf. FORTE, B. L'ecclesiologia del Vaticano II e il bem. *Studia Ecclesiastica* 3 (1985) 25-41.
[69] Qualquer que seja a interpretação do famoso "subsistit", ele não pode significar *o mesmo* [seria ficar na *Mystici corporis*, que o concílio queria superar] ou *mais* [seria voltar ao radicalismo exclusivista do jesuíta americano Leonard Feeney, que o Santo Ofício já condenara em carta ao arcebispo de Boston, em 1949] do que o menos comentado "est" que figurava nas redações anteriores da *Lumen gentium,* 8, identificando a Igreja de Cristo univocamente com a Igreja romana. O concílio pretendia justamente superar o exclusivismo eclesial e salvífico católico (Cf. ALBERIGO, G. & MAGISTRETTI, F. *Constitutionis dogmaticae Lumen gentium synopsis historica*. Bologna, Istituto delle Scienze della Religione, 1975. pp. 37-38. NEUNER, P. *Teologia ecumenica. La ricerca dell'unità tra le chiese cristiane*. Brescia, Queriniana, 2000. pp. 152ss.).

sideráveis "sobretudo de interpretação (*sic*) da verdade revelada" (*UR* 19); o concílio constata que não existe mais uma unidade visível, pois a Igreja católica romana pode aprender com as outras Igrejas e, em alguma medida, deixar-se completar por elas; no diálogo ecumênico, é necessário lembrar-se de que "existe uma ordem ou 'hierarquia' de verdades na doutrina católica, já que o nexo delas com o fundamento da fé cristã é diverso" (*UR* 11).

É claro que o concílio não resolveu todos os problemas. Na eclesiologia do Vaticano II, certamente há limites e lacunas: a ausência de um diálogo maior entre teologia e sociologia; o *déficit* pneumatológico, criticado sobretudo pelo Oriente;[70] o papel da experiência, sobretudo para a autoconsciência eclesial; o desequilíbrio entre as várias partes da *Lumen gentium* (enquanto *LG* I e II apoiam-se na Bíblia, *LG* III fundamenta-se preponderantemente no magistério); apesar de *Lumen gentium* 28 e de *Presbyterorum ordinis*, falta uma descrição teológica mais desenvolvida dos presbíteros; a questão dos ministérios foi aberta pelo concílio, mas não verdadeiramente resolvida; o problema das Igrejas particulares é levantado, mas também não suficientemente tratado; o concílio refletiu pouco sobre a relação entre a massa dos fiéis e a porcentagem relativamente pequena de praticantes; enfim, a problemática ecumênica não foi tratada de forma exaustiva.

Não só. Muitos dos ensinamentos do concílio não foram ainda assimilados pela Igreja.[71] Outros carecem de ulterior desenvolvimento. Outros ainda foram deixados de lado ou praticamente negados mais pelo *establishment* do que pelas bases. Seja como for, essas observações não pretendem, de forma alguma, diminuir o valor da *Lumen gentium* e, muito menos, do concílio. Se a Igreja católica conseguisse acolher "só este pouco" que o concílio trouxe de inovador em relação ao *status quo* pós-tridentino, já seria um enorme progresso!

Na verdade, a recomposição da unidade entre os cristãos não pode dispensar uma reflexão eclesiológica. Uma eclesiologia comunional aproxima-nos, pois corresponde ao clima que era vivido nos séculos da Igreja indivisa, enquanto uma eclesiologia jurídica (à Bellarmino) e hierárquica (à Vaticano I), elaborada sobretudo na época das separações e dos confrontos, obstaculiza qualquer aproximação. Os problemas maiores dizem respeito à figura do papa (tanto para ortodoxos quanto para as outras Igrejas) — como reconheceu o próprio João Paulo II na *Ut unum sint* — e ao caráter sacramental, de mediação, da Igreja (nas relações com as Igrejas nascidas da Reforma). Uma série de outros problemas — por exemplo, o dos ministérios — está ligada geralmente a questões eclesiológicas.

---

[70] Cf. Nissiotis, N. A. La pneumatologie ecclésiologique au service de l'unité de l'Église. *Istina* 12 (1967) 324-325.

[71] "Também um concílio procura um coração que, crendo, esperando e amando, se desprenda de si mesmo e se abandone ao mistério de Deus" (Rahner, K. *Das Konzil — Ein neuer Beginn*. Freiburg, 1966. p. 25).

O mínimo que se espera, então, de um texto de eclesiologia é que seja elaborado "do ponto de vista ecumênico, de modo que responda mais exatamente à verdade das coisas".[72]

Resumindo

- *A Igreja é uma realidade rica, complexa e dinâmica, que não se deixa captar e compreender num único ponto de vista. Sua própria realidade exige uma multiplicidade de abordagens.*

- *A Igreja sempre foi objeto da história. O presente da Igreja é condicionado por seu passado e condiciona seu futuro. Recentemente, Igreja teve a coragem de purificar sua memória, reconhecendo erros do passado e assumindo novos compromissos com o futuro.*

- *A Igreja pode ser analisada pela sociologia, que vai encará-la como um grupo social e como uma instituição, que, mesmo considerando-se singular, organiza-se e funciona, em inúmeros aspectos, como tantos outros, podendo, sim, influenciar, mas sobretudo sofrendo os condicionamentos da sociedade como um todo.*

- *A psicologia social vai interessar-se pelas relações entre pessoas, estruturas e grupos dentro da Igreja e entre a Igreja e a sociedade. Essas relações não dependem apenas da consciência e da liberdade de cada um, mas principalmente das "estruturas" anteriores a eles.*

- *Evidentemente, o olhar mais adequado para captar a Igreja, em sua originalidade e transcendência, é o olhar da fé. A fé capta dimensões inacessíveis a outros olhares, que não competem necessariamente com ela, antes a desafiam e a enriquecem.*

- *O discurso regrado, crítico, sistemático da fé é a teologia. A teologia é a fé que procura penetrar com a inteligência aquilo que já possui. Não existe "a" teologia (ou "a" eclesiologia), mas tantos quantos os contextos sociais e históricos em que a fé pôde exprimir-se de modo orgânico.*

- *Um dos maiores escândalos cristãos é a "Igreja dividida". A eclesiologia é chamada a ser cada vez mais ecumênica, refletindo, assim, o desejo de unidade que atravessa o "corpo partido de Cristo" e contribuindo para aproximá-la.*

---

[72] *UR* 10 [ler na íntegra].

> **Aprofundando**
>
> Espero que você tenha lido atenta e minuciosamente este capítulo. Você percebeu não só que há vários pontos de vista, mas que cada um de nós tem preferência por um. Em eclesiologia, não é diferente. Vamos, agora, aprofundar pessoalmente as questões colocadas pelo texto.
>
> **Perguntas para reflexão e partilha**
>
> 1. Você acha que os sete pontos de vista apresentados cobrem toda a gama de pontos de vista existentes? Falta algum? Qual? Como você o formularia?
>
> 2. Com qual desses sete pontos de vista você se identifica mais? Explique esta sua "identificação". Com qual desses sete pontos de vista você se identifica menos? Explique esta sua "falta de sintonia".
>
> 3. Que tal ouvir as pessoas de sua família, de sua comunidade, de sua área de evangelização falarem sobre a Igreja? Anote o que elas dizem. A partir de que ponto de vista elas falam?

Bibliografia

FERRAROTTI, F. et alii. *Sociologia da religião*. São Paulo, Paulinas, 1990.

LAFONT, G. *História teológica da Igreja católica*. São Paulo, Paulinas, 2000.

LIBANIO, J. B. *Cenários da Igreja*. São Paulo, Loyola, 1999.

MONDIN, B. *Novas eclesiologias. Uma imagem atual da Igreja*. São Paulo, Paulus, 1984.

SANCHIS, P. (Ed.). *Catolicismo*: modernidade e tradição. São Paulo, Loyola, 1992.

TANGE, A. *Análise psicológica da Igreja*. São Paulo, Loyola, 1975.

WOLFF, E. *Caminhos do ecumenismo no Brasil. História – teologia – pastoral*. São Paulo, Paulus, 2002.

Capítulo segundo

CREIO "NO ESPÍRITO SANTO PRESENTE NA SANTA IGREJA!"

O cristão olha para a Igreja com um olhar de fé. Para ele, a Igreja é o resultado comunitário e social da ação histórico-salvífica do Pai pelo Filho no Espírito Santo. Com os antigos símbolos da profissão de fé,[1] não cremos direta e separadamente na Igreja, mas "no Espírito Santo presente na santa Igreja para a ressurreição da carne!"

Por isso, nos três primeiros tópicos, contemplamos a origem trinitária da Igreja. A Igreja origina-se do mistério insondável do Pai, pelo Filho que se fez nossa carne, no Espírito Santo. É o nível de maior profundidade do mistério da própria Igreja. É o Santo dos Santos, onde só o sumo sacerdote podia entrar, para cujo interior, porém, conduz-nos Jesus, o mediador da nova aliança (Hb 9-10), em cujos meandros nos envolve o Espírito, aquele que nos ensina todas as coisas (Jo 14,26).

Nos quatro tópicos seguintes, contemplamos as quatro clássicas características da Igreja, que, de certo modo, estão mais próximas de nós, são-nos mais acessíveis, parecem-nos quase tangíveis. Representam a face mais visível e compreensível da Igreja, seu átrio dos pagãos e nosso átrio também.

Ao término do presente capítulo, teremos construído como que uma parábola: do conhecido ao desconhecido e do desconhecido ao conhecido. As notas da Igreja remetem sempre ao Espírito, graças ao qual a Igreja é una, santa, católica e apostólica; e o Espírito põe-nos em comunhão com o Filho e com o Pai.

A *Lumen gentium*, interessada na superação dos reducionismos eclesiológicos e na plena contemplação do mistério eclesial, apresenta a Igreja como "o povo unido pela unidade mesma do Pai, do Filho e do Espírito Santo" (*LG* 4), na feliz expressão de Cipriano. A Igreja vem da Trindade (origem), é estruturada à imagem da Trindade (forma) e caminha para o cumprimento da história na Trindade (meta). Vinda do Alto, formada do Alto e a caminho do Alto, Reino de Deus presente em mistério (*LG* 5), "a Igreja está na história, mas não é redutível às coordenadas da história, do visível e do disponível".[2] Mas é na história e sob as condições da história que podemos conhecê-la.

---

[1] Cf. *Catecismo da Igreja Católica*, 186-188.
[2] FORTE, B. *La Chiesa della Trinità. Saggio sul mistero della Chiesa comunione e missione*. Cinisello Balsamo (MI), San Paolo, 1995. p. 67.

1. IGREJA DO PAI: "POR LIVRE DESÍGNIO DE SABEDORIA E BONDADE, O PAI ETERNO CRIOU O MUNDO [...]" (LG 2)

A *Lumen gentium* descerra diante de nossos olhos um quadro grandioso da Igreja. É a Igreja do Pai:

> O Pai eterno... criou todo o universo. Decretou elevar os homens à participação da vida divina. E, caídos em Adão, não os abandonou, oferecendo-lhes sempre os auxílios para a salvação, em vista de Cristo, o Redentor [...] A todos os eleitos o Pai, desde a eternidade, "conheceu e predestinou a serem conformes à imagem de seu Filho, para que ele fosse o primogênito entre muitos irmãos" (Rm 8,29). Assim estabeleceu congregar na santa Igreja os que crêem em Cristo. Desde a origem do mundo a Igreja foi prefigurada. Foi admiravelmente preparada na história do povo de Israel e na antiga Aliança. Foi fundada nos últimos tempos. Foi manifestada pela efusão do Espírito. E no fim dos tempos será gloriosamente consumada, quando [...] todos os justos desde Adão, "do justo Abel até o último eleito", serão congregados junto ao Pai na Igreja universal (LG 2).

A Igreja aparece aí antes da Igreja,[3] ou seja, na vontade soberana do Pai; é vista como a razão mais íntima da criação; os grandes momentos de sua história são os grandes atos da história da salvação: a criação, a história do povo de Israel, o advento do redentor, a efusão do Espírito, o cumprimento final. O desígnio de unidade não podia ser mais amplo: não exclui ninguém, abraça a todos na gratuidade da fonte inesgotável do amor na Trindade e no mundo.

No tempo, portanto, a Igreja estende-se do primeiro ao último brilho da criação. Se, enquanto querida desde sempre, ela existe antes de existir, na história do povo de Israel e do povo cristão, ela é sinal levantado entre os povos; no fim dos tempos, entrará na plena realização do Reino, presente nela em mistério. Ela é "Ecclesia ab Adamo", pecadora, sim, mas também atingida pela graça "em vista do Cristo redentor" (*LG* 2); ela é "Ecclesia ab Abel", cuja única fronteira no tempo e no espaço é a justiça de Deus que livre e gratuitamente justifica o homem, dando-lhe um novo coração, graça que o ser humano, porém, pode sempre recusar.

Este Deus se revela a nós e é por nós experimentado sobretudo na história de Jesus — narrada nos evangelhos à luz de sua morte e ressurreição — que o tornou definitivamente presente entre nós, caminha conosco e com o qual vivemos em comunhão pela fé. O Pai é o Deus do Reino, o mesmo

---

[3] "Não creiais que a Esposa, isto é, a Igreja, exista somente com a vinda do Salvador na carne; ela existe desde o início do gênero humano, aliás, desde a criação do mundo; aliás [...] ainda antes da própria criação do mundo" (ORÍGENES. *In Cant. Comm.*, 1. II).

Deus da vida e da esperança que ouve o clamor dos oprimidos e os liberta, apelando à responsabilidade do ser humano para converter-se, invertendo seus caminhos de cobiça e dominação em caminhos de justiça e amor solidário. O Pai é o Pai de Jesus, Servo de Deus e novo Jó, e, portanto, está misteriosamente presente no sofrimento injusto e na morte violenta como poder de vida e de ressurreição. O Pai é especialmente o Pai misericordioso, livremente transcendente e intensamente pessoal, que se deixa tocar pela miséria humana, sobretudo dos pecadores e dos pobres (Mt 9, 36; Lc 15,11ss.),[4] acolhendo-os em sua casa e ceando com eles.

2. IGREJA DO FILHO: "VEIO O FILHO, ENVIADO PELO PAI QUE, ATRAVÉS DELE, NOS ESCOLHEU DESDE AINDA ANTES DA CRIAÇÃO [...]" (LG 3)

O desígnio paterno de unidade realiza-se na missão do Filho: "Veio o Filho, enviado pelo Pai" (*LG* 3). Cristo é o centro da história. É o cume da revelação-realização do projeto de Deus. Da visão global sobre a totalidade da história passa-se a um segmento da história. É na missão do Filho que é atuado, na plenitude dos tempos, o desígnio divino de unidade (cf. Ef 1,9; 4,3-6).

O pano de fundo é a doutrina paulina da filiação adotiva e da recapitulação universal: "Foi nele que, antes da constituição do mundo, o Pai nos escolheu e predestinou a sermos filhos adotivos [...] (cf. Ef 1,4-5.10)". A filiação divina é o desígnio do Pai:

> *É para comungar com o Filho que os homens e mulheres são chamados: "Fostes chamados à comunhão com o seu Filho" (1Cor 1,9). Porque o Pai não tem outra finalidade senão o Filho; a atividade criadora e santificadora que ele exerce no mundo e na Igreja se desenvolve dentro da que ele exerce em relação ao Filho. Desde o presente a Igreja é assumida no mistério filial; os fiéis são os "chamados de Jesus Cristo" (Rm 1,6), aqueles que por chamamento pertencem a Jesus Cristo.*[5]

O realismo da filiação nunca será suficientemente enfatizado: "O fiel é realmente 'constituído filho'. Quando Deus faz do homem filho(a), age não jurídica, mas divinamente, isto é, como criador".[6]

O centro da missão de Jesus foi constituído pelo anúncio do Reino de Deus, que ele tornou presente no mundo por sua presença, palavra e obras: "Para cumprir a vontade do Pai, Cristo inaugurou na terra o Reino dos céus, revelou-nos seu mistério e por sua obediência realizou a redenção" (*LG* 3).

---

[4] Cf. Muñoz, R. Dios Padre. In: *MysLib*, cit., v. I, pp. 531-548.
[5] Durrwell, F.-X. *O Pai. Deus em seu mistério.* São Paulo, Paulus, 1990. pp. 72ss.
[6] Idem, ibidem, p. 75.

Jesus não anuncia um Reino "político", nem puramente "religioso", "espiritual" ou "moral", mas se conecta às visões proféticas.[7] Traço absolutamente novo da pregação de Jesus é a "proximidade" do Reino (cf. Mc 13,29). Enquanto presença salvífica e libertadora de Deus, o Reino não é fruto de nossos esforços. Embora sejamos convidados a trabalhar na "vinha" (Mt 20,1ss), o crescimento depende da ação de Deus (cf. Mc 4,26-29). Ao ser humano cabem a conversão (cf. Mc 1,15), a acolhida e a invocação humilde e confiante: "venha o teu Reino" (Mt 6,10). O Filho, na verdade, tornou-se um de nós em tudo, "até à morte — e morte de cruz!" (Fl 2,8), a fim de que a sua obediência reconciliasse a nós, impotentes pecadores, com o Pai, e o Reino viesse sobre a terra.

"A Igreja, ou seja o Reino de Cristo já presente em mistério, pelo poder de Deus, cresce visivelmente no mundo" (LG 3 e 5). A Igreja não é o Reino, mas o Reino não lhe é nem estranho nem indiferente.[8] Ela é o *início* do Reino de Deus na terra, e é também *revelação* do mistério de Cristo:

> [...] é o Reino presente in mysterio, *em modo misterioso, porque o mistério é ao mesmo tempo revelado e velado [...]. A revelação é também progressiva; não pelas suas forças, mas pela força de Deus, a Igreja desempenha sem cessar visivelmente a sua função de anunciadora do mistério.*[9]

A missão da Igreja não é outra senão a própria missão de Jesus.[10]

O começo e o crescimento da Igreja são

> *significados pelo sangue e pela água que manaram do lado aberto de Jesus crucificado (cf. Jo 19,34) e preanunciados pelas palavras do Senhor acerca de sua morte na cruz: "E eu, quando for levantado da terra, atrairei todos a mim" (Jo 12,32).*

Exerce-se a obra de nossa redenção sempre que o sacrifício da cruz, pelo qual Cristo nossa Páscoa foi imolado (1Cor 5,7), se celebra sobre o altar. Ao mesmo tempo, "a unidade dos fiéis, que constituem um só corpo

---

[7] Cf. PASTOR, F. A. *O reino e a história. Problemas teóricos de uma teologia da práxis.* São Paulo, Loyola, 1982.

[8] A Igreja é, ao mesmo tempo, sinal e servidora do Reino (cf. AZEVEDO, M. de C. Comunidades eclesiales de base. In: *MysLib,* cit., v. I, pp. 262-263), sacramento do Reino, ao qual deve constantemente converter-se, se quiser ser sacramento histórico de libertação (cf. CODINA, V. Sacramentos. In: *Myslib,* cit., pp. 274ss.).

[9] PHILIPS, G. *La Chiesa e il suo mistero.* 2. ed. Milano, Jaca Book, 1982. p. 83.

[10] "A Igreja, enriquecida com os dons de seu fundador e observando fielmente seus preceitos de caridade, humildade e abnegação, recebeu a missão de anunciar o Reino de Cristo e de Deus, de estabelecê-lo entre os povos e deste Reino constitui na terra o germe e o início. Entrementes ela, enquanto cresce paulatinamente, anela pelo Reino consumado e com todas as suas forças espera e suspira unir-se ao seu Rei na glória" (LG 5b).

em Cristo (cf. 1Cor 10,17)" é significada e realizada pelo sacramento do pão eucarístico (*LG* 3).

A Igreja nasce da totalidade do mistério do Filho encarnado, mas, muito concretamente, dos eventos do mistério pascal, quase de um místico parto de amor e dor. Assim como da costela de Adão nasceu Eva, mãe dos viventes, do lado aberto de Jesus crucificado nasce a Igreja, nova Eva, mãe dos filhos de Deus. A ação litúrgica — especialmente a eucaristia — atualiza o emergir da Igreja como "evento" e dom que vem do alto. Na verdade,

> *a exaltação do Salvador sobre a cruz não é simplesmente um acontecimento do passado. A sua morte foi um sacrifício propiciatório e libertador, como sublinha a citação paulina: "Porque Cristo, nossa Páscoa, foi imolado" (1Cor 5,7). Ora, este sacrifício se perpetua, e toda vez que o celebramos sobre o altar, realiza-se a obra da nossa redenção. Não se trata, portanto, de uma mera refeição comemorativa, mas de uma atuação do sacrifício da cruz sob os sinais eucarísticos.*[11]

Nesta perspectiva sacramental, é sobretudo a eucaristia que significa e "faz a igreja", edificando-a em "corpo de Cristo".[12]

3. IGREJA DO ESPÍRITO: "[...] O ESPÍRITO SANTO FOI ENVIADO, NO DIA DE PENTECOSTES, COMO FONTE PERENE DE SANTIFICAÇÃO" (LG 4)

A missão do Filho culmina no envio do Espírito:

> *Consumada, pois, a obra que o Pai confiara ao Filho realizar na terra (cf. Jo 17,4), foi enviado o Espírito Santo no dia de Pentecostes a fim de santificar perenemente a Igreja para que assim os crentes pudessem aproximar-se do Pai por Cristo num mesmo Espírito (cf. Ef 2,18) (LG 4).*

O Espírito torna possível, por Cristo, o acesso ao Pai:

> *Como o Pai pelo Filho vem ao ser humano no Espírito, assim o ser humano no Espírito pelo Filho pode agora ter acesso ao Pai: o movimento de descida consente um movimento de subida, num circuito de unidade, cuja fase eterna é a Trindade, cuja fase temporal é a Igreja.*[13]

---

[11] PHILIPS, G. *La Chiesa e il suo mistero*, cit., p. 83.
[12] Cf. SARTORI, L. *"Lumen gentium". Traccia di studio*. Padova, Messaggero, 1994. p. 37.
[13] FORTE, B. *La Chiesa della Trinità*, cit., p. 70. Cf. ELLACURÍA, I. La Iglesia que nace del pueblo por el Espíritu. *Servir* 83-84 (1979) 551-564. CODINA, V. *Creio no Espírito Santo. Ensaio de pneumatologia narrativa*. São Paulo, Paulinas, 1997.

Na verdade, "é o Espírito da vida, fonte que jorra para a vida eterna (cf. Jo 4,14; 7,38-39)" (*LG* 4), fonte de água viva que brota do costado de Cristo para a vida eterna, que dá a vida, como professamos no credo: "Creio no Espírito Santo, Senhor que dá a vida" e narramos no batismo: "Já na origem do mundo, vosso Espírito pairava sobre as águas para que fossem capazes de gerar a vida" (cf. Gn 1,2).

É pelo Espírito que "o Pai vivifica os homens mortos pelo pecado, até que em Cristo ressuscite seus corpos mortais (cf. Rm 8,10-11)" (*LG* 4). Há uma indissolúvel relação entre a ressurreição de Jesus, a ressurreição do pecado e a ressurreição dos mortos no último dia. O Pai ressuscita através do Espírito (cf. Rm 8,11; Cl 2,12).

Este mesmo Espírito "habita na Igreja e nos corações dos fiéis como num templo (cf. 1Cor 3,16; 6,19)" (*LG* 4).[14] O Espírito habita tanto nos fiéis ("não sabeis que sois templo de Deus e que o Espírito de Deus habita em vós?" — 1Cor 3,16; cf. 6,19) como na Igreja ("ora, nós somos o templo do Deus vivo" — 2Cor 6,16).[15] A comunidade cristã, sendo o corpo de Cristo, é o verdadeiro templo da nova aliança, onde se oferecem os sacrifícios agradáveis a Deus de uma vida doada, como a do Filho Jesus (cf. Rm 12,1).

É o Espírito "que ora e dá testemunho no coração dos fiéis de que são filhos adotivos (cf. Gl 4,6; Rm 8,15-16 e 26)" (*LG* 4). O chamamento do Pai visa à filiação do ser humano:

> *O chamamento vem do Pai, a graça é paterna em sua origem e filial em seu efeito; ela filializa o homem, chamando-o para o termo único da atividade do Pai, que é o Filho. Ela não é realidade estática, simples ornamento que valoriza a natureza do homem, ela é mobilizadora, ela cria (Ef 2,9), pela atração que exerce; ela é "o amor dum pai, cria filhos",[16] atraindo-os para a comunhão com o Filho.*[17]

Não é externa nem simplesmente acrescida ao ser humano, "mas o atinge em seu núcleo, age em sua pessoa e o molda a partir dessa profundeza. Ela torna a pessoa divinamente relacional e a coloca em relação com o Pai na comunhão com o Filho".[18] Por isso, a Igreja é essencialmente uma comunhão de filhos. Mais ainda: o Espírito é amor e é como tal que ele habita no coração do fiel. Sendo amor, ele não procura criar laços de amizade entre si mesmo e o fiel. Ele é a própria amizade, a comunhão existente entre o Pai, o Filho, o fiel.

---

[14] É por isso que, na seqüência de Pentecostes, é chamado "dulcis hospes animae" (= suave hóspede da alma).
[15] Cf. Lv 26,11-12; Ez 37,27; Is 52,11; Jr 51,45; 2Sm 7,14; Jr 31,9; Is 43,6.
[16] GUILLET, J. Graça. In: LÉON-DUFOUR, X. (Ed.). *Vocabulário de teologia bíblica*. Petrópolis, Vozes, 1972. col. 387.
[17] DURRWELL, F.-X. *O Pai. Deus em seu mistério*, cit., p. 73.
[18] Idem, ibidem, p. 73.

Sendo amor, ele nunca trabalha para si mesmo. Sendo unção (cf. 1Jo 2,27), ele impregna o eu do fiel e o abre para a relação divina. Pela presença do Espírito, Paulo e Cristo estão de tal modo unidos que o apóstolo constata: "Cristo vive em mim" (Gl 2,20) e pode dirigir-se a Deus, dizendo: "Abbá! Pai!" (Gl 4,6).[19]

Ele é tão interior a nós que suplica em nós e por nós, mas a sua súplica torna-se nossa: "Pai nosso..."

Em relação ao conjunto da Igreja, o Espírito é a memória de Jesus que continua sempre viva e presente na comunidade, ajudando-a a manter e a interpretar a ação de Jesus em qualquer tempo e lugar.[20] Ele tem uma função docente: "leva a Igreja ao conhecimento da verdade total (cf. Jo 16,13)" (*LG* 4), de modo que esta se confronte sempre com o Cristo na carne, com o Jesus da história, que se autodenominou "caminho, verdade e vida" (Jo 14,6), para não se esforçar em vão (cf. Gl 2,2).

O mesmo Espírito *"unifica-a na comunhão e no ministério"* (*LG* 4). O Espírito tem uma função unificadora. Ele impulsiona em primeiro lugar a comunhão e o espírito de serviço.[21] A prioridade cabe sempre à comunhão, pois o ministério é instituído a seu serviço!

O Espírito dota a Igreja de carismas e ministérios vários: "dota-a e dirige-a mediante os diversos dons hierárquicos e carismáticos" (*LG* 4). Não só os carismas, mas também os ministérios são reconduzidos ao Espírito (cf. 1Cor 12,4ss.; Ef 4,11-12). Paulo jamais separa os ministérios dos carismas: "também os encargos do ministério são dons, e apresentam um certo matiz carismático; quanto aos carismas em sentido estrito, eles não se opõem à hierarquia, muito pelo contrário..."[22] Muito mais do que isso: todo o ministério é um dom (do Espírito) em estado de serviço (com todas as suas qualificações) reconhecido pela Igreja.

O Espírito adorna a Igreja com seus frutos. O amor, as condições em que ele nasce e se desenvolve (fé, mansidão, domínio de si), os sinais de sua presença (alegria, paz), bem como suas manifestações ativas (paciência, bondade, benevolência) são os frutos com os quais o Espírito adorna a Igreja.[23]

A constante renovação da Igreja e a perfeita união entre ela e o esposo são também atribuídas ao Espírito: "Pela força do Evangelho ele rejuvenesce a Igreja, renova-a perpetuamente e leva-a à união consumada com seu

---

[19] Idem, ibidem, p. 79.
[20] Cf. Jo 14,15ss.
[21] "O termo latino *ministratione* é um abstrato, não leva a pensar imediatamente em 'ministério' enquanto papel concreto de 'ministros', mas no sentido e no espírito do serviço, e em coerentes disposições e qualidades de alma que devem qualificar todos os membros da Igreja" (SARTORI, L. *La "Lumen gentium"*, cit., p. 38).
[22] PHILIPS, G. *La Chiesa e il suo mistero*, cit., p. 22.
[23] Cf. Gl 5,22. Cf. *LG* 4.

esposo. Pois o Espírito e a esposa dizem ao Senhor Jesus: "'Vem' (cf. Ap 22,17)" (LG 4).

Medellín e Puebla não desenvolveram uma teologia do Espírito Santo, apesar de o mencionarem;[24] tampouco o fez, com raras exceções, a teologia latino-americana. Não é de estranhar, pois freqüentemente a experiência do Espírito não lhe conhece o nome, mas, dentro das experiências de ações concretas que levam a uma vida nova (cf. Rm 8,10; 2Cor 4,12; Ef 2,5; Cl 3,3; 1Jo 3,14), está presente a força libertadora do Espírito: experiência de ação, experiência de liberdade, experiência de palavra, experiência de comunidade, experiência de vida. De modo semelhante, o Espírito faz-se presente na história do mundo: na renovação do mundo, nos pobres, nos messianismos temporais, na dialética Igreja-mundo, na Igreja (seu nascimento, suas notas, seus ministérios, sua espiritualidade).[25]

4. A IGREJA É SANTA: A IGREJA [...] É AO MESMO TEMPO SANTA E ESTÁ EM CONSTANTE PURIFICAÇÃO [...] (LG 8C)

"O concílio, ao expor o mistério da Igreja, crê na sua indefectível santidade" (LG 39). Segundo os Padres, a santidade é a primeira propriedade da Igreja. Trata-se, antes de tudo, de um dom:[26] a eleição por parte do Pai, a autodoação irrevogável do Filho e a inabitação do Espírito como num templo são as fontes da santidade da Igreja.

Esse dom trinitário é dom indefectível que se apóia sobre a fidelidade de Deus nos seus dons, pois "Cristo amou a Igreja e se entregou por ela, a fim de purificá-la com o banho da água e santificá-la pela Palavra, para apresentar a si mesmo a Igreja, gloriosa, sem mancha nem ruga, ou coisa semelhante, mas santa e irrepreensível" (Ef 5,25-27; cf. Mt 16,18).

O dom feito à Igreja toda (e a cada fiel) (cf. LG 40) acompanha-se de vocação igualmente universal: todos os fiéis cristãos de qualquer estado ou ordem são chamados à plenitude da vida cristã e à perfeição da caridade (LG 40b). Aqueles que foram eleitos "pela santificação do Espírito para obedecer a Jesus Cristo" (1Pd 1,2) devem tornar-se também santos em todo o seu comportamento, "porque está escrito: Sede santos, porque eu sou santo" (1Pd 1,15-16).

Essa santidade, portanto, não é somente uma realidade ontológica, mas, por seu próprio dinamismo, incessantemente se manifesta e deve manifestar-se nos frutos da graça que o Espírito Santo produz nos fiéis (cf. LG 40).

---

[24] Por exemplo, Medellín, 4, 5 (cf. Rm 8,22-23); Puebla, 199-201.
[25] Cf. COMBLIN, J. Espírito Santo. In: MysLib, cit., v. I, pp. 619-642.
[26] Cf. SCHNEIDER, T. La nostra fede. Una spiegazione del simbolo apostolico. Brescia, Queriniana, 1985. p. 363.

Ao mesmo tempo, porém, em que acolhe o dom da santidade, a Igreja reconhece e confessa humildemente suas infidelidades e, portanto, seu pecado:

> Mas enquanto Cristo, "santo, inocente, imaculado" (Hb 7,26), não conheceu o pecado (cf. 2Cor 5,21), mas veio para expiar apenas os pecados do povo (cf. Hb 2,17), a Igreja, reunindo em seu próprio seio os pecadores, ao mesmo tempo santa e sempre na necessidade de purificar-se, busca sem cessar a penitência e a renovação.[27]

De fato, a santidade da Igreja é limitada por várias situações, especialmente o "ainda não" escatológico e os pecados de seus membros.

A primeira é a tensão entre o "já" e o "ainda não":

> Até que haja novos céus e nova terra, nos quais habite a justiça (cf. 2Pd 3,13), a Igreja peregrina leva consigo – nos seus sacramentos e nas suas instituições, que pertencem à idade presente – a figura deste mundo que passa e ela mesma vive entre as criaturas que gemem e sofrem como que dores de parto até ao presente e aguardam a manifestação dos filhos de Deus (cf. Rm 8,19-22) (LG 48c).

A segunda são os pecados dos membros da Igreja. Na Igreja, não existem apenas os que foram justificados em Cristo, tornaram-se verdadeiros filhos de Deus e partícipes da natureza divina no batismo da fé e, com o auxílio da graça, vivem a fé, a esperança e a caridade para com Deus e para com o próximo, mas também aqueles que, não perseverando na caridade, não possuem o Espírito de Cristo. Tais são os pecadores. Em virtude do caráter batismal, não deixam de ser membros da Igreja, mas sem a conversão, ensina o concílio, não se salvam aqueles que, "não perseverando na caridade, permanecem no seio da Igreja 'com o corpo', mas não 'com o coração'" (LG 14b). Evidentemente, não são desprezados ou abandonados pela Igreja, mas tratados como aquele filho mais novo a quem o pai corre ao encontro, a ovelha desgarrada preferida às noventa e nove que permanecem no redil, a pedra preciosa que a dona-de-casa perdeu e não se dá sossego até reencontrá-la.

O pecado dos membros da Igreja exerce influxo negativo sobre a Igreja toda, impedindo e ofuscando a irradiação no mundo da sua santidade.[28]

---

[27] LG 8c; UR 6; DS 1201 (contra J. Hus); DS 2474 (contra Pascal Quesnel) e 2615 (contra o Sínodo de Pistóia); Pio XII. *Mystici corporis*, 22. Congar, Y.-M.-J. *Vera e falsa riforma della Chiesa*. Milano, Jaca Book, 1972. Barreiro, A. *Igreja povo santo e pecador*. São Paulo, Loyola, 1994. Vallés, C. G. *Querida Igreja*. São Paulo, Paulus, 1998.

[28] "[...] em virtude de uma solidariedade humana tão misteriosa e imperceptível quanto real e concreta, o pecado de cada um se repercute, de algum modo, sobre os outros. Está nisto uma outra faceta daquela solidariedade que, em nível religioso, se desenvolve no profundo e magnífico mistério da *comunhão dos santos*..." (João Paulo II, exortação apostólica *Reconciliatio et paenitentia* 16).

Apesar disso, a santidade da Igreja é indefectível, ou seja, a Igreja não poderá jamais perdê-la. A graça vitoriosa de Cristo não poderá ser suplantada pelo pecado. Unida a Cristo, sua cabeça e redentor, a Igreja é sempre de novo santificada e, por ele e nele, sempre santificadora. Por isso, ela sempre chama e é chamada à conversão e à reconciliação.

Se os pecados chamam a atenção, às vezes até à revolta, ao escândalo e à descrença, os frutos da santidade movem muitas pessoas a louvarem a Deus (cf. Mt 5,16). Maria, a cheia de graça, o ícone da Igreja; os mártires de ontem e de hoje, que passaram pela grande tribulação e lavaram suas vestes no sangue do Cordeiro (cf. Ap 7,14); os profetas e doutores, os evangelistas e pastores, os esposos e as virgens são fonte de renovação.[29]

A Igreja sabe, todavia, de que fonte provém e para qual meta caminha. Por isso, não cessa, sobretudo na celebração da eucaristia, de glorificar a Deus pelo dom da santidade e de implorar sua misericórdia por seus incontáveis pecados. Assim,

andando através de tentações e tribulações, a Igreja é confortada pela força da graça de Deus prometida pelo Senhor, para que na fraqueza da carne não decaia da perfeita fidelidade, mas permaneça digna esposa de seu Senhor e, sob a ação do Espírito Santo, não deixe de renovar a si mesma, até que pela cruz chegue à luz que não conhece ocaso (LG 9c).

5. A IGREJA É UNA: "UM SÓ SENHOR, UMA SÓ FÉ, UM SÓ BATISMO" (Ef 4,5)

Segundo o Novo Testamento e na compreensão católica, ortodoxa, evangélica e anglicana, há uma só Igreja de Cristo. Este é o primeiro significado da expressão "Igreja una": a unicidade da Igreja (cf. *AG* 7). Há um só Deus e, por isso, um único povo de Deus. Cristo é o único mediador e, por isso, ele é a cabeça do único corpo que é a Igreja. A Igreja é dirigida pelo único Espírito Santo (Ef 4,4-5).

---

[29] "A Igreja dos pobres inventa um novo modelo de santidade. Num continente marcado por gigantescos pecados sociais e pessoais, onde a vida não conta nada, onde o homicídio fica sempre impune se provém dos poderosos, onde as injustiças atingem níveis inacreditáveis de opressão, onde a corrupção é o próprio princípio da vida pública, a emergência de pessoas e comunidades tão pacíficas, tão pacientes, tão solidárias, constitui um milagre permanente. A palavra do Evangelho suscita milagres de santidade. Essa santidade culmina nos milhares de milhares de mártires que ofereceram sua vida com calma e dignidade: animadores de comunidades, responsáveis de associações populares, humildes colaboradores das comunidades. Foram dezenas de milhares que mereceram o nome de mártires. São as testemunhas do Espírito" (COMBLIN, J. Espírito Santo. In: *MysLib*, cit., v. I, p. 619).

O segundo significado da expressão "Igreja una" é a unidade da Igreja: a Igreja é indivisa em si mesma e compacta interiormente graças à coesão espiritual de seus membros no único povo de Deus, no único corpo de Cristo, no único templo do Espírito (*PO* 1).

O fundamento da unicidade e da unidade da Igreja é o Deus uno e trino: a Igreja una é suscitada pelo Deus uno e trino e mantida unida pela unidade da Trindade.[30] A unidade dos cristãos "é criada à imagem e semelhança do Deus uno e trino", que é "o supremo modelo e o princípio deste mistério".[31] Mais concretamente ainda, é o Espírito Santo "o motor da unidade na Igreja (1Cor 12,13; Ef 4,5)".[32]

Na ceia de despedida, Jesus rezou pela unidade dos discípulos (Jo 17,21). A Igreja é a "extensão" na história daquela mesma unidade que existe na vida íntima de Deus: unidade incomensurável de três pessoas distintas.

Justamente por isso, a unidade da Igreja não é sinônimo de uniformidade. Ela não só não elimina as diferenças, mas as exige, respeita e promove, como postula o modelo trinitário.[33]

A unidade da Igreja não se restringe à sua dimensão interior, mas manifesta-se visivelmente, seja por uma razão antropológica (a pessoa humana realiza-se e manifesta-se na corporeidade, na socialidade e na historicidade), seja por uma razão missionária (a credibilidade do anúncio do Evangelho depende do testemunho da unidade visível dos discípulos): "para que sejam perfeitos na unidade e para que o mundo reconheça que me enviaste e os amaste como amaste a mim" (Jo 17,23).

A descrição paradigmática da unidade da Igreja encontra-se em At 2,42-47. A comunhão é o traço distintivo da vida comunitária, alimentada pelo ensinamento dos apóstolos, vivida na comunhão dos bens e dos corações, realizada e manifestada pela fração do pão, bem como nas orações presididas pelos apóstolos. Em síntese: "Eles se mostravam assíduos ao ensinamento dos apóstolos, à comunhão fraterna, à fração do pão e às orações" (At 2,42).

Tem fundamento neste texto a doutrina eclesiológica da exigência da tríplice comunhão implicada na unidade da Igreja: comunhão na profissão da mesma fé (ensinamento dos apóstolos), comunhão na comum participação

---

[30] Cf. *LG*, 4, que cita Cipriano, *De oratione dominica* 23: PL 4,553.
[31] COMISSÃO CONJUNTA CATÓLICA ROMANA-EVANGÉLICA LUTERANA. *Vie verso la comunione* 44: EO 1/1352. A Igreja, com efeito, "encontra o próprio modelo, a própria origem e o próprio cumprimento no mistério do Deus uno em três pessoas" (COMISSÃO MISTA INTERNACIONAL PARA O DIÁLOGO TEOLÓGICO ENTRE A IGREJA CATÓLICA ROMANA E A IGREJA ORTODOXA. *Il mistero della Chiesa e dell'eucaristia alla luce del mistero della santa Trinità* [Monaco, 1982]: EO 1/2190). Os dois textos parecem ter como fonte *UR* 2!
[32] COMBLIN, J. Espírito Santo. In: *MysLib*, cit., v. I, p. 637.
[33] Idem, ibidem, p. 638.

ao culto divino e participação nos mesmos meios de salvação (fração do pão e orações), comunhão na fraterna concórdia da família de Deus e na comunhão de vida eclesial (comunhão fraterna). A unidade da Igreja é, portanto, uma unidade de fé (*vinculum symbolicum*), de culto (*vinculum liturgicum*) e de vida social (*vinculum sociale*) (LG 14; UR 2).

Esses três vínculos formam um todo, cujos elementos não podem ser nem isolados, nem justapostos, nem contrapostos. Estabelecem entre si uma relação de circunsessão, de mútua compenetração.

Lamentavelmente, o dom da unidade não só é ameaçado pelas limitações e pelo pecado, mas, de fato, foi, com maior ou menor profundidade, danificado, de modo que, na una e única Igreja de Cristo, os cristãos estão divididos em diversas confissões cristãs. Basta lembrar as lacerações causadas pelas grandes controvérsias cristológicas do século IV, as excomunhões recíprocas entre o Patriarcado de Constantinopla e a Igreja de Roma em 1054, o rompimento entre a Reforma protestante e a Igreja de Roma no século XVI.

A tradição teológica trabalha com duas categorias para tentar interpretar as diversas cisões que têm ferido o corpo da Igreja: cisma e heresia. A comunhão pode ser rompida sem que haja contrastes inconciliáveis na doutrina ou na estrutura eclesial (é o caso do cisma) ou pode cessar exatamente por causa de tais contrastes (é o caso da heresia). O cisma não comporta diretamente um erro a respeito da doutrina da fé, mas uma ruptura da comunhão no nível da Igreja enquanto estrutura visível: é a recusa formal, por parte de um batizado na Igreja católica, de submeter-se ao papa ou também a recusa da comunhão com os membros da Igreja a ele sujeitos.[34]

O Vaticano II constata que,

> *nesta una e única Igreja de Deus, já desde os primórdios, surgiram algumas cisões, que o Apóstolo aponta como gravemente censuráveis. Dissensões mais amplas, porém, nasceram nos séculos posteriores. Comunidades não pequenas separaram-se da plena comunhão da Igreja católica. Algumas vezes não sem culpa dos homens de ambas as partes* (UR 3).

Do ponto de vista subjetivo, a situação daqueles que iniciam a heresia ou o cisma não é a mesma da daqueles que agora em tais comunidades nascem e são imbuídos da fé em Cristo. Segundo o Vaticano II, estes estão constituídos numa certa comunhão, embora não perfeita, com a Igreja católica, pois são incorporados a Cristo e, por isso, com razão, honrados com o nome de cristãos e merecidamente reconhecidos pelos filhos da Igreja católica como irmãos no Senhor.[35]

---

[34] CDC, cân. 751.
[35] LG 15; UR 3a.

Do ponto de vista objetivo, como pensava o papa João, é mais o que nos une do que o que nos separa.[36] O Vaticano II não ensina, como às vezes se pensa, que "esta Igreja, verdadeira mãe e mestra de todos, organizada e ordenada neste mundo como sociedade, é a Igreja católica",[37] como rezavam as redações anteriores da *Lumen gentium*, mas apenas "subsiste" na Igreja católica:

> *Esta Igreja, constituída e organizada neste mundo como uma sociedade, subsiste na Igreja católica governada pelo sucessor de Pedro e pelos bispos em comunhão com ele, embora fora de sua visível estrutura se encontrem vários elementos de santificação e de verdade (LG 8b).*

Fora da Igreja católica não existe um vazio eclesial e eclesiológico, mas, em maior ou menor escala, elementos de santificação e de verdade, portanto, uma certa unidade, ou seja, uma real, ainda que parcial, eclesialidade.[38]

Entre os batizados "que são ornados com o nome cristão, mas não professam a integridade da fé ou não guardam a unidade da comunhão sob o sucessor de Pedro" e a Igreja católica, existe, segundo o concílio, uma relação de "conjunção" (*LG* 15). Vários são os elementos comuns.[39] Portanto,

---

[36] "Os católicos e os ortodoxos não são inimigos, mas irmãos. Temos a mesma fé; participamos dos mesmos sacramentos, sobretudo da mesma eucaristia. Separam-nos alguns mal-entendidos a respeito da constituição divina da Igreja de Jesus Cristo. Os que foram causa desses mal-entendidos estão mortos faz séculos. Deixemos as antigas contendas e, cada um no seu campo, trabalhemos para tornar bons os nossos irmãos, oferecendo-lhes os nossos bons exemplos" (João XXIII. Carta a Christo Morcefki, aluno do seminário ortodoxo de Sofia, desejoso de continuar seus estudos em Roma, em 27 de julho de 1926, publicada em *Jesus* 22 (6/ 2000) 62-63. Ao término da "procissão luminosa" (*fiaccolata*), que concluía a jornada de abertura do Vaticano II (11 de outubro de 1962), João XXIII, da janela de seu apartamento, disse: "Continuemos a nos querer bem, a querer-nos bem assim; e, no encontro, continuemos a valorizar o que nos une, a deixar de lado, se existir, algo que possa pôr-nos em dificuldade...". In: Capovilla, L. F. *Giovanni XXIII come io lo ricordo*. Bergamo, Litostampa Istituto Grafico Gorle, 1995. p. 45. Na qualidade de núncio apostólico na França, escrevera a um não melhor identificado "*très cher docteur T.*", velho conhecido de Istambul: "Como o senhor recorda, eu sou particularmente inclinado mais àquilo que une do que àquilo que divide" (Roncalli, A. G. *Souvenirs d'un nonce. Cahiers de France (1944-1953)*. Roma, Edizioni di Storia e di Letteratura [texto bilíngüe], 1963. pp. 148-150). E, no leito de morte, entre outras palavras, as palavras da "oração sacerdotal": "A minha jornada terrena está terminando, mas o Cristo vive e a Igreja continua a sua missão no tempo e no espaço. As almas, as almas! *Ut unum sint, ut unum sint!* (Jo 17,21)" (Capovilla, L. F. *Quindici letture*, Roma, Edizioni di Storia e di Letteratura, 1970. p. 185).

[37] Cf. Alberigo, G. & Magistretti, F. (Org.). *Constitutionis dogmaticae Lumen gentium. Synopsis historica*. Bologna, EDB, 1975. p. 38.

[38] "[...] os elementos de santificação e de verdade presentes nas outras comunidades cristãs, em grau variável de uma para outra, constituem a base objetiva da comunhão, ainda imperfeita, que existe entre elas e a Igreja católica. Na medida em que tais elementos se encontram nas outras comunidades cristãs, a única Igreja de Cristo tem nelas uma presença operante" (João Paulo II. *Ut unum sint* 11).

[39] Ler em *LG* 15 os muitos elementos comuns. Cf. *UR* 3.

embora creiamos que tenham deficiências, as Igrejas e as comunidades não-católicas "de forma alguma estão destituídas de significação e importância no mistério da salvação. O Espírito Santo não recusa empregá-las como meios de salvação"(*UR* 3d). Por isso, na linguagem conciliar, as Igrejas do Oriente são chamadas de Igrejas, e as comunidades nascidas da Reforma, de comunidades eclesiais e mesmo de Igrejas.

O movimento ecumênico está voltado justamente para a superação, não das diferenças, mas das divisões, rumo à reconciliação e ao restabelecimento da unidade visível entre os cristãos.[40] Trata-se, antes de tudo, de superar os preconceitos e, em seguida, de entabular o diálogo (*UR* 4). A prática do ecumenismo passa pela renovação da Igreja, pela conversão interior, pela oração em comum, pelo conhecimento mútuo, pelo ensino ecumênico da teologia e de outras disciplinas, pelo modo de expressar e expor a fé católica,[41] pela cooperação de todos os cristãos no campo social (cf. *UR* 6-12; João Paulo II, *UUS*, parte I).

6. A IGREJA É CATÓLICA: "A PRESENÇA DE CRISTO ASSEGURA A PRESENÇA DA IGREJA CATÓLICA"[42]

A palavra "católica" aparece tanto como adjetivo quanto como substantivo: a Igreja católica; a Católica, forma elíptica muito comum em Tertuliano.

Sua primeira aparição dá-se em Inácio de Antioquia: "Onde quer que se apresente o bispo, ali também esteja a comunidade, assim como a presença de Jesus Cristo também nos assegura a presença da Igreja Católica".[43] Para alguns, há uma relação de oposição entre Igreja local e Igreja universal: "católica" seria sinônimo de universal. Outros interpretam "católica" no sentido de Igreja legítima, verdadeira, perfeita.[44]

No *Martyrium Policarpi*, a palavra mantém os dois sentidos anteriores.[45] Ausente em Ireneu, aparece em Clemente de Alexandria e no Cânon de

---

[40] Cf. *UR*, 4b. São vários os "modelos de unidade": "união orgânica", "comunhão conciliar", "ecumenismo secular", "diversidade reconciliada", "ecumenismo nas oposições", e, nos últimos tempos, *koinonía* (Cf. NEUNER, P. *Teologia ecumenica. La ricerca dell'unità tra le chiese cristiane*. Brescia, Queriniana, 2000. pp. 286-302).

[41] Aqui o concílio estabelece um princípio importantíssimo para o ecumenismo e para a vida interna das Igrejas: *UR* 11 [ler na íntegra].

[42] INÁCIO DE ANTIOQUIA. Aos esmirnienses, 8. In: ARNS, P. E. (Ed.). In: *Cartas de santo Inácio de Antioquia*. Petrópolis, Vozes, 1978. p. 81.

[43] Idem, ibidem.

[44] "A expressão 'Igreja católica' não visa apenas a um valor de totalidade, mas de verdade, de autenticidade" (CONGAR, Y.-M.-J. *Igreja e papado*. Petrópolis-São Paulo, Vozes, 1997. p. 34).

[45] Na epígrafe e em XIX, 2, talvez em VIII, 1, no sentido de *universal*; em XVI, 2, aplica-se à *verdadeira* Igreja, em contraposição a grupos que não são reconhecidos como Igreja.

Muratori, no sentido de verdadeira Igreja, oposta às seitas heréticas. A partir do século III, esse sentido está consolidado: "católica" designa "a verdadeira Igreja disseminada pelo mundo ou uma comunidade local que se encontra em comunhão com ela".[46]

A palavra "católica" veicula, portanto, dois significados: a) verdadeira, autêntica, legítima, ortodoxa; b) universalidade antropológica ou geográfica.[47]

De Lubac lembra que *katholikós*, no grego clássico, era usado pelos filósofos para indicar uma proposição universal. Ora, o universal é um singular, e não deve ser confundido com uma soma:

> *A Igreja não é católica porque atualmente está difundida por toda a face da terra e conta com um grande número de aderentes. Ela já era católica na manhã de Pentecostes, quando todos os seus membros cabiam numa pequena sala; era-o no tempo em que as ondas arianas pareciam submergi-la; sê-lo-á também amanhã, se apostasias em massa lhe fizessem perder quase todos os fiéis. Essencialmente a catolicidade não é questão de geografia ou de cifras. Se é verdade que deve dilatar-se necessariamente no espaço e manifestar-se aos olhos de todos, não é todavia de natureza material, mas espiritual. Ela é antes de tudo algo intrínseco à Igreja;*[48]

---

[46] CONGAR, Y.-M.-J. *Igreja e papado*. cit., p. 35. Nesta linha, Congar cita Cipriano, Atanásio, Cirilo de Jerusalém, Gregório Nazianzeno, Agostinho, o Concílio de Nicéia.
[47] Cf. CIRILO DE JERUSALÉM. *Catequeses*, 18,23-15.
[48] DE LUBAC, H. *Cattolicismo. Aspetti sociali del dogma*. Milano, Jaca Book, 1978. p. 24. Por isso, em termos semelhantes, diz Tillard, "ela surge já de início como *católica*. Ela carrega o *kathólou*, a totalidade do desígnio de Deus em relação ao seu povo, ao termo de um longo caminho em séculos de história. Trata-se aqui de uma coisa muito diferente de uma universalidade geográfica, cujas nações, representadas pelos prosélitos reunidos naquele dia para a festa [da proclamação da Lei no Sinai], constituiriam já o material ou o núcleo profético. Trata-se da realização, na sua inteireza, daquilo que comporta o apelo (ou convocação) de Deus que ressoou antes em Israel — donde a importância dos doze vindos do judaísmo, ligados simbolicamente às doze tribos —, mas que coincide em realidade com o desígnio de Deus Criador e tende daí, como entrevia o profeta Isaías, para além de Israel, para 'todos os que estão longe' (At 2,39), com as nações. Neste *kathólou* é a totalidade dos dons divinos a ser essencial, mais do que a sua extensão. Por isso, mesmo se reduzindo à comunidade de Jerusalém, a Igreja pentecostal é já plenamente a Igreja católica de Deus. Sê-lo-á em todo o lugar em que existirá na verdade, uma vez que aí ela levará toda a salvação que Deus, em Jesus Cristo, destina à humanidade. Ela será católica em Antioquia, em Pérgamo, em Corinto, em Alexandria, em Roma. Continuará a sê-lo em Bamako se, sob o efeito de alguma descristianização maciça ou de algum cataclisma, não existisse senão aquela pequena comunidade de fiéis reunidos mediante a sua eucaristia" (TILLARD, J.-M. Risposta alla relazione di Komonchak. In: LEGRAND, H.-M., MANZANARES, J. & GARCÍA Y GARCÍA, A. *Chiese locali e cattolicità*. Atti del Colloquio internazionale di Salamanca (2-7 aprile 1991), Bologna, EDB, 1994. p. 460).

Mais ainda, há uma inter-relação profunda entre o ser humano (razão antropológica) e o dogma (razão teológica),[49] especialmente o mistério do corpo de Cristo.[50]

Não há oposição, portanto, entre Igreja local e Igreja católica; pelo contrário, cada Igreja local é católica. No Novo Testamento, é evidente que a cada Igreja local não falta nada daquilo que constitui a Igreja de Deus: ela é a igreja de Deus naquele lugar (cf. 1Cor 1,2; 10,32; 11,22; 2Cor 1,1).[51] Na manhã de Pentecostes, a comunidade de Jerusalém aparece como a ekklesía toû Theoû (cf. 1Cor 15,9; Gl 1,13), verdadeiro cumprimento de tudo aquilo a que tendia o qahal toû Theoû reunido no deserto.

Deve-se, porém, acrescentar que, a partir dos embates e debates da "grande Igreja" com as correntes e grupos heréticos do século III, o termo "católico" recebeu também um significado polêmico-confessional, delimitando a verdadeira comunidade de fé, distinguindo-a da falsa. Neste contexto, a Igreja católica romana acabou, de certa maneira, monopolizando o termo "católico", apesar de as Igrejas históricas também se considerarem católicas e rezarem no credo "creio na santa Igreja católica...".

7. A IGREJA É APOSTÓLICA: "COMO O PAI ME ENVIOU, TAMBÉM EU VOS ENVIO" (Jo 20,21)

O último atributo da Igreja de certa maneira qualifica todos os demais: "Uma Igreja é verdadeiramente una, santa e católica somente quando ela é em tudo isso apostólica. Não se trata de uma unidade, santidade e catolicidade qualquer, mas tal que se refira aos apóstolos e seja neste sentido apostólica".[52]

O adjetivo "apostólico" é usado quase que exclusivamente no cristianismo. Aparece pela primeira vez em Inácio de Antioquia[53] e no Martyrium Policarpi.[54] Seu sentido originário e ainda muito geral é o de "que está em conexão com os apóstolos de Cristo". Já, porém, nos séculos II e III, adquire um significado ascético e passa a designar "semelhante aos apóstolos", entendendo-se com isso, em certas seitas da Antigüidade e da Idade Mé-

---

[49] Cf. DE LUBAC, H. Op. cit., p. 24.
[50] CRISÓSTOMO, J. Homilia 65, n. 1. Este texto é citado em LG 13b.
[51] Cf. BOFF, L. CEBs: a Igreja inteira na base. REB 43 (1983) 459-470.
[52] KÜNG, H. La Chiesa. Brescia, Queriniana, 1969. p. 399; "Por 'Igreja apostólica' queremos dizer duas coisas: a) no plano histórico, que nesse primeiro período a Igreja se foi definindo pela autoridade 'dos apóstolos' ou, pelo menos, de 'apóstolos'; b) no plano teológico, que esse período é normativo para o tempo futuro de toda a Igreja 'apostólica': para sua doutrina, organização, práxis missionária e de serviço" (MUÑOZ, R. A Igreja no povo. Para uma eclesiologia latino-americana. Petrópolis, Vozes, 1985. p. 78).
[53] Aos tralianos (epígrafe).
[54] Martyrium Policarpi, 16,2.

dia, a renúncia à propriedade e ao matrimônio. Só bem mais tarde a palavra adquire um sentido pastoral-ativo, em oposição à contemplação.

No Novo Testamento, não aparece o adjetivo "apostólico", mas encontramos o substantivo "apóstolo". Em Mateus, Marcos e João encontramos o termo "apóstolo" só uma vez; em compensação, ele aparece em Lucas 34 vezes (6 no Evangelho, 28 nos Atos) e 34 vezes em Paulo. Embora mantenha o significado originário de "enviado", passa por diversas modificações: pode designar os Doze (Mc 6,30; Mt 10,2; Lucas em geral), os enviados de Deus (At 13,3ss.), os enviados da Igreja (At 14,4; cf. 13,3), os mensageiros autorizados (Jo 13,36), os missionários (Ap 2,2) ou o próprio Cristo (Hb 3,1). Nos escritos de Paulo, pode referir-se ao próprio Paulo, aos Doze (Gl 1,17), a um círculo mais amplo de missionários do Evangelho (Rm 16,7; 1Cor 12,28; 15,7; 2Cor 11,5) ou a mensageiros da Igreja (2Cor 8,23; Fl 2,25).

Os Doze, evidentemente, são os apóstolos primordiais. Eles foram, sem dúvida, discípulos históricos de Jesus,[55] testemunhas da ressurreição e enviados em missão. É claro que é a eles que se refere Gl 1,15-17 lido em paralelo com 1Cor 15,5.

Qual é o sentido originário dessa escolha dos Doze, que foram mais do que simples "discípulos"? Tal escolha deve ser entendida à luz da pregação escatológica de Jesus. O número "doze" tem a ver com a totalidade de Israel, o povo das doze tribos, simbolizado nos doze patriarcas. Jesus dirige-se à totalidade de Israel para renová-lo na plenitude do Reino de Deus (cf. Mt 19,28; Ap 21,24). O círculo dos Doze foi formado em vista do Reino de Deus que vem: eles anunciam e ao mesmo tempo representam esse Reino que ainda vem, mas já irrompeu no tempo presente. Simbolizam o número perfeito do antigo e do futuro povo de Deus.

Embora seja difícil sustentar que os Doze tenham exercido na comunidade primitiva uma função diretiva, seguida de atividade missionária e martírio — como querem as legendas sucessivas —, não se pode desconhecer o papel histórico desempenhado por eles nos primórdios da Igreja: são as testemunhas-base da ressurreição! Isto pertence ao núcleo da tradição que Paulo recebe da comunidade primitiva e transmite às comunidades fundadas por ele: "A experiência do Senhor ressuscitado feita por Pedro e pelos Doze é codificada muito cedo justamente por Paulo e, além disso, faz aparecer os Doze como discípulos do Senhor pré-pascal".[56] Essas primeiras testemunhas do Senhor ressuscitado seriam, então, os seus mandatários

---

[55] "Ora se estes Doze são atestados, seja como for, já na época imediatamente sucessiva à morte de Jesus, a explicação mais iluminante desse fato continua a ser a que dão os sinóticos, ainda que se possa dizer historicamente bem pouco sobre o momento preciso e sobre o desenvolvimento da formação do círculo dos Doze: foi justamente o Jesus pré-pascal a chamar e a instituir os Doze, a 'constituí-los' (Mc 3,14)" (KÜNG, H. La Chiesa, cit., p. 403).
[56] Idem, ibidem, p. 405.

(*sheluhim*[57]) para os cuidados da comunidade, embora não se possa dizer praticamente nada de historicamente seguro sobre o exercício concreto desse serviço. A partir daí, poder-se-ia compreender a imagem de Mt 19,28 ("vos assentareis também em doze tronos para julgar as doze tribos de Israel") e as proposições de Mt 10,40 ("quem vos recebe a mim recebe, e quem me recebe, recebe o que me enviou").

Além dos Doze, são também apóstolos os missionários enviados pelas Igrejas. Já antes de Paulo, o título de "apóstolo" deve ter sido usado para indicar missionários e enviados das comunidades (cf. 2Cor 8,2-3; Fl 2,25; Jo 13,16). Mas certamente foi ele quem ligou a esse título o significado de delegado plenipotenciário (*sheluah*): o "apóstolo" é o enviado plenipotenciário do próprio Jesus! Portanto, foi Paulo

> *que tornou a Igreja consciente do significado grande e fundamental que tem a palavra "apóstolo" que ela atribui a homens como Pedro e o próprio Paulo. Segue daí que também os Doze, eleitos pelo Jesus pré-pascal e talvez já antes chamados apóstolos num sentido neutro, foram qualificados de apóstolos no sentido pleno paulino. Certamente, com o tempo, o conceito de apóstolo — e Lucas teve aqui um papel decisivo com sua reação às tendências desagregadoras — foi em parte limitado com muita precisão aos Doze, de modo que, contrariamente ainda a Paulo, só os Doze (paradoxalmente, nos Atos dos Apóstolos, Paulo não é nunca chamado de apóstolo, com exceção de At 14,4.14) foram qualificados como apóstolos: os "doze apóstolos". A evolução do conceito estritamente teológico de apóstolo não aconteceu, portanto, no sentido de um desenvolvimento de um conceito mais estrito (= os Doze) para um mais amplo (= os plenipotenciários de Cristo em geral), mas no sentido de uma limitação do conceito mais amplo aos Doze (e, eventualmente, a Paulo).*[58]

Apóstolo, portanto, é o mensageiro de um outro, maior do que ele. À medida que é enviado por Cristo (Gl 1,15s; At 9,27; Mc 3,4; Mt 28,19) e, por meio de Cristo, pelo próprio Pai (cf. Jo 10,40; Jo 13,20), não é delegado da comunidade, mas está acima dela. Não depende da escolha da comunidade (Gl 1,1) nem está submetido ao seu juízo (cf. 1Cor 4,3). Na verdade, o apóstolo é o delegado plenipotenciário de Cristo: além de testemunha da ressurreição do Senhor (como "os mais de 500 irmãos" de 1Cor 15,6), ele é enviado e delegado por este mesmo Senhor. Com toda a sua fragilidade, incompreensão e pecados, o apóstolo foi escolhido, chamado, enviado como instrumento da graça de Deus (cf. 1Cor 15,10; Rm 1,5) e testemunha

---

[57] Cf. COLSON, J. L'organisation ecclésiastique aux deux premiers siècles de l'Église. In: AA.VV. *Problemi di storia della Chiesa. La Chiesa antica. Sec. II-IV.* Milano, Vita e pensiero, 1970. p. 56.
[58] KÜNG, H. *La Chiesa*, cit., p. 406.

estabelecida por Cristo (cf. Lc 24,48; At 1,8; 13,31). Sua tarefa principal é o anúncio do Evangelho (cf. 1Cor 1,17), não uma doutrina própria, mas a mensagem que lhe foi confiada (cf. 1Cor 2,7; 4,2; Mc 3,14). Por isso, pode exigir que sua palavra seja ouvida e acolhida como Palavra de Deus (cf. 1Ts 2,13; 2Cor 5,20). Embora seja recebido como Jesus Cristo (cf. Gl 4,14), nada mais é que um servidor de Cristo (cf. Rm 15,15s; cf. 1,9; Fl 2,17) e um colaborador de Deus (cf. 1Ts 3,2; 1,3-9).

Pela pregação do Evangelho, o apóstolo desperta a fé e reúne em comunidade os que crêem. O apóstolo é fundador de Igrejas. Em virtude da mensagem, ele é autorizado a fundar e a dirigir as Igrejas (cf. 2Cor 10,13-16; 13,10; 1Cor 11,34; 2Ts 3,4), exercendo a necessária disciplina (cf. 1Cor 5,3-5; 1Tm 1,20) nos mais diversos âmbitos da vida comunitária.[59]

Embora ocupe uma posição de autoridade e de liberdade diante da comunidade, ele não deixa de ser seu membro:

> *O apóstolo não age despoticamente, mas em vista da comunidade; não age de forma isolada, mas em comunhão com todos os membros e com os dons e serviços que lhes foram dados; ele não testemunha sozinho, mas circundado pelo testemunho de todos os que receberam o Espírito [...] Não deve ser o senhor da Igreja, mas o seu servidor (cf. Rm 12,7; 1Cor 9,19; 2Cor 1,24; 4,5; Mc 10,44s.; Mt 24,45-51). O seu apostolado é um ministério de serviço (cf. Rm 11,13; 12,7; At 20,24), cuja grandeza e glória (cf. 2Cor 3,7-11; 8,23) estão escondidas, são até contestadas e desprezadas neste mundo (cf. 1Cor 4,8-13; 2Cor 4,8-11; 6,3-10; 11,16-33).*[60]

Mensageiros, testemunhas, plenipotenciários do Senhor, arautos do Evangelho, fundadores e guias das comunidades, os apóstolos são os primeiros na Igreja (cf. 1Cor 12,28; Ef 4,11).[61] Neste sentido, em sua totalidade e não apenas em alguns de seus membros, a Igreja é apostólica!

---

[59] O Novo Testamento testemunha a atuação dos apóstolos nos seguintes âmbitos da vida comunitária: batismo (cf. 1Cor 11,14-17); eucaristia (cf. 1Cor 11,17-34); controvérsias internas (cf. 1Cor 6,1-11); matrimônio, virgindade, viuvez (cf. 1Cor 7,1-39); liturgia (cf. 1Cor 11,2-34); carismas e ministérios (cf. 1Cor 12-14); pregação (cf. 1Cor 14,1-40); solidariedade com outras Igrejas (cf. 1Cor 16,1-4); comunhão entre as Igrejas (viagens, envio de mensageiros, cartas, orações recíprocas).

[60] KÜNG, H. *La Chiesa*, cit., p. 408.

[61] "Sem o testemunho e o serviço dessas primeiras testemunhas oficiais, mandatários de Cristo, sem o testemunho e o serviço de Pedro e dos Doze, mas também de Tiago, de todos os outros apóstolos até ao último, Paulo, a Igreja não teria podido subsistir. A Igreja funda-se sobre o testemunho e sobre o serviço apostólicos, que são anteriores a ela. Os apóstolos são os iniciadores e os fundamentos duráveis da Igreja, da qual o próprio Cristo é o fundamento, a pedra angular e o arremate (Ef 2,20; cf. Mt 16,18; Ap 21,14)" (Idem, ibidem, p. 409).

Resumindo
- A Igreja é o termo comunitário e social da ação do Deus-Trindade na história humana. Ela é dom de Deus e resposta humana, tornada possível pela graça.
- A Igreja tem sua fonte última no Pai, que, desde toda a eternidade, não só deliberou criar-nos, mas também elevar-nos à condição de filhos e filhas.
- Em Jesus, Filho de Deus feito carne, o desígnio de Deus chega à sua máxima realização e revelação. A obra do Messias é impensável sem uma comunidade, sem um povo, que ele começa a reunir em seu ministério público a partir do anúncio do Reino.
- Na comunicação do Espírito em Pentecostes, o processo de criação da Igreja atinge sua máxima expansão e revelação. A Igreja é, na verdade, "comunhão do Espírito Santo" (2Cor 13,13). Mais ainda, ela é "o povo reunido pela unidade do Pai e do Filho e do Espírito Santo" (Cipriano).
- Portanto, ela é santa porque santificada irrevogavelmente por Jesus Cristo, nosso redentor, e pelo Espírito, seu perene santificador. Feita, porém, de seres humanos, frágeis e propensos ao pecado, ela tem sempre necessidade de purificar-se e, por isso, busca a penitência e a renovação (cf. LG 8).
- A Igreja é una porque, pelo dom do Espírito, é colocada em união com Cristo e, por meio deste, com o Pai, e porque, conseqüentemente, todos os seus membros participam da mesma comunhão. Somos "um em Cristo Jesus" (Gl 3,28). Temos "um só Senhor, uma só fé, um só batismo" (Ef 4,5).
- A catolicidade não é questão numérica e quantitativa. A Igreja de Jerusalém, que cabia numa sala, já era católica. A catolicidade é antes de tudo questão de abertura, adesão e fidelidade à revelação de Deus e de serviço a seu plano em todos os contextos. É a unanimidade no amor, a ligação absolutamente intrínseca entre a verdade cristã e a comunicação à humanidade da caridade que a gera.
- Ser apostólica é a característica mais modesta, mais terrena, mais visível da Igreja. Ela se funda naquele grupo que, chamado, deixou tudo e foi enviado para testemunhar o Nazareno morto e ressuscitado para nossa salvação. Ela não pode perder a ligação objetiva e subjetiva com aqueles primeiros evangelizadores, senão perde sua identidade histórica e teológica.

Aprofundando

Não continue sua leitura sem antes responder às perguntas a seguir e partilhar suas impressões com um grupo. Uma coisa é ler sozinho; outra, muito mais rica, é ler com outras pessoas.

Perguntas para reflexão e partilha

1. Dizemos: "cremos na Igreja". Que significa isso? Não se corre o risco de colocar a Igreja no mesmo nível de Deus ("Creio em Deus Pai... creio em Jesus Cristo... creio no Espírito Santo")? Em que sentido podemos crer na Igreja?

2. Que se entende por "Igreja do Pai"? Você já estudou "Trindade" (a disciplina)? Que você aprendeu lá que o ajuda a entender melhor o que aqui chamamos de "Igreja do Pai"? Explique.

3. Um dos fenômenos mais difundidos atualmente, dentro do cristianismo, é o pentecostalismo, a experiência do Espírito Santo. Nossa reflexão sobre "Igreja do Espírito" traz algum elemento para entender melhor o fenômeno carismático?

Bibliografia

ACCATTOLI, L. *Quando um papa pede perdão*. São Paulo, Paulinas, 1997.

CONGAR, Y. M. J. & ROSSANO, P. As propriedades da Igreja. In: *Mysterium salutis*. Petrópolis, Vozes, 1976. v. IV, t. 3.

DURRWELL, F.-X. *O Pai. Deus em seu mistério*. São Paulo, Paulus, 1990.

FORTE, B. *Igreja ícone da Trindade*. São Paulo, Loyola, 1996.

KÜNG, H. *La Iglesia*. Barcelona, Herder, 1969.

SCHWEIZER, E. *O Espírito Santo*. São Paulo, Loyola, 1993.

SUSÍN, L. C. *Deus*: Pai, Filho e Espírito Santo. São Paulo, Paulinas, 2003.

VALLÉS, C. G. *Querida Igreja*. São Paulo, Paulus, 1998.

Capítulo terceiro

"A NATUREZA ÍNTIMA DA IGREJA NOS É MANIFESTADA ATRAVÉS DE VÁRIAS IMAGENS" (LG 6)

A Igreja tem uma autocompreensão que vai além de seus dados concretos.[1] A compreensão que ela tem de si não pode ser deduzida da realidade empírica, mas remete a um horizonte no qual ela se vê situada. A Igreja existe, portanto, entre realidade e idealidade, na tensão entre ser e dever-ser, fato e pretensão, em difícil diálogo entre si. Os dois pólos dessa tensão devem ser mantidos, sob pena de se cometer injustiça contra a "Igreja real".

A autocompreensão da Igreja exprime-se, antes de tudo, em imagens.[2] As imagens gozam de preferência na Bíblia e na patrística.[3]

Trabalhar com imagens[4] é trabalhar com indeterminações. Renuncia-se a definir o objeto de forma inequívoca. Entrega-se a uma linguagem que escapa continuamente à fixação conceitual. A preferência por imagens já é um sinal comunicativo:

> O fato de que a Igreja faça uso da linguagem metafórica como da única forma lingüística adequada a ela significa que quer apresentar-se como uma realidade que não se ajusta a uma abordagem que é segura de si e que recorre a definições inatacáveis. As imagens evi-

---

[1] A identidade resulta daquilo que cada um pensa de si, do que os outros pensam dele, das expectativas que um e outros nutrem a seu respeito (Cf. ZIRKER, H. *Ecclesiologia*. Brescia, Queriniana, 1987. p. 18).

[2] Cf. *Lumen gentium*, 6a. Com o termo "imagens" ou "figuras" — cuja forma mais simples é a metáfora e a mais complexa, o símbolo — entendemos aqueles instrumentos expressivos que não são as palavras enquanto veículos de conceitos cartesianamente pensados, de idéias claras e distintas; uma coisa, por exemplo, é dizer que a Igreja é uma "sociedade religiosa", outra, que ela é um rebanho, uma oliveira ou a arca da salvação (Cf. DIANICH, S. *Ecclesiologia. Questioni di metodo e una proposta*. Cinisello Balsamo (MI), Paoline, 1993. p. 61).

[3] A própria teologia popular da libertação "é uma teologia 'sacramental'; se realiza por meio de gestos e de símbolos. [...] Aí vige todo um pensamento religioso, se faz presente toda uma teologia" (BOFF, C. Epistemología y método. In: *MysLib*, cit., v. I, p. 95).

[4] A imagem tem sido reabilitada pela cultura contemporânea (cf. ELIADE, M. *Immagini e simboli. Saggi sul simbolismo magico-religioso*. Milano, Jaca Book, 1980. IDEM. Simbolo. In: ROSSANO, P., RAVASI, G. & GIRLANDA, A. (Ed.). *Nuovo dizionario di teologia biblica*. Cinisello Balsamo (MI), Paoline, 1988. pp. 1472-1490.

tam continuamente uma identificação clara. Elas pretendem dizer o que é a Igreja, incluindo ao mesmo tempo a negação: ela não é.[5]

Com efeito, as imagens propositalmente não são utilizadas no sentido próprio do termo, portanto não significam aquilo que os termos, em seu sentido originário, significam.

As imagens, com efeito, referem-se a situações da vida de todos os dias, mas vão além delas. Todo o mundo conhece realidades como "rede", "casa", "esposa": são palavras familiares. Parece simples entender a realidade a que se referem, ainda que esta supere sempre a compreensão que se vai adquirindo dela. As imagens possuem esta magia: remetem a um conteúdo ao mesmo tempo conhecido e desconhecido.

As metáforas eclesiológicas não se deixam apanhar num significado homogêneo. Elas são tomadas de contextos muito diversos entre si: o mundo histórico-social (imagens como "família" e "cidade"); a realidade natural-orgânica ("videira" e "oliveira"); as relações interpessoais ("esposa" e "mãe"); os objetos instrumentais ("nave" e "casa").

As imagens mostram toda a sua riqueza quando inter-relacionadas. Por um lado, a Igreja aparece como a totalidade dos crentes ("povo"), por outro, como preordenada a eles ("mãe"); sob determinado aspecto, mostra-se como realidade estática ("casa"), sob outro, como realidade móvel e dinâmica ("nave"); se, por um lado, ela é o "corpo" de Cristo, por outro, é distinta e ao mesmo tempo unida a Cristo ("esposa"); às vezes, aparece como realidade pessoal e livre (imagens interpessoais), outras, como realidade meramente funcional (imagens naturais); tanto como conjunto diferenciado ("corpo", "povo", "cidade") quanto como sujeito único ("esposa", "mãe") ou como realidade compacta ("nave", "casa").[6]

Uma metáfora delimita outras no seu conteúdo e sozinha não é capaz de dar conta da realidade. A "essência" da Igreja sempre lhe escapa. É forçoso apelar para outras imagens e, assim, essa abordagem vária e contraposta permite uma riquíssima composição de "traços essenciais", em que o mistério da Igreja revela-se e vela-se, suscitando enlevamento e contemplação.[7]

As imagens podem ser analisadas sincrônica e diacronicamente. Há imagens que abundam no Vaticano II ("mãe", por exemplo) e que, no Novo Testamento, mal aparecem (cf. Gl 4,26). O fato de, no Vaticano II, a imagem de "Povo de Deus" ter suplantado a de "corpo de Cristo" e de seu acantoamento pelo Sínodo de 1985 mostra que entre as imagens há uma relação não só de complementaridade, mas de certa rivalidade. Neste sentido, me-

---

[5] ZIRKER, H. *Ecclesiologia*, cit., p. 20.
[6] Cf. CRISÓSTOMO, J. Homilia *De capto Eutropio*, 2,9: PG 52, 403.
[7] Cf. DE LUBAC, H. *Meditazione sulla Chiesa*. Milano, Jaca Book, 1979. p. 72. COMISSÃO TEOLÓGICA INTERNACIONAL. *Temi scelti di ecclesiologia*, 2.1: EV 9/1681.

diante a constatação da linguagem preferida num determinado contexto histórico-eclesial e da autocompreensão sugerida, pode-se inferir o modelo eclesiológico que esteja predominando ou que se queira fazer predominar.

É claro, enfim, que o significado das imagens não depende somente do emissor, mas também dos receptores, ou seja, de como eles, a partir de suas experiências, conhecimentos e avaliações, captam nas imagens utilizadas essa auto-apresentação da Igreja. O "sucesso" de uma imagem depende também dos seus "consumidores".

1. IGREJA-REBANHO DO SENHOR: "[...] O POVO SOB SEU GOVERNO, O REBANHO QUE ELE CONDUZ" (Sl 95,7)

A primeira imagem clássica da Igreja — própria de uma cultura pastoril — é a de rebanho, à qual se associa a de redil ou curral de ovelhas.

O Senhor é o único pastor de seu povo, como se destaca nos salmos (Sl 23; 28,9; 68,8-9; 74,1; 77,21; 78,52-53; 79,13; 95,7; 100,3; 121,4) e nos profetas pós-exílio (Jr 23,2; 31,10; 50,19; Ez 34,11-12; Is 40,10-11; 49,9; Mq 4,6-7; 7,14). Na oração, na tentação e no desespero (Sl 73), os fiéis sabem que estão seguros sob os cuidados do Senhor, o Pastor fiel (Sl 23).

O povo de Israel — e só ele — é o rebanho do Senhor (Jr 13,17; Is 40,11; Ez 34,31; Mq 7,14; Zc 10,3; Sl 79,13; 95,7; 100,3). Única exceção de aplicação universal da metáfora é Eclo 18,12-13: "A misericórdia do homem é para com o seu próximo, mas a do Senhor é para com toda carne: admoesta, corrige, ensina, reconduz como o pastor o seu rebanho" (cf. 2Mc 6,13-16; Sb 12,19-22).

O Messias também é chamado de pastor enviado por Deus (Jr 3,15; 23,4; Ez 34,23; 37,22.24), cuja morte representativa inaugura o tempo da salvação (Zc 12,10; 13,7).

O judaísmo posterior faz distinção entre pastores, havendo pastores verdadeiros (líderes e mestres da Lei) e pastores desonestos, pois, como diz um *midrash* sobre o Sl 23, "nenhuma situação na vida é tão desprezível quanto a do pastor".[8]

Contrastando com o judaísmo, o Novo Testamento tem um conceito positivo dos pastores (cf. Jo 10,3-4; Lc 15,4-5; Mt 18,12ss.). Embora os contemporâneos de Jesus desprezassem o pastor, foi esta a metáfora que ele escolheu para enaltecer o amor de Deus pelos pecadores e manifestar sua oposição à condenação destes por parte dos fariseus (cf. Lc 15,4-6).

---

[8] Pastor. In: COENEN, L. & BROWN, C. *Dicionário internacional de teologia do Novo Testamento*. São Paulo, Vida Nova, 2000. v. II, p. 1589.

Jesus é, na verdade, o pastor messiânico prometido no Antigo Testamento. Ele reúne as ovelhas perdidas da casa de Israel (Mt 9,36; 10,6; 15,24; cf. Lc 19,10 com Ez 34,15), inaugurando assim a era da salvação. É o dominador de Israel, prometido em Mq 5,3 [4], que reúne o rebanho sem pastor (Mt 2,6; 9,36; Mc 6,34; cf. Ez 34,5). Ele deve, contudo, primeiramente morrer em favor do rebanho (cf. Jo 10,1-30), e ressuscitar (cf. Mt 26,31-32; Mc 14,27-28; cf. Zc 13,7; Is 53). A era da salvação, na qual o rebanho reúne-se sob o Bom Pastor, só chegará ao seu clímax no dia do julgamento, quando todas as nações forem reunidas ao redor de seu trono e ele separar ovelhas e cabritos (cf. Mt 25,32).

Assim como o pastor simboliza o Senhor, assim também o rebanho (Jo 10,16), a soma total de suas ovelhas, representa seu povo. Em João, a imagem de rebanho substitui a de Igreja. É o Cristo ressuscitado que, Bom Pastor, reúne seu rebanho. Pastor e ovelhas conhecem-se mutuamente, e ninguém pode arrebatar as ovelhas de suas mãos (Jo 10,27-28); ele as guia para fora do redil do judaísmo e reúne num grande rebanho com seus seguidores pagãos (Jo 10,4).

Em At 20,28, rebanho e Igreja aparecem justapostos. Ausente em Paulo (cf. 1Cor 9,7), a imagem do rebanho reaparece em 1Pd 2,25, onde Jesus é apresentado como pastor e bispo de nossas almas. Na mesma carta, os presbíteros cristãos são exortados a não dominarem a comunidade, mas a serem exemplo de serviço, preparando-se, assim, para a vinda do supremo pastor (1Pd 5,3-4). Cristo é, na verdade, o grande pastor, que superou todos os protótipos, até Moisés (Hb 12,20). O próprio Cordeiro será o pastor do seu rebanho, e as ovelhas o seguirão de bom grado (cf. Ap 14,4).

A imagem de pastor, portanto, possui sempre uma conotação cristológica: Cristo é o verdadeiro pastor (1Pd 2,25), cuja função consiste em reunir e proteger as ovelhas dispersas (cf. Mc 14,27 par. Mt 26,31; Mt 10,6; 15,24; Lc 19,10; Jo 10,11ss.; 21,15ss.). Ele confia aos pastores o cuidado da Igreja, adquirida por seu sangue e que é propriedade sua. Quando voltar, pedirá aos pastores contas de seu serviço (Lc 12,41-48).[9]

Em apenas uma passagem, ministros da Igreja recebem a denominação de pastores (Ef 4,11), cujo significado deve ser deduzido de textos como 1Pd 5,2-4; At 20,28; Jo 21,15-17, que falam do cuidado pelo bem-estar do rebanho, e Mt 18,12-14 e 12,30, que falam de buscar os perdidos (cf. Lc 11,23). É neste contexto que se pode entender o cargo pastoral que Pedro recebe do Ressuscitado, dando-lhe uma posição especial na Igreja e entre os apóstolos (cf. Jo 21,16). Se, no entanto,

alguns são constituídos pastores na Igreja, não se pode considerá-los senão como servidores e representantes de Cristo; não como donos

---

[9] Cf. ROLOFF, J. *Gli Atti degli Apostoli*. Brescia, Paideia, 2002. p. 403.

do rebanho, mas como fiéis guardiães ao serviço do chefe dos pastores de que fala Pedro (1Pd 5,4). Deve-se observar que a Igreja aparece seja como o lugar em que o rebanho habita com segurança (grego: aulé; latim: ovile = redil), seja como o próprio rebanho (grego: poimné; latim: grex). Note-se, além disso, de passagem, que a predição de Jesus (Jo 10,16b) deve-se ler: "haverá um só rebanho, um só pastor" (grex = rebanho, e não, como traduz a Vulgata, um só redil).[10]

Os que são a Igreja, enfim, não são seres irracionais, mas **pessoas**, autônomas, conscientes, livres, que não perdem sua individualidade ao fazerem parte de um conjunto maior, que metaforicamente pode ser chamado de rebanho.[11]

2. IGREJA-CAMPO E SEMEADURA DE DEUS: "O SEMEADOR SAIU A SEMEAR [...]" (Lc 8,5)

Passando da cultura pastoril à agrícola, encontramos a imagem da semeadura. O mundo é a imensa plantação de Deus, mas a Igreja, segundo alguns Padres, é o novo Éden, plantado por Cristo, rico de árvores irrigadas pelos quatro rios evangélicos e carregadas de muitos frutos.[12]

É o Senhor que semeia Israel na terra (Os 2,23; Jr 31,27; Ez 36,9) e o espalha entre os povos (Zc 10,9). A metáfora de semear vem muitas vezes ligada a apelos de cunho ético (Os 10,12; Jr 4,3), especialmente em advertências contra os maus comportamentos (Jó 4,8; Pr 22,8).

O judaísmo posterior vai empregar a idéia ética da semeadura e da ceifa num contexto apocalítico: o mundo maligno é comparado a um campo semeado com semente ruim que só pode produzir frutos ruins (Ne 9,35-37).

Na parábola do semeador (Mc 4,1-9; Mt 13,1-9; Lc 8,4-8), o acento recai sobre o ato de semear a "palavra de Deus", isto é, a proclamação da chegada do Reino. Os quatro tipos de terreno ilustram a diversidade de resposta à mensagem. Embora boa parte do terreno não corresponda à semente, nem por isso a parábola deixa de estender a promessa de uma grande colheita, encorajando, assim, a perseverança da pregação.

A parábola da semente que cresce em segredo (Mc 4,26-27) simboliza a vida do Reino, que, pelo poder do Espírito, cresce por sua própria força. Na verdade, sem a vida do Reino, o ser humano é como a flor da erva que murcha e seca (Tg 1,10.11).

---

[10] PHILIPS, G. *La Chiesa e il suo mistero*. Milano, Jaca Book, 1982. p. 96.
[11] Cf. ISIDORO DE SEVILHA. *Etymologiae* VIII, 1, 1, também 7-8 (PL 82, 293 D); *De origine officiorum ecclesiasticorum* I, 1, 2 (83, 739-740).
[12] Cf. DANIÉLOU, J. *Les symboles chrétiens primitifs*. Paris, Seuil, 1961. pp. 33-48.

No presente, ensina a parábola do joio e do trigo (Mt 13,24-30), o bem e o mal crescem simultaneamente, sem que se possa separá-los. Próxima a ela, a parábola da rede (Mt 13,47) insiste na coexistência de bons e maus na mesma Igreja, que é santa, mas ao mesmo tempo necessitada de conversão e de reforma (cf. LG 8).

Já na parábola do grão de mostarda (Mc 4,30ss.; Mt 13,31-32; Lc 13,18-19), o crescimento da minúscula semente ressalta o contraste entre o começo insignificante do Reino e sua manifestação final em majestade e poder.

A palavra "semente" muitas vezes significa descendência. "Semente de Abraão" são todos os que possuem o mesmo tipo de fé do patriarca. Assim, os crentes (= os que crêem) são apresentados como a verdadeira descendência de Abraão (Gl 3,29; cf. Rm 4,16ss.), cujo protótipo é Cristo, "o seu descendente" (Gl 3,16-19).

"Vós sois a seara de Deus" (1Cor 3,9), escreve Paulo aos coríntios, para enaltecer a atuação de Deus:

> Eu plantei, Apoio regou, mas é Deus quem fazia crescer. Assim, pois, aquele que planta, nada é; mas importa somente Deus, que dá o crescimento. Aquele que planta e aquele que rega são iguais entre si; mas cada um receberá seu próprio salário, segundo a medida do seu trabalho. Nós somos cooperadores de Deus, e vós sois a seara de Deus, o edifício de Deus (1Cor 3,6-9).

O Novo Testamento emprega duas vezes a famosa e sugestiva imagem da oliveira como símbolo da Igreja: Ap 11,4 e Rm 11,17-24.

Em Ap 11,4, as duas testemunhas de Deus são descritas como "as duas oliveiras e os dois candelabros que estão diante do Senhor da terra", uma alusão a Zc 4,2-14, onde as duas oliveiras representam os dois ungidos, Josué (que representa o poder espiritual) e Zorobabel (o poder temporal), que, unidos, devem capacitar Israel a viver à altura de sua vocação.

Já na mais conhecida alegoria de Rm 11,17-24, a oliveira — da qual os patriarcas constituem a "raiz santa" — representa o Povo de Deus:

> A oliveira cultivada é Israel, e dela foram quebrados alguns ramos (muitos judeus rejeitaram a Cristo, e assim perderam seu lugar como povo de Deus), enquanto ramos da oliveira brava foram enxertados no seu lugar (a inclusão dos gentios no povo de Deus). No fim, porém, Deus é capaz de enxertar de novo os ramos naturais na sua própria oliveira (os judeus que "não permanecem na incredulidade" serão restaurados, e assim "todo o Israel será salvo"). O tronco da oliveira permanece o mesmo; é somente nos ramos que ocorrem mudanças. Assim, Israel, o povo de Deus, é uma entidade ininterrupta [...], mas a

participação nela é sujeita à exclusão de israelitas natos, bem como à inclusão de uma estirpe estrangeira de crentes judeus.[13]

A reconciliação de judeus e cristãos vindos do paganismo é tarefa inacabada.[14]

A mais conhecida de todas é a alegoria da vinha (Jo 15). No Antigo Testamento, a vinha simboliza o povo de Israel (cf. Is 5,1ss.). Segundo o Novo Testamento, foi plantada pelo próprio vinhateiro celeste (cf. Mt 21,33-34 e par.). A alegoria joanina guarda alguma semelhança com o tema "paulino" do corpo de Cristo (cf. Cl e Ef) e as relações entre Cristo e os cristãos. Ele é a fonte da vida profunda dos cristãos, pois lhes comunica sua própria vida. Ele é o tronco, do qual os cristãos são os ramos, que podem ser podados para dar mais fruto ou simplesmente ser cortados e lançados ao fogo:

> a Igreja aparece como que formando um único e mesmo organismo com Cristo [...], que permite às palavras de Cristo, a seus preceitos, a seu amor e à sua vida, suscitar uma íntima união com seus discípulos. Através dele difunde-se a caridade do Pai por toda a Igreja (aliás, a denominação "Igreja" não é sequer mencionada em todo o evangelho de João).[15]

3. IGREJA-CONSTRUÇÃO DO ESPÍRITO: "[...] E VÓS, LAVOURA DE DEUS, CONSTRUÇÃO DE DEUS" (1Cor 3,9)

Esta imagem encontra-se, primeiramente, no Antigo Testamento: a pedra descartada pelos construtores tornou-se a pedra angular (Sl 118,22). Enquanto Jesus aplica a si próprio esse texto (Mt 21,42 e par.), Pedro o aplica a Jesus (At 4,11; 1Pd 2,7), e Paulo, à Igreja: "vós sois... o edifício de Deus" (1Cor 3,9).

Sobre o fundamento, que é Cristo, os apóstolos constroem a Igreja (1Cor 3,11), cuja solidez e coesão devem-se ao seu fundamento. Esse edifício é a "casa de Deus, a igreja do Deus vivo, coluna e sustentáculo da verdade" (1Tm 3,15). A Igreja do Deus vivo (Dt 5,26; 2Cor 6,16) é habitação e família de Deus (Nm 12,7; Hb 3,6; 10,21; 1Pd 4,17).

Por isso, os fiéis são acolhidos na Igreja para fazer parte da casa de Deus, para tornar-se morada do Senhor no Espírito (Ef 2,19-22). Em seu

---

[13] Óleo, azeite, Getsêmani. In: COENEN, L. & BROWN, C. *Dicionário internacional de teologia do Novo Testamento*, cit., p. 1434.
[14] Cf. *NA* 4; *LG* 16.
[15] CERFAUX, L. As imagens simbólicas da Igreja no Novo Testamento. In: BARAÚNA, G. (Ed.). *A Igreja do Vaticano II*. Petrópolis, Vozes, 1965. p. 338.

estado final ela se mostrará plenamente o que já é: "a casa de Deus com os homens" (Ap 21,3).

Ela é, pois, um templo. No início, os cristãos freqüentaram o templo. Aos poucos, porém, foram tomando consciência de que eles próprios constituíam um templo espiritual, templo ecumênico em que judeus e pagãos têm acesso ao Pai no mesmo Espírito (cf. Ef 2,14-22).[16]

Paulo está convencido de que o Espírito habita na Igreja como num templo (1Cor 3,16-17). Em Cristo, graças ao trabalho dos apóstolos e profetas (Ef 4,11-12; cf. 1Cor 12,28), "toda a construção se ajusta e se eleva para formar um templo santo no Senhor. É nele que vós também sois, todos juntos, integrados na construção, para vos tornardes morada de Deus pelo Espírito" (Ef 2,21-22).

1Pd 2,4-10 brinda-nos com aquela perícope belíssima, em que a imagem da pedra (e extensivamente da construção) primeiro é aplicada a Cristo e depois à Igreja:

> Chegai-vos a ele [Cristo], a pedra viva, rejeitada, é verdade, pelos homens, mas diante de Deus eleita e preciosa. Do mesmo modo, também vós, como pedras vivas, constituí-vos em um edifício espiritual, dedicai-vos a um sacerdócio santo, a fim de oferecerdes sacrifícios espirituais aceitáveis a Deus por Jesus Cristo [...] (1Pd 2,4-5).

Na patrística, a imagem da construção recorre com freqüência. Para Inácio de Antioquia, "vós sois as pedras do templo do Pai, que vos eleva sobre o seu canteiro de obras com as ferramentas de Cristo, isto é, a sua cruz, e com a corda do Espírito Santo".[17] Tertuliano menciona a "alta pedra angular, primeiro descartada, depois incorporada e endireitada para fazer a construção deste templo que é a Igreja".[18] Orígenes vê o templo da Igreja "formado por pedras vivas",[19] enquanto Cirilo de Alexandria escreve que "o Verbo de Deus habita em todos nós como num único templo, no corpo que assumiu por nós e de nós".[20]

Nas liturgias da Igreja antiga, a palavra "igreja" designa tanto a comunidade quanto o lugar onde a comunidade dos fiéis reúne-se para a celebração dos mistérios. Há uma relação entre essas duas realidades que a mes-

---

[16] Cf. Templo. In: LÉON-DUFOUR X. (Ed.). *Dizionario del Nuovo Testamento*. Brescia, Queriniana, 1978. p. 517. IDEM. Templo. In: LÉON-DUFOUR, X. (Ed.). *Vocabulário de teologia bíblica*. Petrópolis, Vozes, 1972. col. 1006.

[17] Em Ad Eph. 9,1, em apenas três linhas, são usadas sete imagens diferentes! (Cf. INÁCIO DE ANTIOQUIA. *Tradição apostólica*. Petrópolis, Vozes, 1978. pp. 43-44.)

[18] TERTULIANO. *Adversus Marcionem* 3,7.

[19] ORÍGENES. *In Matthaeum* 16,21-22: PG 13, 1443c.

[20] CIRILO DE JERUSALÉM. *In Johannem* 1,14: PG 73, 163a.

ma palavra designa: "O edifício devia simbolizar a comunidade como 'reino de Deus'".[21]

4. IGREJA-VIRGEM E MÃE: "UMA ÚNICA VIRGEM TORNOU-SE MÃE; GOSTO DE CHAMÁ-LA IGREJA"[22]

A patrística desenvolveu várias imagens femininas da Igreja. A primeira e mais familiar de todas é a de mãe, cujos indícios encontram-se já em textos do Antigo (Sl 45,11.17; Sl 87,3.5-6; Am 5,2; Os 1,2; 2,21-25; 3,1; Is 54,1-7; 66,7-13; Jr 2,32-36; Ez 16,35-43; 16,60-63) e do Novo Testamento (2Cor 11,2-4; 1Ts 2,7-8; 1Cor 3,1-2; Ef 5,25-27; Gl 4,28; Ap 12,17).

A imagem de mãe aplicada à Igreja é de suma importância no pensamento dos primeiros séculos cristãos. Por meio dessa imagem, a patrística representa a Igreja na realização de sua vida, em sua "função" de mediadora da salvação. O serviço da salvação que Deus preparou para o mundo em Cristo é o sentido e o conteúdo de toda a vida e ação da Igreja na história humana. A patrística compraz-se em exprimir

> *a necessidade, a natureza e o alcance da mediação de salvação da Igreja por meio da imagem da mulher ao mesmo tempo virginal e maternal. O desenvolvimento da imagem da mulher sob os aspectos da virgem, da esposa e da mãe, torna, portanto, compreensível em larga medida todo o processo de sua ação mediadora.*[23]

A Igreja aparece na imagem da virgem como a guardiã da fé entregue por Deus em Cristo. Se a Igreja quer ser verdadeiramente Igreja, deve ser também compreendida como virgem, atenta à própria santidade, consagrada tão-somente a Cristo (cf. 2Cor 11,2). Ela só tem olhares para o seu Senhor, espera a ele e a nenhum outro, embora "seja obrigada hoje mais do que nunca a olhar para a sabedoria, para a experiência do divino e para as normas de comportamento que existem no mundo, a reconhecê-los e, às vezes, até mesmo extrair algum ensinamento".[24] Não pode agir como Novaciano, para o qual a Igreja é exclusivamente virgem, santa virgem, que deve conservar-se pura e intacta e, por isso, não acolhe os pecadores. A consciência de que a Igreja é virgem deve equilibrar-se com a consciência de que é mãe, atenta e aberta a tudo e a todos.

---

[21] CONGAR, Y.-M.-J. *L'Église de Saint Augustin à l'époque moderne*. Paris, Cerf, 1970. p. 40.
[22] CLEMENTE DE ALEXANDRIA. *Pedagogo*, I, 6, 42.
[23] DELAHAYE, K. *Ecclesia mater chez les Pères des trois premiers siècles pour un renouvellement de la pastorale d'aujourd'hui*. Paris, Cerf, 1964. p. 25.
[24] VOLK, H.-J. *Immagini della Chiesa delle origini*. Milano, Jaca Book, 2000. p. 36.

A Igreja obtém a salvação em razão da união única que vive com Cristo. Daí ser representada, às vezes, como noiva e como esposa. Cristo é a fonte única da salvação e é somente dando-se totalmente a ele que a Igreja conserva a plenitude do favor divino. As imagens da noiva e da esposa significam que Cristo gera, no interior da Igreja, a vida eterna de Deus pela Palavra e por suas obras.

Pela acolhida do germe da vida divina em seu seio, a Igreja torna-se mãe fecunda. No testemunho dos Padres mais antigos, a Igreja é, antes de tudo, mediadora da verdade e da vida pela palavra. Não tardou, porém, para que sua mediação da vida aparecesse mais eficaz pela ação sacramental, em particular na fonte batismal e na ceia eucarística. Entre o segundo e o terceiro século, assiste-se, pois, a um deslocamento significativo: a ação do sacramento passa a ter mais importância do que a ação da palavra.[25]

Os Padres insistem em que é somente Deus que cria e engendra a vida eterna em suas criaturas. É por isso que ele é o Pai no sentido exclusivo do termo. Este dom paterno da vida, no entanto, foi revelado ao ser humano e atingiu sua completa eficácia em Cristo, por isso a Igreja antiga chega a falar, ainda que impropriamente, de uma paternidade de Cristo.

Na Antigüidade, o papel da mãe depende muito da ação geradora do pai. Seu papel é essencialmente receptivo, consistindo em receber, embora receber não seja aqui de forma alguma sinônimo de passividade, mas uma "cooperação" intensa, que comporta múltiplas atividades. É nesta convicção da cooperação ativa da mãe que encontra sua raiz "a responsabilidade de todos os fiéis para com todos na vida da comunidade, o seu verdadeiro e eficaz compromisso, a sua autêntica e viva colaboração nos deveres da comunidade no meio do mundo".[26]

Neste sentido, o conjunto da Igreja participa da totalidade da ação evangelizadora. Para ser verdadeiramente eficazes, fecundas e salutares, as várias formas de ação evangelizadora da Igreja "necessitam da cooperação direta, viva, da totalidade do povo, que, pela fé e pelo batismo, não somente tem a responsabilidade, mas o poder de exercê-las".[27]

Dizer "mãe", portanto, é dizer a atividade pela qual o conjunto da comunidade gera cristãos. Donde se segue que a maternidade da Igreja, a atividade pela qual ela engendra cristãos, é exercida por todos os fiéis, não somente pelo clero. A Igreja, para os Padres, é o "nós" dos cristãos.[28] Para os Padres antigos, é a Igreja o sujeito desses atos, embora nem todos façam tudo do mesmo modo: a Igreja é um corpo orgânico e estruturado, que

---

[25] Idem, ibidem, p. 254.
[26] Idem, ibidem, p. 255.
[27] Idem, ibidem, p. 256.
[28] "A Igreja do Cristo não é outra coisa senão as almas daqueles que crêem em Cristo" (São Jerônimo, S. Tract. Ps 86. In: *Anal. Maredsol.*, III/2, pp. 104-105).

dispõe de órgãos sacramentalmente qualificados, mas é um corpo todo inteiro vivo, cujos membros exercem, cada um a seu modo, os atos pelos quais o corpo se forma, vive e cresce.

Na Igreja antiga, os líderes das comunidades não são separados das comunidades. Testemunham-no várias práticas: os escritos, que são, inseparavelmente, da comunidade e de seu chefe para outra comunidade e seu chefe;[29] as celebrações litúrgicas, que são atos da Igreja, onde não atua um "eu" separado do "nós" comunitário;[30] o governo, ao mesmo tempo pessoal e comunitário.[31]

Se os Padres mais antigos lançaram essa metáfora da Igreja "mãe", os Padres do período clássico a desenvolveram e sistematizaram. Para Agostinho, os cristãos individualmente considerados são membros ou filhos da Igreja; olhados, porém, na unidade que formam (aquela unidade cujo princípio é a caridade e o Espírito Santo), eles exercem uma maternidade espiritual:

> São eles, é a sua unitas que julga corretamente, que remete os pecados e que exerce o poder das chaves [...], porque esta unidade é o lugar onde habita e atua o Espírito Santo.[32]

Esta concepção perdurará, por meio de Gregório Magno,[33] Beda[34] e mesmo de Tomás de Aquino,[35] até a alta Idade Média, quando, porém, não se sabe precisamente em que momento,[36] essa imagem da maternidade passou por uma profunda mudança. Deixa de significar a geração e formação espiritual de verdadeiros cristãos e torna-se, sobretudo, um título de

---

[29] "A Igreja de Deus peregrina em Roma à Igreja de Deus peregrina em Corinto" (CLEMENTE ROMANO. Lettera ai Corinzi 1, 1. In: PERETTO, E. (Ed.), Lettera ai Corinzi. Bologna, EDB, 1999. p. 109).

[30] Cf. JUSTINO. I Apologia, 65.

[31] "Impus-me, desde o início do meu episcopado, nada decidir sem o conselho dos presbíteros e dos diáconos e sem o conselho do povo" (CIPRIANO. Epístula XIV, 4).

[32] CONGAR, Y.-M.-J. Préface. In: DELAHAYE, K. Ecclesia mater, cit., p. 9.

[33] GREGÓRIO MAGNO. Homiliae in Evangelium, lib. I, hom. 3, 2: PL 76, 1086 D.

[34] "Todo dia a Igreja gera a Igreja": Explan. Apocal. Lib. II: PL 93, 166 D.

[35] Cf. TOMÁS DE AQUINO, In Ephesios, c. 2, lect. 6.

[36] "A partir sobretudo do século VIII, começou-se a considerar à parte, e em seu estatuto privilegiado ou suas prerrogativas, as mediações do Povo de Deus. A situação cultural favorecia-o: o povo não compreende mais o latim, e o clero, que detém, por assim dizer, o monopólio da cultura, assume uma posição acima do povo. É o momento também onde, na trilha de Ambrósio Autperto e de Pascásio Radberto, começa-se, no Ocidente, a considerar Maria, Mãe de Deus, em si mesma, não mais somente na 'economia', e a desenvolver seus privilégios pessoais. O mesmo processo se deu em eclesiologia. Cada vez mais se desenvolveu a consideração dos poderes do sacerdócio e suas prerrogativas: sobretudo no clima de uma concorrência e de um conflito quase endêmicos deste sacerdócio com o poder temporal dos imperadores e dos reis. Mas, no sacerdócio mesmo, trata-se sobretudo do Pontífice Romano [...] O papa, como Maria, foi mostrado freqüentemente acima da Igreja, entre o Cristo e a Igreja e, por isso, apartado da comunidade" (CONGAR, Y.-M.-J. Préface. In: DELAHAYE, K. Ecclesia mater, cit., p. 14).

autoridade. A Igreja torna-se mãe e mestra, senhora.[37] Dá-se uma passagem do plano do ser humano cristão ou da existência cristã para o plano jurídico de reivindicação de autoridade! Segundo Congar,

> *representa o fato mais importante desta história das doutrinas eclesiológicas; marca a linha divisória entre uma eclesiologia de estilo e de espírito patrísticos a uma eclesiologia de tipo jurídico, que, de fato, prevaleceu na época moderna, pelo menos no ensinamento dos clérigos [...] [A Igreja] é vista como a realidade suprapessoal que medeia a salvação do Cristo em benefício dos seres humanos: estes não são senão seus filhos, ela está situada acima deles [...] Quando a Igreja não é mais vista como feita de homens e mulheres fiéis, mas principalmente como uma instituição mediadora, sua missão e sua maternidade são vistas como se exercendo nos atos exteriores válidos do ministro ordenado e pouco na qualidade cristã de amor e de oração que seus membros vivem.*[38]

Como pode mudar a semântica de uma imagem!

5. IGREJA-ESPOSA: "VEM, VOU MOSTRAR-TE A NOIVA, ESPOSA DO CORDEIRO" (Ap 21,9)

No Antigo Testamento, a figura da mulher representa a comunidade do Povo de Deus (cf. Is 54,1.5-6; Jr 3,6-10; Ez 16,8-14; Os 2,19-20). Às vezes, Sião é apresentada como uma mulher em dores de parto (Is 66,7); Deus é retratado como esposo de Jerusalém ou de Israel (Is 54,1.5-6; Jr 3,20; Ez 16,8-14; Os 2,19-20).

No Novo Testamento, a noiva simboliza a Jerusalém celeste:

> *A Igreja é chamada também "Jerusalém celeste" e "nossa mãe" (Gl 4,26; cf. Ap 12,17). É ainda descrita como a esposa imaculada do Cordeiro imaculado (Ap 19,7; 21,2.9; 22,17) (LG 6e).*

Esta equivalência tinha sido preparada pelo Antigo Testamento, onde o povo é a esposa, muitas vezes infiel, de Deus. O Novo Testamento transformou profundamente essa alegoria. Para ele, a Igreja é fiel, graças ao Espírito de Deus que a anima; ela é a esposa, virgem e casta, cujo esposo é o Cristo glorificado, que a amou e continua a amá-la, numa relação de recíproca fidelidade.[39]

---

[37] Cf. ZIRKER, H. *Ecclesiologia*, cit., pp. 22-23.
[38] CONGAR, Y.-M.-J. Préface. In: DELAHAYE, K. *Ecclesia mater*, cit., p. 10.
[39] Cf. CERFAUX, L. As imagens simbólicas da Igreja no Novo Testamento. In: BARAÚNA, G. (Ed.). *A Igreja do Vaticano II*, cit., p. 335.

No Apocalipse, João prorrompe em gritos de alegria pela proximidade das núpcias do Cordeiro: "Alegremo-nos e exultemos, demos glória a Deus, porque estão para realizar-se as núpcias do Cordeiro, e sua esposa já está pronta..." (Ap 19,7; cf. 8.9). Mais adiante, ele vê também descer do céu, de junto de Deus, "a cidade santa, uma Jerusalém nova, pronta como uma esposa que se enfeitou para seu marido" (Ap 21,2; cf. Is 61,10; 62,4-6; 65,18). E João continua: "Eis a tenda de Deus com os homens. Ele habitará com eles; eles serão o seu povo, e ele, Deus-com-eles, será o seu Deus" (Ap 21,3). Retomando a fórmula clássica da aliança (cf. Gn 17,8; Lv 26,11-12; Jr 31,33; Ez 37,27; 2Cor 6,16), frisam-se a presença e a intimidade de Deus, que caracterizam a aliança (cf. Ex 25,8; Jo 1,14), a ser consumada no fim dos tempos (cf. Jl 4,17.21; Zc 2,14; Sf 3,15-17; Is 12,6). A noiva é "a mulher, a esposa do Cordeiro" (Ap 21,9), que não é outra senão, na totalidade do novo povo, "a cidade santa, Jerusalém, que descia do céu, de junto de Deus, com a glória de Deus" (Ap 21,10).

Mas é sobretudo o célebre texto sobre o matrimônio da carta aos Efésios que desenvolve o tema da Igreja esposa (cf. Ef 5,25-32). Apelando a este texto, o Concílio quer sublinhar que

> *Cristo amou a Igreja como sua esposa, que ele se entregou para santificá-la, purificá-la, nutri-la, para cuidar dela como de seu próprio corpo, e que em contrapartida lhe pede amor, fidelidade e submissão. Ele a preenche de seus dons, a fim de que ela conheça o seu amor, que supera todo conhecimento (cf. Ef 3,19).*[40]

Na qualidade de esposa, a Igreja é uma realidade ligada a Cristo — em comunhão única, exclusiva e indissolúvel com ele — e, ao mesmo tempo, contraposta a ele, face a face com ele. A Igreja é ao mesmo tempo "uma só carne" (Gn 2,24) com Cristo e "outra" em relação a Cristo. Unidade e alteridade são os dois movimentos de toda a relação esponsal e, por isso, também da relação que intercorre entre o Cristo esposo e a Igreja esposa: "Que há entre mim e ti, Mulher" (Jo 2,4; cf. 19,25-27).

Nisto, a imagem de esposa aporta uma correção importante à imagem de corpo de Cristo, que, em tempos recentes, dominou quase absoluta na Igreja e na eclesiologia. O principal redator da *Lumen gentium* observa que

> *seria perigoso querer fundamentar toda a eclesiologia tão-somente sobre esta figura, tanto mais que ela coloca o acento principalmente na união da Igreja com Cristo, enquanto a imagem da esposa a situa diante do seu senhor e esposo.*[41]

---

[40] Philips, G. *La Chiesa e il suo mistero*, cit., p. 98.
[41] Idem, ibidem, p. 99. Na seqüência, o autor observa que, "na primeira perspectiva, a Igreja é considerada como que formando um só ser místico com Cristo; na segunda, os dois pólos são distintos, senão o encontro face a face seria impensável. Chegamos, assim, a conceber

6. IGREJA-NAVE: "AVANÇA MAIS PARA O FUNDO, E ALI LANÇAI VOSSAS REDES PARA A PESCA" (Lc 5,4)

Em Is 18,1-2, há uma menção ao Egito, "terra dos grilos alados", "que envia mensageiros pelo mar, em barcos de papiro, sobre as águas". Na interpretação de Hipólito, em sua obra *Sobre o Anticristo*, as asas da nave são as Igrejas, enquanto o mar é o mundo em que a Igreja, como nave no mar, enfrenta tempestades, mas não afunda.

A Igreja — diz Hipólito — tem consigo "o traquejado timoneiro Cristo; traz no seu centro (evidentemente como árvore mestre) o sinal da vitória contra a morte, isto é, a cruz do Senhor; a sua proa é o Oriente, a popa é o Ocidente, o ventre da nave é o sul".[42]

Os dois timões

são os dois Testamentos; as amarras estendidas em volta são o amor de Cristo, que mantém unido o navio, a Igreja; na estiva com a reserva de água doce, ela carrega consigo o banho do novo nascimento, que renova aqueles que crêem. Cândida vela é o Espírito que vem do céu, por meio do qual os crentes recebem o selo de Deus; âncora de ferro são os mandamentos de Cristo; marinheiros do lado direito e do lado esquerdo são os santos anjos, como juízes a latere que governam e protegem sempre a Igreja.

Como se vê, a embarcação é conduzida somente por personagens celestes: Cristo, o timoneiro, e os anjos, os marinheiros.

Neste navio, vê-se, ainda, "uma escada que conduz ao alto do mastro, imagem do sinal da paixão de Cristo, que leva os fiéis para o céu". As velas, por sua vez, unificadas no alto, "são as ordens dos profetas, dos mártires e dos apóstolos, que já repousam no reino de Cristo", mas continuam a impulsionar a Igreja em sua tumultuosa travessia.

Com essa imagem familiar na Antigüidade, Hipólito tem diante dos olhos a situação de perseguição e comunica aos fiéis a consciência de serem guiados por Cristo, aliás, de serem salvos da fúria das ondas no barco de Cristo. É por isso que a atenção não se volta para o pessoal terreno da embarcação, mas para os que estão ocultos, aumentando, assim, a confiança dos passageiros.

---

uma dualidade na unidade, onde não passa despercebida a absoluta disparidade entre os dois componentes, se é verdade que Cristo criou e purificou a Igreja para poder amá-la. No nosso caso, o esposo propriamente não descobriu a esposa, pois ele mesmo lhe deu a existência" (ibidem).

[42] Os cristãos, por sinal, sempre rezaram voltados para o Oriente, mesmo quando se encontravam a leste de Jerusalém (Cf. BERGAMO, M. & DEL PRETE, M. *Spazi celebrativi. L'architettura dell'Ecclesia*. Bologna, EDB, 2003).

Já nas *Pseudoclementinas* — uma estranha coletânea de homilias e cartas, de cunho racionalista, antipaulino, de origem ebionita, escritas em torno dos anos 220-230[43] —, lê-se uma longa e detalhada apresentação da Igreja como nave:

> *Se sois de um só sentimento, podereis viajar para o porto do repouso, onde fica a cidade do grande rei e da plena de paz;[44] pois a totalidade da realidade da Igreja assemelha-se a uma grande nave que transporta através de uma violenta tempestade homens provenientes de muitos lugares que querem habitar na única cidade do reino do bom rei. Seja, pois, o próprio Deus vosso comandante e o timoneiro se compare a Cristo, o piloto (ou timoneiro-auxiliar) ao bispo, os marinheiros aos presbíteros, os supervisores dos remadores aos diáconos, os que arregimentam os marinheiros aos catequistas, à massa dos irmãos os hóspedes viajantes, à extensão do mar o mundo, os ventos contrários sejam comparados às tentações, as perseguições e perigos e ameaças de todo o tipo às altas nuvens, as tempestades provenientes da terra e os ventos às relações com enganadores e falsos profetas, os promontórios e escolhos rochosos aos juízes que ameaçam uma grande quantidade de coisas tremendas;[45] os lugares selvagens, onde se encontram repetidas tormentas, aos insensatos e àqueles que duvidam das promessas da verdade; os hipócritas devem ser considerados como piratas [...] desastrosas rupturas da nave não são senão os pecados! Para velejar [...] deveis rezar de modo a merecer ser atendidos...! Os hóspedes viajantes devem sentar-se bem ordenados e tranqüilos em seus lugares...! Aqueles que arregimentam os marinheiros devem recordar-se dos pagamentos. Os diáconos não devem transcurar suas funções; os presbíteros, como marinheiros, devem estar atentos ao que é necessário a cada um. O bispo, como timoneiro-auxiliar, deve repetir somente as palavras do timoneiro! O Cristo e Salvador, o verdadeiro timoneiro, deve ser amado, e só aquilo que ele diz deve ser crido...! Mas reconhecei todos que o bispo se cansa mais que todos os outros... Por isso, ó Clemente, sejas um chefe que ajuda cada um segundo a possibilidade, que se desvela por todos, mas sejas corajoso e suporta com dignidade, pois sabes que, quando chegares ao repouso no porto, Deus te dará em troca o maior de todos os bens, isto é, o salário que ninguém mais te*

---

[43] Cf. Pseudo Clemente. In: Di Berardino, A. *Dizionario Patristico e di Antichità Cristiane*. 2. ed. Genova, Marietti, 1999. pp. 714-716.

[44] O autor da carta (ficticiamente mandada por Pedro a Tiago, recomendando Clemente) dirige-se a toda a comunidade, cuja meta é Jerusalém, a Jerusalém do alto, a cidade do Grande Rei (cf. Mt 5,35).

[45] É ainda época de perseguição, apesar do período de tolerância que, entre 212 e 235, a Igreja parece ter gozado no final da dinastia dos Severos.

poderá arrebatar! E vós, amados irmãos e companheiros de serviço, obedecei todos ao que é preposto à verdade! Sabei que quem o contrista não acolheu o Cristo, cujo trono lhe foi confiado!

No símbolo da Igreja vê-se, sem dúvida, a comunidade eclesial viva ("a totalidade da realidade da Igreja"), mas sobretudo os seus ministros ordenados, muito especialmente o bispo em sua função docente ("preposto à verdade"), cuja cátedra é equiparada ao trono de Cristo. A "massa dos irmãos" é reduzida a "hóspedes-viajantes", que, além de orar, devem sentar-se bem ordenados e tranqüilos em seus lugares. A dualidade hierarquia-massa, Igreja docente-Igreja discente não poderia ser melhor — e tão precocemente! — expressa!

Nas *Constituições apostólicas* — obra canônico-litúrgica, do fim do século IV —, a atenção concentra-se ainda mais no bispo. Se nas *Pseudoclementinas* o bispo aparece como timoneiro-auxiliar, pois o timoneiro é o próprio Cristo, aqui o bispo já ocupou o lugar de Cristo: "Quando reúnes a Igreja de Deus, comandas como o timoneiro de um grande navio". A comunidade foi reduzida à equipagem. A atenção dirige-se para a Igreja organizada, cujas diferentes autoridades são identificadas por meio da alegoria da nave:

> *Tu, bispo, timoneiro da grande nave, ordena com toda a prudência que se reúna a assembléia, enquanto confias aos diáconos, como marinheiros, o papel de designar os lugares aos irmãos como passageiros, com todo o cuidado e respeito. E antes de tudo a casa deve ser alongada, voltada para o Oriente!*[46]

No centro do edifício,

> *esteja o trono do bispo, dos dois lados, porém, deve sentar-se o presbitério, os diáconos devem estar perto, com vestes leves [....] Por precaução os leigos devem sentar-se de um lado, com toda a tranqüilidade e ordem, e as mulheres devem sentar-se separadas deles, e ficar em silêncio. No centro, porém, o leitor deve estar de pé e ler em voz alta as Escrituras [...].*

Após as leituras,

> *os presbíteros devem exortar o povo, um por vez, mas não todos, e, por último, o bispo, que é como um timoneiro. Os ostiários devem*

---

[46] A imagem da nave passa a determinar as características do edifício eclesial (longitudinal e posicionado para o Oriente). Aliás, o costume de chamar-se de "nave" ou "naves" o edifício eclesial e suas partes parece ter sua origem justamente aí (Cf. Rahner, H. *L'ecclesiologia dei Padri. Simboli della Chiesa.* Roma, Paoline, 1971. Bergamo, M. & Del Prete, M. *Spazi celebrativi,* cit.).

estar nas portas de entrada dos homens e vigiá-los; as diaconisas, nas portas de ingresso das mulheres, como os supervisores dos marinheiros [...] Se acontecer de alguém não se sentar no seu lugar, deve ser censurado pelo diácono como por um piloto, e reconduzido ao seu lugar. A Igreja, na verdade, se parece não só com uma nave, mas com um rebanho (sic!).

A intenção aqui, evidentemente, é reforçar a autoridade do bispo, precisar o seu papel e legitimar a ordem necessária na Igreja. À imagem de nave associa-se outra — a de rebanho —, reforçando, assim, a ordem e a passividade.

Como se vê, uma mesma imagem pode ser usada em sentidos diferentes. Em Hipólito, a imagem do navio servia de conforto para a comunidade perseguida; nas *Pseudoclementinas* e nas *Constituições apostólicas*, o que se visa é o respeito à autoridade do bispo e a ordem necessária na Igreja. Em Hipólito, o clima é espiritual, o acento recai sobre a comum pertença a Cristo, recordam-se os profetas, os mártires e os apóstolos; nas *Pseudoclementinas* e nas *Constituições apostólicas*, as únicas autoridades lembradas são o bispo, os presbíteros e os diáconos, devidamente distanciados dos "leigos", separados "por precaução" em homens e mulheres. Em Hipólito, a realidade empírica da Igreja parece ficar na sombra (contam mais o Cristo glorioso e os anjos); nas *Pseudoclementinas*, a estrutura hierárquica da Igreja salta para o primeiro plano (a imagem da nave serve para representar todos os que detêm uma função na Igreja).[47]

7. IGREJA-LUA: "[...] UM É O BRILHO DO SOL, OUTRO O BRILHO DA LUA [...]" (1Cor 15,41)

De todas as imagens da Igreja, a mais poética é a da Lua, que se encontra, como é de seu feitio, misteriosamente escondida nas primeiras palavras da *Lumen gentium:*

Sendo Cristo a luz dos Povos, este Sacrossanto Sínodo, congregado no Espírito Santo, deseja ardentemente anunciar o Evangelho a toda criatura (cf. Mc 16,15) e iluminar todos os homens e mulheres com a claridade de Cristo que resplandece na face da Igreja" (LG 1).

A luz, com efeito, é Cristo, "o Astro das alturas", que veio "para iluminar os que jazem nas trevas e na sombra da morte" (Lc 1,78-79 partim; 2,32), "luz que ilumina todo homem que vem a este mundo" (Jo 1,9).[48] É ele que se

---

[47] Cf. VOLK, H.-J. *Immagini della Chiesa delle origini*, cit., p. 28.
[48] Cf. Nm 24,17; Ml 3,20; Is 9,1.

autodenomina: "Eu sou a luz do mundo. Quem me segue não caminha nas trevas, mas terá a luz da vida" (Jo 8,12; cf. 9,5; 12,35; 1Jo 1,5).

Nós, cristãos, que outrora éramos trevas, agora somos "luz no Senhor" e devemos andar como "filhos da luz" (Ef 5,8ss.). Sabemos que "todo dom precioso e toda dádiva perfeita vêm do alto, do Pai das luzes, que desconhece fases e períodos de sombra" (Tg 1,17).[49]

Se nele, representado pelo sol, os antigos não observavam "mudanças nem sombra de variação", estas não podiam escapar-lhes na lua.

Antes de tudo, a lua brilha por luz alheia, recebida justamente do sol. Assim, a Igreja é toda relativa a Cristo, de quem tudo recebe. A Igreja não tem luz própria, mas brilha em Cristo e por Cristo. Como já visto,

> a Constituição sobre a Igreja adota desde o início a perspectiva cristocêntrica [...] A Igreja está profundamente convicta disso: a luz dos povos se irradia não dela, mas de seu divino fundador; todavia ela sabe muito bem que, refletindo-se no seu rosto, esta irradiação atinge a humanidade inteira, e a investe da luz que emana de Deus somente. É o que afirma o apóstolo: "E nós todos que, com a face descoberta, contemplamos como num espelho a glória do Senhor, somos transfigurados nessa mesma imagem, cada vez mais resplandecente, pela ação do Senhor, que é Espírito" (2Cor 3,18).[50]

Mas não é só: a lua morre quando o sol aparece, oculta-se para que o sol brilhe. A Igreja parece-se, neste sentido, com João Batista: "é preciso que eu diminua e que ele cresça" (Jo 3,30). Na sua visibilidade, ela é uma grandeza segunda, transitória, provisória.[51] Quando Deus for tudo em todos (cf. 1Cor 15,28), no Reino plenamente consumado, Igreja e Reino confundir-se-ão em um "novo céu e uma nova terra" (Ap 21,1).

Além disso, a lua gera e dá força. Os antigos — como muitos dos nossos camponeses ainda hoje — atribuíam poderes especiais à lua quanto à fertilidade da terra e ao êxito ou fracasso das colheitas. A Igreja é dinâmica e, quando menos se espera, passa por profunda transformação. Seu poder

---

[49] O Criador dos luzeiros celestes (Gn 1,14-18) é também fonte de toda a luz espiritual (Jo 1,4; 8,12; 1Jo 1,5; 1Pd 2,9).
[50] PHILIPS, G. La Chiesa e il suo mistero, cit., p. 69.
[51] "Tudo aquilo que na Igreja é de ordem sacramental, adequado à nossa condição terrena, é destinado a desaparecer diante da realidade definitiva de que é o sinal eficaz. Mas isso não deve ser entendido como a anulação de uma coisa diante da outra: será, pelo contrário, a manifestação da sua 'verdade'. Será a sua epifania gloriosa e a sua plena realização" (DE LUBAC, H. Meditazione sulla Chiesa, cit., p. 39). O fim do mundo, aliás, "não é o cair de tudo no nada, mas o realizar-se de toda esperança além e acima de toda expectativa, numa plenitude que ninguém ousa imaginar" (FAUSTI, S. Ricorda e racconta il vangelo. La catechesi narrativa di Marco. Milano, Ancora, 1994. p. 421).

criador é extraordinário. Quando parece morrer — e, na história, quantas vezes não assistimos a isso —, ressurge como que das cinzas: "Quem é essa que desponta como a aurora, bela como a lua, fulgurante como o sol...?" (Ct 6,10; cf. Eclo 26,16-18; 50,6-7).

Por último, a Igreja, como a lua, passa por diversas fases. Nas suas fases, que levam o astro celeste da obscuridade à plenitude do seu esplendor, vê-se simbolizada a participação da Igreja no mistério pascal de Cristo: a lua nova, a sua origem humilde; a lua crescente, o milagre do seu crescimento; a lua cheia, o esplendor da sua santidade; a lua minguante, seus momentos de crise.

Resumindo

- *A Igreja tem uma própria autocompreensão e exprime-a de diversas maneiras. A linguagem preferida e, na verdade, mais adequada de a Igreja exprimir sua autocompreensão é a linguagem das imagens. É a mesma lógica envolvente das parábolas de Jesus.*

- *Na Sagrada Escritura e nos escritos dos Santos Padres, aparecem centenas e centenas de imagens aplicadas à Igreja. Desta pletora de imagens, selecionamos algumas.*

- *A Igreja é o rebanho, cujo pastor é o próprio Senhor. Ela é também o campo de Deus, semeado por Deus; neste campo, cresce a oliveira antiga, Israel, na qual nós, os "pagãos", fomos enxertados. A Igreja é uma construção, cuja pedra angular é o próprio Jesus, sobre o qual os apóstolos constroem. A Igreja é a mãe que, pela fé e pelo batismo, gera novos filhos e filhas, graças à atuação consciente e ativa de todos os seus membros. Ela é, também, a esposa amada por seu esposo, Cristo, que se entregou por ela, que se uniu indissoluvelmente a ela, que a nutre e dela cuida, num face a face sem divisão e sem confusão. A Igreja é comparada a uma barca lançada ao mar, enfrentando as borrascas, mas certa de não afundar, porque guiada por Cristo, seu celeste comandante, que a incita a avançar para águas mais profundas (cf. Lc 5,4). Finalmente, a Igreja é como a lua: menor que o sol, não tem luz própria, mas dá vida e passa por fases distintas (cheia = o esplendor da sua santidade; minguante = as suas crises; crescente = o seu crescimento; nova = a sua origem humilde).*

> **Aprofundando**
>
> As imagens percorridas neste capítulo foram forjadas numa cultura rural, pastoril ou agrária. Nossa cultura é cada vez mais urbana, moderna ou pós-moderna.
>
> **Perguntas para reflexão e partilha**
>
> 1. Imagens falam mais do que conceitos — pelo menos, falam mais ao que hoje, nestes tempos de inteligência emocional, conta tanto. Que você "pensa" (viu só a palavra que me escapou?) da linguagem das imagens?
>
> 2. Se a cultura antiga criou tantas imagens para exprimir a Igreja, por que nós, hoje, não fazemos o mesmo? O mundo urbano não nos estimula a isso? Não há imagens poderosas na cultura urbana? As imagens só podem ser "telúricas"? Que você acha disso?
>
> 3. Vivemos num mundo de imagens! Que quer dizer? Será que essas imagens não têm nada a ver com as imagens eclesiológicas? Dá para estabelecer uma comunicação entre esses dois mundos? Na pastoral, é possível criar ou valorizar certas imagens que o povo cria e usa?

Bibliografia

Baraúna, G. (Ed.). *A Igreja do Vaticano II*. Petrópolis, Vozes, 1965.

Coenen, L. & Brown, C. *Dicionário internacional de teologia do Novo Testamento*. São Paulo, Vida Nova, 2000.

Di Berardino, A. (Ed.). *Dicionário patrístico e de antigüidades cristãs*. Petrópolis, Vozes, 1983.

Füglister, N. & Schlier, H. Eclesiologia bíblica. In: *Mysterium salutis*. Petrópolis, Vozes, 1975. v. IV/1.

Léon-Dufour, X. (Ed.). *Vocabulário de teologia bíblica*. Petrópolis, Vozes, 1972.

Capítulo quarto

A IGREJA EM NOÇÕES: A FADIGA DO CONCEITO

A eclesiologia não lida só com imagens. Ela apela também a conceitos e noções.[1] Trata-se de uma tarefa árdua. Queiramos ou não, o conceito obtido pela via da abstração vem acompanhado pelos "fantasmas" das experiências pessoais, dos condicionamentos culturais, das filiações ideológicas. E é sempre bom lembrar que "a fadiga do conceito" (Hegel) poderá presentear-nos com uma inteligência diversa, mas nunca melhor, do "objeto" Igreja.[2]

Nesta linha mais conceitual que imagética, a Igreja é, antes de tudo, o Povo de Deus, que, segundo a descrição do Vaticano II, tem Cristo por cabeça, por condição a dignidade e a liberdade dos filhos de Deus, por lei o mandamento novo e por finalidade o reino dos céus (cf. *LG* 9b).

Pela participação no sacrifício da nova aliança, oferecido na cruz e tornado presente toda a vez que se celebra a santa eucaristia, somos transformados em corpo de Cristo, ele que é nossa cabeça, nosso princípio vital, nossa vida.

A Igreja é ainda templo do Espírito, morada do Espírito, "o corpo crismado".[3] É o Espírito que a põe em comunhão com o Filho e, por meio do Filho, com o Pai. É o Espírito que une intimamente seus membros. É o Espírito que

---

[1] "O conceito é o produto de um processo de abstração", dificilmente, porém, separável de alguma figura. A abstração é "um processo limite, não sendo possível pensar no vazio de toda e qualquer figura. Para santo Tomás, "a fim de que o intelecto cumpra um ato de inteligência, não só no adquirir um novo conhecimento, mas também no fazer uso de um já adquirido, requer-se um ato de imaginação [...] quando alguém pretende compreender uma coisa, ele cria algumas imagens a modo de exemplos, nas quais quase pode ver o que pretende entender. Pelo mesmo motivo, também quando queremos fazer entender algo a alguém, propomo-lhe exemplos a partir dos quais ele possa formar imagens...". Por isso, as tentativas da eclesiologia de dizer a Igreja em uma categoria conceitual ou de dar uma definição em poucas palavras são "parciais, incompletas e sobretudo incapazes de exprimir a riqueza da realidade 'Igreja'". Por isso, certas imagens (cf. capítulo anterior) não são apenas material do qual o intelecto deva extrair os seus conceitos: diversamente do que esperaria a razão raciocinante, "parecem perder o seu conteúdo cognitivo apenas a mente pretenda 'explicá-las', reduzindo seu significado a uma conjunto de idéias claras e distintas" (Dianich, S. *Ecclesiologia. Questioni di metodo e una proposta*. Cinisello Balsamo (MI), Paoline, 1993. p. 65).
[2] Cf. Dianich, S. Op. cit., pp. 61ss.
[3] Cf. Militello, C. *La Chiesa "il corpo crismato". Trattato di ecclesiologia*. Bologna, EDB, 2003.

a precede na missão e que a faz sentir seu grito nas vítimas da humana insensibilidade.[4]

Originada da comunhão trinitária, a Igreja é ela própria comunhão (cf. LG 9): comunhão com o Pai, pelo Filho, no Espírito Santo; comunhão entre seus membros; comunhão com a humanidade, toda ela chamada à vida e à liberdade; comunhão com os pobres e excluídos; comunhão com o cosmos virado caos pela falta de comunhão.

Além disso, o Vaticano II não receou em chamar a Igreja de "sacramento". Apropriava-se, assim, de estudos recentes sobre a economia sacramental e, com essa categoria, iluminava dinamicamente a missão da Igreja (cf. LG 1).

A de "mistério" é uma categoria religiosa e teológica às vezes mal entendida. Na verdade, se a palavra mistério tem um sentido — e se o tem na mediação dos sinais —, isso acontece coerentemente com a nossa constituição antropológica, constituição que é ao mesmo tempo icônica, analógica, dialógica, simbólica.[5]

Por séculos, a Igreja foi encarada sobretudo de um ponto de vista institucional. Seu lado visível, seus elementos institucionais, especialmente sua hierarquia, foram os eixos portantes da eclesiologia. Estamos longe dessa época e dessa impostação, mas a dimensão institucional da Igreja tem seu sentido e sua validade e há que considerá-la.

1. POVO DE DEUS: "O SACERDÓCIO RÉGIO, NAÇÃO SANTA, O POVO QUE ELE CONQUISTOU" (1Pd 2,9)

Somos, antes de tudo, *'am* (= *laós* = povo), *qahal*, *edâh* (= *ekklesía* = igreja),[6] comunidade convocada e congregada por Deus JHWH. A Igreja está colocada sob o signo da vocação e da convocação divinas.

---

[4] Com efeito, "só da raiz de uma misericórdia que se traduz em solidariedade ativa pode brotar uma autêntica evangelização; qualquer que seja a forma que a evangelização assuma, será sempre critério insubstituível de sua qualidade cristã sua capacidade de ser de verdade boa notícia para os crucificados de nossa história; há um preço a pagar, resgate por muitos (Mc 10,45), pela fidelidade à missão evangelizadora dentro de um mundo dividido e pecador" (MORENO, J. R. Evangelización. In: ELLACURÍA, I. & SOBRINO, J. *MysLib*. Madrid, Trotta, 1990. v. II, p. 173). cf. SOBRINO, J. *El principio-misericordia. Bajar de la cruz a los pueblos crucificados*. Santander, Sal Terrae, 1992.

[5] DE LUBAC, H. *Meditazione sulla Chiesa*. Milano, Jaca Book, 1979. p. 135.

[6] Observa prestigiosa eclesióloga italiana que "as assonâncias semânticas e fonéticas fizeram a comunidade neotestamentária optar pelo termo *ekklesía*, que será então assumido como sinônimo de 'Povo de Deus', ou seja, como o termo expressivo da própria originária autoconsciência e identidade. Em sentido estrito, *qahal/ekklesía* significa a reunião em ato, enquanto *'am/laós* indica a multiplicidade humana que se compôs em unidade religiosa, ética e jurídica. É, portanto, o povo que se reúne em assembléia. Esta dinâmica, num caso e noutro, tem valência teológica" (MILITELLO, C. *La Chiesa "il corpo crismato"*, cit., p. 102);

O Antigo Testamento usa os termos *'am* e *goj*, inicialmente muito próximos, para indicar o povo de Israel; com o sucessivo distanciamento entre os dois termos e a progressiva teologização pela qual Israel é visto como o "povo de JHWH", a denominação *'am* torna-se exclusividade de Israel *('am JHWH* = em grego, *laós toû Theoû*), distinto dos *gojim* (em grego, *ethnói*), os outros povos. Israel, enquanto povo de Deus, pertence a Deus e a Deus somente (cf. Ex 19,5; Dt 26,18). É um povo santo para o Senhor seu Deus (cf. Dt 7,6), no sentido específico da eleição divina (cf. Dt 7,7-8). Conseqüentemente, o elemento formal de Israel enquanto povo de Deus é a aliança (*berit*), na qual Deus empenha a si próprio como no evento da criação, lida agora à luz da libertação e no contexto da Palavra (cf. Gn 1). Deus, na aliança, torna-se o princípio unificador do povo. A aliança de Deus com seu povo pode ser descrita em termos de *hesed*, que exprime a fidelidade do amor divino. Por isso, Deus é o Pai de Israel (cf. Dt 32,6; Os 11,1-3), que é seu filho (cf. Os 11,1), seu primogênito (cf. Ex 4,22), primícias de sua colheita (cf. Dt 1,31; Jr 2,3).

O povo de Israel — que deve corresponder a esse amor e a essa fidelidade, vivendo para Deus — não poderá vangloriar-se de sua singular vocação. Ela não é exclusiva, mas empenhativa, tornando Israel, segundo a lógica da *pars pro toto* (= parte pelo todo), sinal para todos os povos. Diante das constantes infidelidades de Israel, Deus promete uma nova, definitiva e universal aliança (cf. Jr 31,31; Ez 37,26; Is 53,10ss.).

A comunidade de Jesus verá realizada em si mesma essas esperanças do profetismo veterotestamentário. A relação com Cristo é essencial para a constituição do Povo de Deus: se em Cristo realizam-se a Lei e os profetas, o Israel de Deus é formado por todos os que são nele nova criação (cf. Gl 6,16; 1Cor 10,18; Rm 9,6); ser descendência de Abraão está agora subordinado a pertencer a Cristo (cf. Gl 3,29); a Igreja cristã é vista como o povo em meio ao qual Deus habita (cf. 2Cor 6,16 com Ez 37,27).

É preciso, porém, admitir que, no Novo Testamento, apesar da abundância com que a expressão "povo de Deus" é usada (140 vezes), poucas vezes ela é aplicada à Igreja cristã. O texto "principal" é, sem sombra de dúvida, 1Pd 2,4-10, com inúmeras referências ao Antigo Testamento e uma linguagem tributária dos LXX;[7] de grande densidade é também Rm 9,24-33, que reflete sobre a transformação daquele que era "não-povo" em "povo de Deus"; a Igreja sente-se o Israel de Deus (cf. Gl 6,16), livre da Lei (cf. Gl 4,21-31),

---

paralelamente a esses substantivos, os cristãos eram chamados [ou chamavam-se] também "os santos" (cf. 1Cor 16,1; 2Cor 8,4), "os pobres" (Gl 2,10; Rm 15,26), "os eleitos" (Rm 8,33), reminiscências de antigas designações da Igreja de Jerusalém, ou, ainda, "os fiéis", "os irmãos", "fraternidade", "os discípulos" (cf. SCHMIDT, K. L. Igreja. In: KITTEL, G. (Ed.). *A Igreja no Novo Testamento*. São Paulo, Aste, 1965. pp. 37-38).

[7] Cf. Igreja. In: COENEN, L. & BROWN, C. *Dicionário internacional de teologia do Novo Testamento*. São Paulo, Vida Nova, 2000. p. 997.

que acolhe em seu seio pagãos de todas as nações (cf. Ef 2,11-22). Esse povo, na verdade, não se restringe mais apenas a Israel, mas está aberto a todos os povos (cf. Ef 2,14), uma vez que Jesus morreu "não só pela nação, mas para congregar na unidade todos os filhos de Deus dispersos" (Jo 11,52). Ainda que as primícias da comunidade messiânica tenham sido judeus, Deus resolveu "tirar também dentre as nações um povo para o seu nome" (At 15,14; cf. Rm 9,25s; At 26,18; 1Pd 2,10). O povo santo, "o Israel de Deus" (Gl 6,16), agora é formado por pessoas de "todas as tribos, povos, nações e línguas" (Ap 5,9), incluindo Israel, pois "Deus não repudiou o seu povo, que ele escolheu desde o princípio" (Rm 11,2).[8] No final dos dias, um único povo servirá o próprio Deus (cf. Ap 21,3).

Já o termo *ekklesía* apresenta ocorrência mais regular no Novo Testamento. Embora nos evangelhos só apareça em Mateus (em Mt 16,18, como criação escatológica de Cristo; em Mt 18,17, como uma comunidade concreta que debate um caso disciplinar e oferece diretrizes legais), no restante do Novo Testamento, *ekklesía* é bastante freqüente: nos Atos, aparece 23 vezes, só duas no plural (15,41; 16,5), e geralmente denota a comunidade de Jerusalém ou de outras localidades, cuja apresentação "recorda aquela assembléia do antigo Israel",[9] onde se misturam história e teologia.

Em Paulo, *ekklesía* comparece 61 vezes; os acréscimos "de Cristo" (cf. Rm 16,16), "de Deus" (cf. 1Cor 1,2), "dos santos" (cf. 1Cor 14,33) são freqüentes. Para Paulo, a comunidade "estruturada hierarquicamente em cada lugar, de acordo com determinados modelos sociológicos que o apóstolo fixa por escrito, é na realidade edificada pelo próprio Deus, é obra de Deus".[10]

Nos escritos deutero paulinos, a *ekklesía* é uma realidade eminentemente teológica e supralocal (cf. Cl 1,18.24; Ef 1,22s.; 3,10.21; 5,23-25.27; Hb 12,22-23).

Praticamente abandonada nos longos séculos de cristandade em favor de categorias como "povo cristão", "sociedade cristã" e outras ainda mais inconvenientes — como "sociedade", "sociedade desigual" e "sociedade perfeita" —, a noção de "Povo de Deus" foi reabilitada pelo Vaticano II.[11]

"Povo de Deus" não significa "povo" no sentido englobante de "povo-nação" (como Israel no Antigo Testamento), nem simplesmente "povo" no sentido analítico (em que se contrapõe um grupo — os pobres — a outros)

---

[8] Cf. Povo. In: LÉON-DUFOUR, X. (Ed.). *Vocabulário de teologia bíblica*. Petrópolis, Vozes, 1972. col. 804.

[9] Cf. NOBILE, M. *Ecclesiologia biblica. Traiettorie storico-culturali e teologiche*. Bologna, EDB, 1996. p. 15.

[10] Idem, ibidem, p. 18. A *ekklesía* é, portanto, "o lugar de uma operação transcendente que a qualifica, sacraliza-a e confere-lhe uma caracterização supramaterial ou espiritual. Ela é 'Igreja de Deus' ou 'de Cristo'" (Idem, ibidem, p. 35).

[11] Cf. CONGAR, Y.-M.-J. *Le Concile de Vatican II. Son Église peuple de Dieu et corps du Christ*. Paris, Cerf, 1984. p. 109. Cf. ESTRADA, J. A. Pueblo de Dios. In: *MysLib*, cit., v. II, pp. 179-183.

ou axiológico (em que todos são chamados a superar seu estado de massa e a viver um projeto histórico de justiça e participação para todos). Embora seja metodologicamente legítimo e até necessário começar com essas noções de povo para compreender a noção de "Povo de Deus",[12] isso é teologicamente insuficiente.

Também é muito difundida a compreensão segundo a qual "Povo de Deus" seria o conjunto dos fiéis leigos distintos e separados de seus pastores, ou até mesmo contrapostos a eles.[13] Usa-se, aqui, "povo" espontaneamente como categoria analítica, quando, na verdade, "Povo de Deus" significa o conjunto dos cristãos, a Igreja em sua totalidade, a condição cristã comum a todos os discípulos de Jesus, antes de qualquer diferenciação carismática e/ou funcional.[14]

A expressão também não compreende apenas os pobres, pequenos, sem voz e sem vez, mas estes são seu núcleo vital, seus membros privilegiados, destinatários primeiros do Reino anunciado por Jesus (cf. Mt 5,3-12).[15] Por isso,

> *o grande desafio de uma eclesiologia do Povo de Deus é o da promoção do povo pobre na Igreja. É verdade que todos nós constituímos a Igreja, mas é verdade também que os pobres e os pecadores constituem o centro das preocupações evangelizadoras de Jesus e devem sê-lo da Igreja. Na realidade, há uma sintonia teológica entre a concepção da Igreja e a opção preferencial pelos pobres: a Igreja é a comunidade dos que se sabem pobres diante de Deus e dos demais,*

---

[12] Cf. GROENEN, H. E. Na Igreja, quem é o povo? *REB* 39 (1979) 61-81. BOFF, L. *Igreja: carisma e poder. Ensaios de eclesiologia militante.* Petrópolis, Vozes, 1981. pp. 184-185. OLIVEIRA, P. A. R. de. Che cosa significa analiticamente "popolo"? *Concilium* 20 (6/1984) 139-152. BOFF, L. Significato teologico di popolo di Dio e Chiesa popolare. *Concilium* 20 (6/1984) 153-168. BOFF, C. *Como trabalhar com o povo.* Petrópolis, Vozes, 1984. p. 12.

[13] "Trata-se não do rebanho dos simples fiéis, confiado aos Pastores, mas do conjunto total daqueles que pertencem à Igreja [...] O povo deve ser considerado antes de tudo na sua totalidade..." (ACERBI, A. *Due ecclesiologie. Ecclesiologia giuridica ed ecclesiologia di comunione nella "Lumen gentium".* Bologna, EDB, 1975. p. 345).

[14] É bom lembrar, contudo, que, se "o conceito de 'povo', ao ser interpretado na sociedade romana como *plebs* [= conjunto de cidadãos romanos que não eram nobres], possibilitou a hierarcologia e a polarização do binômio clero-leigos, hoje pode servir também, por afinidade, para uma promoção do povo sociológico [em sentido analítico] e dos leigos na Igreja. O próprio Concílio às vezes fala de povo de Deus em sentido restritivo, contrapondo os pastores aos outros (*LG* 23,1; 24,1; 26,3; 28,2; 45,1)" (ESTRADA, J. A. Pueblo de Dios. In: *MysLib*, cit., v. II, p. 187). Quanto aos textos conciliares anteriores, alguns têm o sentido mais englobante próprio da expressão "Povo de Deus". Aliás, J. A. Estrada reconhece que, "ao falar do povo de Deus, o Concílio quis sublinhar o que é comum a todos os cristãos, antes das diferenças ministeriais e carismáticas [...] Restaura-se, assim, a raiz comum de toda dignidade, função e carisma na Igreja e se põem as bases para uma eclesiologia em que todos os batizados são ativos tanto na vida interna como na missão da Igreja (*LG* 9)" (idem, ibidem, p. 185).

[15] Cf. SOBRINO, J. Centralidad del Reino de Dios en la teología de la liberación. In: *MysLib*, cit., v. I, pp. 488ss.

daqueles que começam sempre o culto confessando seus pecados e sua pobreza espiritual, dos que não têm nem ouro nem prata, mas somente o testemunho e a vida de Jesus de Nazaré.[16]

Nunca se insistirá o bastante na origem desse povo para entender-lhe a íntima natureza. Este povo vem de um ato de Deus que escolhe e chama um por muitos (cf. Gn 12,1-2; Rm 8,29-30). Trata-se da lógica totalizante e não elitista da "parte pelo todo", que implica uma missão em favor de muitos. Todo o Povo de Deus é consagrado, reservado para Deus, aliado de Deus: "Eles serão o meu povo, e eu serei o seu Deus!".

Dizer "Povo de Deus" é dizer uma Igreja marcada pela historicidade. O Povo de Deus vive na história, condicionado por ela. Ele possui, sim, um princípio transcendente de existência, de permanência, de indefectibilidade, mas isso não o impede de viver aqui em baixo, sobre a terra, devendo tomar decisões conjunturais e historicamente falíveis. O Povo de Deus, que carrega um tesouro em vaso de barro (cf. 2Cor 4,7), é submetido às imperfeições, às crises, às buscas.

Uma Igreja-povo de Deus é uma Igreja que caminha rumo a uma meta (cf. Rm 8,19-25; 1Cor 15,24-28). Num regime de promessa e de cumprimento, a Igreja caminha dentro da história para um termo que é maior do que ela e que a impulsiona a tornar-se ao mesmo tempo propositiva e crítica diante do mundo, de si mesma e das realizações de ambos.

O Povo de Deus não está simplesmente no mundo, mas no itinerário das pessoas e dos grupos humanos:

> *O Concílio viu o "temporal" como a totalidade dinâmica da obra humana exercendo-se no e sobre o cosmos [...] e uma Igreja toda serviço e missão, embora ela seja — e justamente para ser plenamente serviço e missão! — toda louvor de Deus e doxologia.*[17]

Da mesma forma que a missão compreende a libertação em seus muitos níveis e aspectos, a liturgia do Povo de Deus assume e exprime a totalidade da vida real das pessoas. O secular não engole o espiritual nem o mundo absorve a Igreja: uma dualidade (não um dualismo) permanece na unidade da história, que é sempre história da salvação.[18]

O Povo de Deus é um "povo messiânico":

---

[16] Estrada, J. A. Pueblo de Dios. In: *MysLib*, cit., v. II, p. 187.
[17] Congar, Y.-M.-J. *Le Concile de Vatican II*, cit., p. 117.
[18] Cf. Rahner, K. *Corso fondamentale della fede*. Cinisello Balsamo (MI), Paoline, 1977. Idem. *Saggi di antropologia soprannaturale*. Roma, San Paolo, 1968. Metz, J. B. *Sulla teologia del mondo*. Brescia, Queriniana, 1969. Schillebeeckx, E. *La missione della Chiesa*. Roma, Paoline, 1971. Gutiérrez, G. *Teología de la liberación. Perspectivas*. Lima, CEP, 1971. Metz, J. B. *La fede nella storia e nella società*. Brescia, Queriniana, 1978.

[...] o povo messiânico [...] é para toda a humanidade um germe validíssimo de unidade, de esperança e de salvação. Constituído por Cristo numa comunhão de vida, de caridade e de verdade, é assumido por ele para ser instrumento da redenção universal, e como luz do mundo e sal da terra (cf. Mt 5,13-16), é enviado ao mundo inteiro (cf. LG 9).[19]

O Povo de Deus não é uma superestrutura, mas os cristãos feitos tais por graça e fé. Evidentemente — mas não era assim tão evidente naqueles períodos em que uma visão extremamente jurídica da Igreja fixava-se de tal modo na instituição que dispensava a existência dos cristãos[20] —, uma antropologia cristã acompanha a eclesiologia do Povo de Deus. A Igreja, para os Padres, era "o nós dos cristãos".[21]

No Vaticano II, todos esses aspectos foram reunidos e ressaltados por Garrone na apresentação do capítulo II à Congregação Geral em 17 de setembro de 1964: a) a Igreja é contemplada *inter tempora*, no tempo intermédio, a caminho da meta, na sua condição histórica (cf. GS 40); b) a Igreja é vista *in sua totalitate*, no que é comum a todos os seus membros; c) evidenciam-se, assim, o papel dos pastores, que desempenham um serviço, e a vocação dos fiéis, ambos ativos na Igreja; d) ilumina-se também a unidade da Igreja *in catholica varietate* (na variedade católica) das tarefas, das Igrejas particulares, das tradições, das culturas e mesmo das Igrejas e religiões.[22]

2. CORPO DE CRISTO: "VÓS TODOS SOIS O CORPO DE CRISTO E, INDIVIDUALMENTE, SOIS MEMBROS DESSE CORPO" (1Cor 12,27)

Corpo de Cristo exprime a condição cristã do Povo de Deus:

Este povo é tanto povo de Deus como povo de Cristo [...] A Igreja é "em Jesus Cristo" "o Povo de Deus". Ela pertence a Cristo. Para esse relacionamento da Igreja com Cristo criou Paulo um conceito próprio e muito significativo. Nessa perspectiva constitui a Igreja para ele "o corpo de Cristo". Sôma Christoû (= corpo de Cristo) é o seu conceito específico para Igreja.[23]

---

[19] Cf. CONGAR, Y.-M.-J. *Un popolo messianico. La Chiesa sacramento di salvezza. La salvezza e la liberazione.* Brescia, Queriniana, 1977.
[20] "A Igreja, no limite, existiria sem cristãos" (CONGAR, Y.-M.-J. *Le Concile de Vatican II.* Op. cit., p. 119).
[21] Cf. DELAHAYE, K. *Ecclesia mater chez les Pères des trois premiers siècles pour un renouvellement de la pastorale d'aujourd'hui.* Paris, Cerf, 1964.
[22] Cf. *Relatio* de mons. Garrone na 82ª Congregação Geral, em 17 de setembro de 1964, em *Acta Synodalia* III, I, 500-501. ACERBI, A. *Due ecclesiologie*, cit., pp. 345-347.
[23] SCHLIER, H. A eclesiologia do Novo Testamento. In: FEINER, J. & LÖHRER, M. *Mysterium salutis. Compêndio de dogmática histórico-salvífica.* Petrópolis, Vozes, 1975. v. IV, t. 1, p. 129.

"Corpo" aqui não pode ser tomado em sentido fisiológico, mas no sentido da antropologia semítica. "Corpo" significa a pessoa inteira (cf. Lv 15,11.16.19; 16,4; 19,28). É este o sentido que permanece em Paulo (Rm 12,1). O corpo não é algo fora do ser humano, que é como que acrescentado à sua essência ou alma. Deve-se dizer que "o ser humano não possui um *soma*; ele é *soma*".[24] "Corpo" é a esfera concreta da existência, por meio da qual o ser humano relaciona-se consigo mesmo (cf. 1Cor 9,27), com os outros (cf. Rm 4,19; 1Cor 7,4) e com Deus (cf. Rm 12,1; 1Cor 6,15.19-20; 13,3).

O termo *soma* pode ser aplicado também a um grupo, a uma comunidade. Paulo fala do *soma Christoû*, do corpo de Cristo (cf. 1Cor 12,27; Rm 12,5), que é a Igreja cristã.[25] Das várias hipóteses para as possíveis fontes inspiradoras de Paulo, a mais provável é a eucarística: a comunhão com o corpo eucarístico de Cristo torna os cristãos corpo pessoal do Ressuscitado (cf. 1Cor 10,16-17; At 9,3-9).

Embora a idéia de "corpo de Cristo" já se insinue em 1Cor 6,12-20, ela só está presente com toda a clareza em 1Cor 12,12-31 e Rm 12,3-8. Aí a Igreja aparece como um organismo vivo, cujos membros (cf. 1Cor 12,12.14) são de tal modo unidos e interdependentes que formam um só corpo. Os membros têm funções diversificadas (cf. Rm 12,4); mesmo assim, tudo converge para a unidade e a cooperação.[26] Neste corpo, os membros mais frágeis são os que merecem maior atenção (cf. 1Cor 12,22-26).

A expressão "corpo de Cristo", portanto, significa que a Igreja presencializa Cristo:

> *O Cristo glorioso e tornado Espírito, agora invisível aos olhos humanos, está presente e visível na comunidade dos que crêem nele. A Igreja, por isso, enquanto "corpo de Cristo", não é outra coisa senão a visibilidade do próprio Cristo. Muito mais que num sentido simplesmente moral, a Igreja participa misteriosamente da realidade do Senhor glorificado, tornando-se como que sua exteriorização no mundo, sua epifania na história, sua manifestação e seu instrumento de ação.*[27]

---

[24] BULTMANN, R. *Theology of the New Testament*. New York, Scribner's, 1952. v. I, p. 194.
[25] "O povo novo encarna-se em comunidades concretas, nas quais grupos determinados de pessoas vivem sua vida nas relações múltiplas da vida de cada dia. A comunidade torna presente todos os dons de Deus e é a forma concreta como a graça concretiza-se entre os pobres e oprimidos. Na comunidade faz-se presente o corpo ressuscitado de Jesus. O corpo de Cristo vive-se nas pequenas comunidades. Na comunhão eucarística, os corpos dos presentes formam uma continuidade: participam todos do mesmo pão e unem-se no mesmo pão e no mesmo vinho" (COMBLIN, J. Gracia. In: *MysLib*, cit., v. II, p. 83).
[26] SEMERARO, M. *Mistero, comunione e missione. Manuale di ecclesiologia*. Bologna, EDB, 1997. p. 69.
[27] Idem, ibidem, p. 70. Dom Oscar Romero, bispo-mártir de El Salvador, em sua segunda carta pastoral, fala da Igreja como corpo histórico de Cristo: "Não se deve entender a fundação da Igreja de maneira legal e jurídica, como se Cristo tivesse entregue uma doutrina e uma Carta Magna fundacional, permanecendo separado desta organização. Não é assim.

Em Colossenses e Efésios, a Igreja aparece como objeto da obra redentora de Cristo, realidade viva e orgânica que recolhe todos os cristãos sob uma cabeça. A imagem da "cabeça", no mundo semítico, indica uma função hegemônica, de comando e domínio (cf. Ex 6,14; Nm 30,2). Cristo tem autoridade sobre a Igreja, e esta — que é seu corpo numa linha de total dependência — é subordinada a ele, devendo-lhe submissão e obediência (cf. Ef 5,22-23; Cl 1,18; 2,10.18-19; Ef 1,20-23). A imagem da "cabeça", porém, na cultura helenística da época, tinha outro significado: a "cabeça" era o princípio de animação do corpo (cf. Cl 2,19; Ef 4,16). Esses dois significados acham-se unidos em Cl 1,18: "Ele é a cabeça do corpo, que é a Igreja; é o princípio, Primogênito dentre os mortos, de sorte que em tudo tem a primazia".[28]

Finalmente, a Igreja é apresentada como o espaço no qual se difunde a plenitude (em grego, *pléroma*) de Cristo (cf. Cl 1,19-20), o espaço de domínio universal que Cristo conquistou para si, pelo qual e para dentro do qual ele tudo atrai (cf. Ef 1,21).[29]

Por isso, as noções de Povo de Deus e corpo de Cristo estão intimamente relacionadas e completam-se:

> *Ser corpo de Cristo especifica a novidade deste povo, e o seu ser povo de Deus tutela aquela noção de tendências espiritualísticas e de um certo monofisismo eclesiológico, sempre às espreitas. A Igreja é um "corpo" que não cessa de ser "povo", isto é, uma comunidade composta de pessoas livres e capazes de fazer escolhas pelas quais são responsáveis...*[30]

Teólogo do corpo de Cristo é Agostinho, com sua teologia do *Christus totus*, que abrange desde Abel, o justo, até ao último eleito. Para ele, há uma terceira maneira [as outras duas são enquanto Deus antes da encarnação e na sua existência terrena] pela qual o Cristo total é apresentado,[31] e essa maneira é a Igreja.

A origem da Igreja é algo muito mais profundo. Cristo fundou sua Igreja para ele mesmo continuar a estar presente na história dos homens, precisamente através deste grupo de cristãos que formam sua Igreja. A Igreja é, então, a carne em que Cristo concretiza, ao longo dos séculos, sua própria vida e missão pessoal" (ROMERO, O. A. *La Iglesia, cuerpo de Cristo en la historia*. [arquivo], 1977).

[28] Cf. SCHLIER, H. A eclesiologia do Novo Testamento, cit., p. 130.
[29] Cf. Idem, ibidem, p. 131.
[30] SEMERARO, M. *Mistero, comunione e missione*, cit., p. 67.
[31] "Enquanto Igreja, isto é, como cabeça e como corpo. De fato, cabeça e corpo são o único Cristo; não porque sem corpo não seja completo, mas porque dignou-se ser completo também conosco quem mesmo sem nós é completo sempre [...] Do justo Abel até o fim do mundo, até quando houver geração humana, qualquer justo que passe por esta vida, e toda a humanidade futura, todos formam o único corpo de Cristo e cada um individualmente é membro de Cristo" (*Sermo* 341, 9, 11).

A teologia agostiniana domina o Ocidente durante toda a Idade Média por meio dos tratados sobre o Cristo-cabeça,[32] cuja graça comunica-se ao corpo eclesial. Neste contexto, dá-se uma significativa mudança terminológica. Na Igreja antiga, a eucaristia era chamada *corpus mysticum* e a Igreja, *corpus verum*; após as controvérsias eucarísticas, que culminam com a condenação de Berengário de Tours,[33] a expressão *corpus verum* passa a ser aplicada à eucaristia, enquanto *corpus mysticum* torna-se apelativo da Igreja. Não se elimina a ligação profunda entre eucaristia e Igreja, mas se enfraquece a consciência de que é a eucaristia que faz a Igreja, a qual passa simplesmente a ser "significada" pela eucaristia, cabendo a esta o verdadeiro "realismo".[34]

Na *Mystici corporis* (1943), a categoria "corpo de Cristo" torna-se definição da Igreja e é identificada com a Igreja católica romana. Reagindo a tendências opostas,[35] Pio XII declara que (1) a Igreja é um corpo, isto é, uma realidade visível, orgânica, hierarquicamente estruturada, com meios de santificação e determinados membros; (2) Cristo é a origem, o fundador, a cabeça permanente desse corpo; (3) esse corpo não é físico, natural ou moral, mas místico, pois o princípio que une os membros, internamente e sem absorvê-los, é um princípio interior e pessoal, o Espírito Santo, que "plenifica e une toda a Igreja", com justiça chamada corpo místico de Cristo;[36] (4) o Espírito desempenha na Igreja o papel de alma;[37] (5) na Igreja coexistem uma realidade divina, invisível, e uma realidade humana, visível, que não se opõem, mas compõem-se como na dualidade de naturezas presentes em Cristo.[38]

O Vaticano II não deixou de lado o ensinamento de Pio XII — tanto assim que lhe dedicou todo um parágrafo em *Lumen gentium* (cf. *LG* 7) —, mas o redimensionou: (1) eliminou o adjetivo "místico", que não é bíblico nem patrístico (no que tange à Igreja) e só foi aposto ao termo "corpo" no contexto das disputas medievais sobre a eucaristia;[39] (2) trabalhou de forma

---

[32] Em Tomás de Aquino, como para a Idade Média, a eclesiologia será um capítulo da cristologia, e a Igreja, permanentemente ligada ao agir santificante do Cristo-cabeça (Cf. *S. Th.* III, 8, 5; cf. Jo 1,16).
[33] Cf. ALDAZÁBAL, J. *A eucaristia*. Petrópolis, Vozes, 2002. pp. 182ss. O estudo clássico sobre esta questão é de H. De Lubac, *Corpus mysticum. L'eucaristia e la Chiesa nel Medioevo*, Milano, Jaca Book, 1982.
[34] MESTRE SIMÃO DE TOURNAI. *Tractatus de sacramentis* (citado por DE LUBAC, H. *Cattolicismo Aspetti sociali del dogma*. Milano, Jaca Book, 1978. p. 61. Cf. IDEM. *Corpus mysticum. L'eucaristia e la Chiesa nel Medioevo*, cit.)
[35] De um lado, LOISY, A. *L'Église et l'évangile*. Paris, Picard, 1903. RÉNAN, E. *A Egreja christã*. Porto, Livraria Chardon, 1929 [racionalismo]. De outro lado, PELZ, K. *Der Christ als Christus*. Berlin, 1939 [misticismo].
[36] Cf. *Mystici corporis*, 60.79-80.
[37] Cf. Ibidem, 55-56.
[38] Cf. PIO XII. *Mystici corporis*, 62, que cita a *Satis cognitum* de Leão XIII.
[39] Cf. DE LUBAC, H. *Corpus Mysticum. L'eucaristia e la Chiesa nel Medioevo*, cit.

diferenciada a perspectiva presente em 1Cor e Rm — que sublinham a solidariedade existente entre os diversos membros do único corpo — e a perspectiva de Cl e Ef — que destacam a função de Cristo como "cabeça" da Igreja; (3) recordou que Cristo incorpora as pessoas a si por meio dos sacramentos, o que proporciona à Igreja uma multiplicidade de membros, dons e funções, sem que isto prejudique a unidade, gerada pelo Espírito Santo; (4) mostrou que o Cristo-cabeça, na sua qualidade de Senhor, goza de um primado universal, cristificando cada membro e desenvolvendo todo o corpo; (5) ensinou que tudo isso é impensável sem o Espírito de Cristo, que vivifica, renova, une e dirige a Igreja: enquanto ele é a alma da Igreja, Cristo é o esposo, que a ama e entrega-se por ela, sem jamais se confundir com ela.

3. TEMPLO DO ESPÍRITO SANTO: "ACASO NÃO SABEIS QUE SOIS TEMPLO DE DEUS E QUE O ESPÍRITO DE DEUS HABITA EM VÓS?" (1Cor 3,16)

A Igreja só é Povo de Deus e corpo de Cristo porque templo do Espírito. Templo do Espírito é, assim, a última, mas não menos essencial, noção trinitária da Igreja. O Pai convoca por sua Palavra e por seu Espírito. O Filho atua em sintonia com o Pai porque movido pelo Espírito: comunicando o Espírito, "constituiu misticamente como seu corpo os seus irmãos, chamados de entre todas as gentes".[40] O Espírito habita na comunidade e no coração dos eleitos como um templo (cf. 1Cor 3,16; 6,9). É o Espírito que atualiza e interioriza a obra do Filho, edificando seu corpo, que é a Igreja. Ele o faz, antes de tudo, por meio da fé e do batismo, pois "fomos batizados num só Espírito, para formarmos um só corpo [...]" (1Cor 12,13). Pela eucaristia essa comunhão é sacramentalmente celebrada e, assim, sempre de novo realizada e reforçada; é por isso que rezamos na epiclese pós-consecratória: "[...] participando do corpo e do sangue de Cristo, sejamos reunidos pelo Espírito Santo num só corpo".[41] Desta forma, a Igreja é verdadeiramente a "comunhão do Espírito Santo" (2Cor 13,13).

O Antigo Testamento designa o Espírito como *ruah* (hebraico), *pneuma* (grego), *spiritus* (latim). Esses termos remetem ao simbolismo do ar, da respiração, do vento, da tempestade, a algo que, embora não seja visível, deixa-se conhecer e experimentar pelos seus efeitos. Enquanto "vento", a palavra *ruah* significa a "potência" a serviço de Deus (cf. Ex 14,21), a potência criadora de Deus (Gn 1,2), que tudo preenche, conhece e cria (cf. Sb 1,7); enquanto "respiro vital", a *ruah* indica a força vital (cf. Gn 45,27) que penetra no ser humano (cf. Gn 7,22), procedendo de Deus (cf. Is 42,5); finalmente, enquanto Espírito do Senhor, a *ruah* é o "meio" pelo qual Deus opera no

---
[40] Idem, ibidem.
[41] Oração eucarística II.

mundo, tornando-se senhor da história; neste sentido, é a força vital com a qual o Deus vivo guia o seu povo ou investe determinados personagens em vista de uma particular missão: Sansão (cf. Jz 13,25); Davi (cf. 1Sm 16,3), o Messias (cf. Is 11,2), os profetas (cf. Sl 51,13; Zc 7,12).

Num significado mais abrangente, é anunciado como força de salvação e de renovação para Israel (cf. Ez 36,26-27). Ezequiel anuncia que o Espírito de Deus virá dos quatro cantos e vivificará os ossos ressequidos, que simbolizam a casa de Israel (Ez 37,5; cf. 37,10.14). Joel, por sua vez, anuncia uma efusão universal do Espírito: "Depois de tudo isso, derramarei o meu espírito sobre todos os viventes [...]" (Jl 3,1-2; cf. Nm 11,29; At 2,16-18).

No Novo Testamento, a obra lucana é conhecida como "evangelho do Espírito": a pessoa e a obra de Jesus estão totalmente sob a ação do Espírito Santo (cf. Lc 1,15-17; 1,22.67; 1,35; 3,22; 4,1.14.16-21; 10,21; 12,49). Aos discípulos Jesus não só promete o dom do Espírito (11,13; 12,12; At 1,8), mas o derrama poderosamente no dia de Pentecostes (cf. At 2,1-4; 2,17-21). A vida da Igreja nascente é narrada como uma caminhada no Espírito, seja pelos inúmeros "pentecostes" (cf. At 6,3ss.; 8,14-17; 10,44-48; 18,25; 19,1-7 etc.), seja pela presença do Espírito nos momentos decisivos da empreitada missionária: a superação dos confins do judaísmo (cf. At 8,4); a missão de Pedro em meio aos samaritanos (cf. At 8,14-15); o batismo de Cornélio por Pedro (cf. At 10,19); o envio de Paulo, que abre definitivamente a missão na direção dos gentios (cf. At 13,4). Na *Redemptoris missio*, o papa fala do Espírito como protagonista da missão.[42]

Diferentemente de Lucas, para João o Espírito é comunicado por Jesus aos discípulos durante sua vida terrena, suscitando a fé e atuando como mestre interior. O Espírito é simbolizado pelo vento, pela pomba e pela água. O vento "sopra onde quer e ouves a sua voz, mas não sabes de onde vem, nem para onde vai. Assim é também todo aquele que nasceu do Espírito" (Jo 3,8). O Espírito, como uma pomba,[43] desceu do céu e permaneceu sobre Jesus quando do batismo no Jordão (cf. Jo 1.32-33; cf. Is 42,1); Jesus torna-se, assim, o novo templo, o lugar da presença do Espírito, a porta pela qual se deve entrar para fazer parte do Reino de Deus (cf. Jo 10,1-2.7). Ele dá o Espírito sem medida (cf. Jo 3,34) e suas palavras são "espírito e vida" (Jo 6,63). Por isso, "se alguém tem sede, venha a mim, e beba quem crê em mim", pois do "seu interior correrão rios de água viva" (Jo 7,37-38). A água viva — novo símbolo pneumatológico — é o dom do Espírito, que "haviam de receber Jesus os que acreditassem nele [...] (Jo 7,39). Essa comunicação se dará na "hora" suprema da cruz, quando ele recolher em unidade

---

[42] Cf. *RMI* 21-30.
[43] Cf. Pomba. In: Van den Born, A. (Ed.). *Dicionário enciclopédico da Bíblia*. Petrópolis – Rio de Janeiro – São Paulo – Belo Horizonte – Porto Alegre, 1971. col. 1200. Léon-Dufour, X. (Ed.). *Vocabulário de teologia bíblica*, cit., col. 793; Grabner-Haider, A. *Prontuario biblico*. Bologna, EDB, 2001. p. 111.

os filhos de Deus dispersos, atraindo-os a si (cf. Jo 11,52; 12,32). Como ícones da Igreja, junto à cruz, estarão Maria, a filha de Sião, e João, o discípulo amado, para receber o último suspiro (*ruah*) de Jesus, o dom escatológico do Espírito: "[...] E, inclinando a cabeça, entregou o espírito" (Jo 19,30). Esse espírito é simbolizado pelo sangue e pela água que saíram de seu lado aberto pela lança (Cf. Jo 19,34): o sangue do cordeiro imolado (cf. Ex 24,8; Lv 1,5) e a água da fecundidade espiritual própria do Espírito (cf. Jo 7,37-38). Os Padres viram na água o símbolo do batismo e, no sangue, a eucaristia, os sacramentos que edificam a Igreja, nova Eva, que, à semelhança daquela (cf. Gn 2,21-22), nasce da costela do novo Adão (cf. Ef 5,23-32).

Por isso Paulo ensinará que o Espírito habita na Igreja como num templo (1Cor 3,16-17). A Igreja, corpo de Cristo, torna-se o templo da nova aliança.[44] As pedras desse templo são dispostas pelo Espírito (cf. Ef 2,20-22). O povo de Deus, de fato, torna-se, pelo Espírito, templo espiritual (cf. 1Pd 2,4-10; Ap 1,6; Rm 12,1).

Coube à patrística valorizar a presença e atuação do Espírito na Igreja. Ireneu diz que à Igreja

> é confiado o dom de Deus, como o sopro à criatura plasmada, a fim de que todos os membros, dele participando, sejam vivificados; e nela foi depositada a comunhão com Cristo, isto é, o Espírito Santo [...] onde está a Igreja, aí está também o Espírito de Deus; onde está o Espírito de Deus, ali está a Igreja e toda a graça.[45]

O brilhante Novaciano deixou-nos uma das mais belas páginas de eclesiologia pneumatológica.[46] Agostinho, por seu turno, insiste na ligação entre o Espírito e a Igreja: "Desligado e separado da unidade dos membros [...] ele se priva do Espírito Santo, e não o possui...".[47]

O Espírito será apresentado ao longo dos séculos como "alma da Igreja". Agostinho explica que o Espírito Santo realiza na Igreja operações semelhantes às que a alma realiza no corpo.[48] Para Tomás, o Espírito é a "última e principal perfeição de todo o Corpo Místico, semelhantemente à alma no

---

[44] Cf. *Bíblia de Jerusalém*, 1Cor 3,16. "Na comunidade está o Espírito Santo. A comunidade é o templo do Espírito. Na multiplicidade de suas atividades entrelaçadas manifesta-se a diversidade dos dons do Espírito Santo. Esses dons são a graça de Deus" (COMBLIN, J. Gracia. In: *MysLib*, cit., v. II, p. 83).
[45] IRENEU DE LIÃO. *Adversus haereses* III, 14, 1: PG 7, 966.
[46] O Espírito "na Igreja suscita os profetas, instrui os doutores, anima as línguas, dá força e santidade, realiza maravilhas, dá o discernimento dos espíritos, assiste aqueles que dirigem, inspira os conselhos, distribui os outros dons da graça. Dessa maneira ele completa e aperfeiçoa a Igreja por tudo e em tudo" (NOVACIANO. *De Trinitate* XXIX: PL 3, 943).
[47] AGOSTINHO, *In Jo. Ev.* tr. 32, 7-8: PL 35, 1645-1646.
[48] IDEM. *Sermo* 267,4: PL 38, 1231.

corpo natural".[49] Bellarmino vê a Igreja como um organismo vivo, no qual a alma é constituída pelos dons do Espírito Santo, e o corpo é a profissão de fé e a participação nos sacramentos.[50] Em sua monumental obra sobre a Igreja, Journet faz distinção entre caridade, "alma criada" da Igreja, e Espírito Santo, "alma incriada", garantindo-lhe, assim, alteridade em relação à Igreja.[51] O Vaticano II, buscando o apoio das fontes mais antigas, sobretudo Paulo, distancia-se prudentemente dessas formulações.[52]

Na Igreja, o Espírito tem uma função ao mesmo tempo distintiva e unitiva. Como diz Hegel, o amor é distinção e superação [Aufhebung] do distinto.[53] O Espírito é, por um lado, a fonte inesgotável dos carismas (cf. 1Cor 12,7-11); por outro, é a raiz da unidade, pois "fomos batizados num só Espírito, para formarmos um só corpo, e todos nós bebemos de um único Espírito" (1Cor 12,13).

O Espírito realiza esta função unitiva tanto na vida eclesial como na vida trinitária, onde ele é o vínculo entre o Pai e o Filho.[54] Assim como, na Trindade imanente, o Espírito une o Pai ao Filho e o Filho ao Pai, da mesma forma, na história da salvação, a sua ação própria é unir as pessoas — sem mortificar-lhes a personalidade — com o Pai e o Filho e entre si no "nós" eclesial. Mühlen diz que o Espírito Santo é o "nós em pessoa" — "uma pessoa em muitas pessoas" — e a Igreja, uma "mística pessoa".[55]

Naturalmente, o Espírito não é a Igreja. Ele é seu princípio interior[56] e vital, mas não se confunde com ela. O Espírito transcende a Igreja, como, na Trindade, é Espírito do Pai e é Espírito do Filho, mas não se confunde nem com o Pai nem com o Filho. Ele não é nem deve ser tido como o "Espírito da Igreja": é sempre o Espírito do Pai, o Espírito do Filho, o Espírito enviado pelo Pai e pelo Filho, que, suscitando a Igreja, vivifica-a, unifica-a, sustenta-a. É fator de unidade, mas não de uniformidade. É a raiz de todos os dons, o doador dos dons, pois nele e por ele — o Dom — chegam-nos todos os demais.

---

[49] Tomás de Aquino, In III Sent. d. 13, q. 2, a. 2 qla 3, sol. 2.
[50] Bellarmino, R. De Ecclesia militante II. In: Opera omnia. Neapoli, 1857. II, 57.
[51] Journet, C. l'Église du Verbe incarné II. Sa structure interne et son unité catholique. Bruges, Desclée de Brouwer, 1951. pp. 565-579.
[52] "Para que possamos renovar-nos constantemente nele (cf. Ef 4,23), repartiu conosco o seu Espírito, o qual, sendo um só e o mesmo na cabeça e nos membros, vivifica, unifica e dirige de tal modo o corpo inteiro, que a sua função pôde ser comparada pelos santos Padres àquela que a alma, princípio de vida, exerce no corpo humano" (LG 7).
[53] Cf. Hegel. Lezioni sulla filosofia della religione. Bologna, Zanichelli, 1973. v. II, p. 285.
[54] "Por aquilo que é comum ao Pai e ao Filho, eles quiseram que nós tivéssemos comunhão seja entre nós, seja com eles, e por aquele dom nos recolher em unidade, isto é, pelo Espírito Santo que é Deus e dom de Deus" (Agostinho. Sermo 17, 12, 18: PL 38, 454).
[55] Mühlen, H. Una mystica persona. La Chiesa come il mistero dello Spirito Santo in Cristo e nei cristiani: una persona in molte persone. Roma, Città Nuova, 1968.
[56] Santo Tomás, por isso, diz que "o Espírito Santo é comparado ao coração, pois de modo invisível vivifica e une a Igreja" (S. Th. III, q. 8, a. 1 ad 3; cf. De Veritate 29, a. 4 ad 7).

O Vaticano II foi acusado de ser deficitário do ponto de vista da pneumatologia.[57] Nunca, porém, um concílio foi tão pródigo em relação ao Espírito Santo como este.[58] A concentração pneumatológica mais importante é a *Lumen gentium* 4, uma pérola pneumatológica. Aí o Concílio afirma que: (1) o Espírito Santo foi enviado para santificar a Igreja e assim dar aos crentes acesso ao Pai por Cristo; (2) o Espírito dá a vida, é a fonte da água que jorra para a vida eterna; (3) pelo Espírito o Pai dá vida aos seres humanos mortos pelo pecado, agora e no último dia; (4) o Espírito habita na Igreja e nos fiéis como num templo, dando testemunho de que são filhos; (5) o Espírito conduz a Igreja ao conhecimento da verdade total; (6) o Espírito unifica-a na comunhão e no ministério; (7) o Espírito mune-a de dons hierárquicos e carismáticos; (7) pela força do Evangelho, o Espírito renova a Igreja e leva-a à união consumada com o seu esposo.[59]

4. COMUNHÃO (KOINONÍA): "[...] E A NOSSA COMUNHÃO É COM O PAI E COM SEU FILHO, JESUS CRISTO" (1Jo 1,3)

Ao concluir a apresentação trinitária do mistério da Igreja, a *Lumen gentium* diz: "Desta maneira aparece a Igreja toda como o 'povo reunido na unidade do Pai e do Filho e do Espírito Santo'" (*LG* 4). Ou seja, a Igreja, que tem sua origem no mistério trinitário, pelas missões do Filho e do Espírito, por livre e amorosa iniciativa do Pai, encontra, na mesma Trindade, seu modelo.[60] Sendo a comunhão trinitária a fonte e o modelo da Igreja, esta, sem negar nem mortificar as diferenças, antes, assumindo-as e valorizando-as, é, semelhantemente, uma comunhão.

Já foi observado que, nos símbolos de fé da Igreja antiga, a Igreja é situada em íntima relação com a confissão de fé no Espírito Santo, aquela misteriosa Pessoa da Trindade que atualiza permanentemente e consuma definitivamente o evento da autocomunicação de Deus:[61] "Creio [...] no Espírito Santo, na ressurreição da carne, na santa católica Igreja".[62]

O Espírito Santo, amor conjuntivo da Trindade, reúne e une os seres humanos numa autêntica comunidade de fé: "O Espírito Santo, que habita nos

---

[57] Cf. BOUYER, L. *La Chiesa di Dio corpo di Cristo e tempio dello Spirito*. Assisi, Cittadella, 1971. pp. 199-200 [católico]. NISSIOTIS, N. A. La pneumatologie ecclésiologique au service de l'unité de l'Église. In: *Istina* 12 (1967) 324-325 [ortodoxo].
[58] Cf. PHILIPON, M. A Santíssima Trindade e a Igreja. In: BARAÚNA, G. (Ed.). *A Igreja do Vaticano II*. Petrópolis, Vozes, 1965. pp. 361-383. JOÃO PAULO II. *Dominum et vivificantem* 25.
[59] Cf. *LG* 4.7.11. cf. *UR* 2; *AG* 4; *GS* 1; *CIC* 798.
[60] "Deste mistério o supremo modelo e princípio é a unidade de um só Deus, o Pai e o Filho no Espírito Santo, na Trindade de pessoas" (*UR* 2).
[61] SCHNEIDER, Th. *La nostra fede. Una spiegazione del simbolo apostolico*. Brescia, Queriniana, 1985.
[62] *DS* 2; cf. NAUTIN, P. *Je crois à l'Ésprit Saint dans la sainte Église pour la résurrection de la chair*. Paris, Cerf, 1947.

crentes, que enche e governa toda a Igreja, é quem realiza a maravilhosa comunhão dos fiéis e une todos tão intimamente em Cristo, sendo o princípio da unidade da Igreja".[63]

A Igreja é, na verdade, comunhão por Cristo, com Cristo, em Cristo. E essa "comunhão por meio, com e em Jesus Cristo é comunhão no Espírito Santo".[64] A "comunhão dos santos" imediatamente provém do Espírito Santo como princípio vital da Igreja. Mencionada pela primeira vez no final do IV século numa profissão de fé batismal, a "comunhão dos santos" refere-se, antes de tudo, aos santos dons que Deus comunica à Igreja, particularmente a eucaristia. A partir desses dons de Deus, as pessoas que os recebem são santificadas: o Espírito Santo (*Sanctus*), por meio dos santos sacramentos da palavra e da eucaristia (*sancta mysteria*), faz da Igreja a comunhão dos santos fiéis (*communio sanctorum fidelium*). A Igreja é, pois, *communio Sancti* (2Cor 13,13) e *communio sanctorum*.

Para tornar-nos participantes de sua íntima comunhão, Deus aproxima-se de nós por meio da encarnação do Filho e das mediações de que se serve o Espírito santificador. O Espírito serve-se de meios terrenos para tornar-nos participantes da comunhão com Deus. Na economia sacramental, que se apropria das formas fundamentais da comunicação humana, Cristo torna-se presente, seja por meio da sua palavra, seja através de sinais ligados à palavra: "Não só supõem a fé, mas por palavras e coisas também a alimentam, a fortalecem e a exprimem. Por esta são razão dos chamados 'sacramentos da fé'" (*SC* 59).

A Igreja é o espaço — não único, mas certamente "privilegiado" — em que Deus encontra os seres humanos mediante a palavra e os sacramentos, para instruí-los e santificá-los, para edificar o corpo de Cristo e para o culto devido a Deus (Ibidem). Neste contexto e sentido, com a *Confissão Augustana*, pode-se dizer que a Igreja "é a assembléia de todos os fiéis onde o Evangelho é pregado na sua pureza e os santos sacramentos são administrados de modo conforme ao Evangelho".[65]

A "comunhão dos santos" é chamada e enviada ao serviço de Deus e da humanidade. Pelo batismo os fiéis são incorporados ao corpo de Cristo,

---

[63] *UR* 2. A *Lumen gentium* tem uma formulação menos densa: "O mesmo Espírito, unificando o corpo por si e sua força e pela conexão interna dos membros, produz e estimula a caridade entre os fiéis" (7). "Obra do Espírito é a comunhão dentro das comunidades e entre as comunidades. A comunhão eclesial não pode ser só uma disposição interior. No Novo Testamento ela inclui necessariamente relações materiais de intercâmbio de bens de acordo com as necessidades de cada um. Pois bem: onde se dão essas relações materiais? Dão-se na realidade das comunidades dos pobres e também no serviço dos que, tendo nascido ricos, se despojaram de suas riquezas e tornaram-se semelhantes aos pobres. O apelo de Medellín a uma Igreja pobre é uma pré-condição da comunhão eclesial" (COMBLIN, J. Espírito Santo. In: *MysLib*, cit., v. I, p. 637).

[64] Comunione ecclesiale nella parola e nel sacramento, 2-5 (*EO* II, 1304-1310).

[65] *Confessio Augustana*, 7.

recebem os dons do Espírito Santo e são chamados a viver, individual e coletivamente, para Deus e para o próximo (cf. *LG* 40a), já que formam um sacerdócio universal e devem vivê-lo em todas as circunstâncias da vida.[66]

A Igreja edifica-se graças aos dons do Espírito que seus membros recebem no batismo e na fé. Alguns desses dons tomam a forma de serviço — e mesmo de ministério — na comunidade, a serviço da missão. Aquelas pessoas que assumem um ministério não o fazem para si, mas para o bem dos irmãos, pois "ele [Jesus] capacitou os santos para a obra do ministério, para a edificação do corpo de Cristo, [...]" (Ef 4,12; cf. 4,11-16). Dentre todos os ministérios, é fundamental para a estrutura da Igreja o ministério apostólico, que serve "à continuidade e identidade e, assim, à unidade da Igreja";[67] no interior do ministério apostólico, situa-se o ministério petrino, cuja função é claramente atestada pelo Novo Testamento (cf. Mt 16,18-19; Jo 21,15-17).

A comunhão com a Trindade realiza-se concretamente nas Igrejas locais.[68] Esta unidade dos crentes e dos batizados com Deus e entre si é o fundamento da catolicidade da Igreja. A "comunhão" é acessível a cada um na comunidade eucarística em que vive e que está ligada às outras comunidades.

À luz do Novo Testamento, finalmente, a Igreja não compreende só a comunhão dos fiéis na terra, mas também a grande comunhão invisível dos anjos e dos santos já glorificados. Ela se vê representada naquela "multidão imensa, que ninguém podia contar, gente de todas as nações, tribos, povos e línguas", a proclamar, com "todos os anjos", a salvação que vem de Deus e a adorá-lo como convém (cf. Ap 7,9-12), enquanto, peregrinando na terra, sente-se encorajada a enfrentar os urgentes desafios sociais do seu tempo. Na verdade, a "comunhão dos santos" supera os limites de espaço e de tempo, como nos lembra Nicetas de Remesiana, o primeiro a apresentar tal expressão na Igreja do Ocidente.[69]

---

[66] Cf. Ex 19,6a, 1 Pd 2,5-9; Rm 12,1; Hb 13,15; 1Tm 2,1.
[67] MAFFEIS, A. (Ed.). *Communio sanctorum. La Chiesa come comunione dei santi*. Brescia, Morcelliana, 2003. pp. 50 e 97.
[68] Cf. LIBANIO, J. B. et alii. *Igreja particular*. São Paulo, 1974. LEGRAND, H.-M. La Iglesia local. In: LAURET, B. & REFOULÉ, F. (Ed). *Iniciación a la práctica de la teología*. Madrid, Cristiandad, 1985. pp. 139-174. Col. Dogmática 2. VILLAR, J. R. *Teología de la Iglesia particular*. Pamplona, Unsa, 1989.
[69] "O que é a Igreja, de fato, senão a assembléia de todos os que são santos? Ela o é desde os inícios, dos tempos dos patriarcas [...] e dos mártires e de todos os justos passados, presentes e futuros: assembléia única de santificados numa só fé crida e vivida, marcados com o sinal do único Espírito, tornados um só corpo, o corpo cuja cabeça é Cristo [...] Tu o professas quando dizes que só nesta Igreja poderás participar das coisas santas — ou conseguir a comunhão dos santos (*communionem sanctorum*). Saibas que foi constituída uma só, e que com esta Igreja católica dispersa por toda a face da terra deves manter constantemente a comunhão (*communionem*)" (NICETAS DE REMESIANA. *Explanatio symboli* 23; PL 52, 87B).

A "comunhão" foi uma categoria absolutamente central no período patrístico. Para Agostinho, a "comunhão" identifica-se com a Igreja,[70] e a comunhão eucarística é seu sinal concreto.[71] Ele tem um conceito dinâmico e eclesiológico da eucaristia. O verdadeiro corpo (*corpus verum*) de Cristo é a Igreja; a eucaristia é seu corpo místico (*corpus mysticum*).[72] Comentando Jo 6, chama a eucaristia de sinal da unidade e vínculo da caridade.[73]

A Igreja dos primeiros séculos apresentava-se como *communio ecclesiarum*, uma rede de Igrejas locais ligadas de vários modos. O bispo era visto como o representante da sua Igreja perante as demais e o representante da Igreja universal na sua diocese.[74] Desta forma,

> *a comunhão eclesial que se realiza na assembléia local em torno da palavra e do sacramento, enquanto comunhão com Deus e entre os fiéis, não é a Igreja total, mas é totalmente Igreja. Assim, ela é inserida na Igreja universal como comunhão de todas as Igrejas locais.*[75]

A *communio* das Igrejas guiadas pelos bispos, teologicamente, é, portanto, a forma fundamental de existência e a unidade jurídica de base da Igreja.

Segundo Codina, a Igreja patrística é concebida como comunhão em três dimensões: (1) *comunhão com o Pai pelo Filho no Espírito Santo*, cujo termo é a divinização do cristão (Igreja una e santa); (2) *comunhão eclesial*, que se manifesta sobretudo na eucaristia, mas também na comunhão com os irmãos, com o bispo, com as outras Igrejas, especialmente a de Roma (Igreja católica e apostólica); (3) *comunhão solidária com os pobres*: se o Direito Romano concebe *privata ut propria*, os Padres da Igreja vão insistir na função social da propriedade, pois *privata sunt communia*.[76] Esta teologia encontrou estruturas adequadas para traduzir suas concepções: (1) a valorização da Igreja local; (2) os laços de comunhão com as Igrejas mais próximas; (3) o papado como símbolo da unidade eclesial; (4) a descentralização eclesial; (5) a eleição episcopal com participação das Igrejas; (6) a recepção (*receptio*) eclesial; (7) a eucaristia como lugar de multiforme comunhão.[77]

---

[70] Cf. AGOSTINHO. *De unitate Ecclesiae contra Donatistas*, 20, 56: PL 43, 434.
[71] "Se quereis entender o que é o corpo de Cristo, escutai o apóstolo. Vede o que ele diz aos fiéis: vós sois o corpo de Cristo e seus membros (1Cor 12,27). Se, pois, vós sois o corpo e os membros de Cristo, o que está sobre a santa mesa é um símbolo de vós mesmos, e o que recebeis é vosso próprio mistério [...] Sede o que vedes e recebei o que sois. Tal é o modelo que nos deu Nosso Jesus Cristo. É assim que ele quis unir-nos à sua pessoa e consagrou sobre sua mesa o mistério simbólico da paz e da união que deve reinar entre nós" (IDEM. *Sermão* 272. Cf. SOLANO, II, 210-211).
[72] Cf. IDEM. *De civitate Dei* 21,25,3.
[73] Cf. IDEM. *In Johannem*, tract. 26, n. 13 (PL 35, 1613).
[74] Cf. Chiese e giustificazione, 91-95 (*EO* III, 1321-1325).
[75] MAFFEIS, A. *Communio sanctorum*, cit., p. 97.
[76] Cf. SOBRINO, J. Comunión, conflicto y solidaridad eclesial. In: *MysLib*, cit., v. II, pp. 231ss.
[77] Cf. CODINA, V. *Para compreender a eclesiologia a partir da América Latina*. São Paulo, Paulus, 1993. pp. 62-82.

Para Tomás, a Igreja é primariamente *ecclesia*, isto é, *congregatio* (ou *coetus, collectio, universitas, societas, collegium*) *fidelium*.[78] A Igreja é comunhão com o mistério de Deus em sua divindade. Em sua realidade mais profunda, é comunhão divinizante com Deus, que, em nossa situação terrestre, carnal e histórica, só se realiza por meio de Cristo, Verbo encarnado, e daquilo que Cristo nos traz: fé, sacramentos, instituições. Os Padres do Vaticano II estavam decididos a reatar com a eclesiologia da Igreja primitiva e dos Padres e apresentar a Igreja como "comunhão dos fiéis" e "comunhão das Igrejas". Por isso, além de apelar para as imagens neotestamentárias e patrísticas, o Concílio apresenta a Igreja como mistério do agir trinitário de Deus e como Povo de Deus, que se tornaram as categorias centrais para a autocompreensão da Igreja.[79]

Para o Concílio, a Igreja é *communio fidelium* em seu ser e agir. Ela é sujeito ativo da história da salvação, e o é na forma de uma comunhão de sujeitos, pois todos os membros são responsáveis pela vida e missão da Igreja, o que é coerente seja com a autocompreensão da Igreja antiga, seja com a consciência do sujeito moderno e cristão.

Entre as categorias de *communio* e de Povo de Deus há, sim, diferenças, mas não contradição. "Povo de Deus" significa também *communio fidelium*. Embora a categoria *communio* raramente apareça nos textos do Vaticano II, o sínodo extraordinário dos bispos de 1985 constatou que "a eclesiologia de *communio* é a idéia central e fundamental nos documentos do Concílio".[80] A categoria da *communio* articula, na verdade, um aspecto, contido na idéia de Povo de Deus, mas aí não tão claramente expresso: ela explicita a forma estrutural do Povo de Deus, que é *communio fidelium* e *communio ecclesiarum*, e de ambos os elementos estruturais surge o caráter colegial do governo da Igreja universal, a *communio pastorum*.[81]

5. SACRAMENTO DE COMUNHÃO: "[...] ISSO QUE VIMOS E OUVIMOS, NÓS VOS ANUNCIAMOS, PARA QUE ESTEJAIS EM COMUNHÃO CONOSCO" (1Jo 1,3)

Se a noção de comunhão diz a identidade da Igreja, a de "sacramento de comunhão" exprime a autocompreensão da Igreja em relação à sua missão

---

[78] Cf. TOMÁS DE AQUINO. *Compendium Theol*. 1,147.
[79] Cf. POTTMEYER, H.-J. Per un discorso ecclesiologico sull'appartenenza e limiti delle categorie conciliari. In: LA DELFA, R. (Ed.) *Comunione ecclesiale e appartenenza. Il senso di una questione ecclesiologica oggi*. Roma, Città Nuova, 2002. p. 199.
[80] KASPER, W. (Ed.). *Il futuro dalla forza del Concilio. Sinodo straordinario dei vescovi 1985. Documenti e commento*. Brescia, Queriniana, 1986. p. 29. Cf. MUÑOZ, R., TILLARD, J.-M., HUIZING, P. & ALBERIGO, G. (Ed.). Sínodo 1985. Avaliação. *Concilium* 208 (1986/6), Petrópolis, 1986.
[81] Cf. POTTMEYER, H.-J. Per un discorso ecclesiologico sull'appartenenza: possibilità e limiti delle categorie conciliari, cit., p. 202.

no mundo. O Vaticano II declara que a Igreja é, em Cristo, como que o sacramento, isto é, sinal e instrumento da comunhão entre Deus e os seres humanos e da comunhão dos seres humanos entre si.[82] Esta fórmula exprime a dupla posição da Igreja: por um lado, a Igreja não está diante da sociedade, mas na sociedade; por outro, ela é, para a sociedade, sinal e instrumento do Reino de Deus e de sua vinda. Além disso, a categoria de sacramento articula a constituição dogmática *Lumen gentium* com a constituição pastoral *Gaudium et spes*: "Enquanto esta categoria na *Lumen gentium* é aprofundada no âmbito do mistério da Igreja, na *Gaudium et spes* ela exprime o papel da Igreja na história da salvação, ou seja, a missão da Igreja".[83]

Embora não com esta formulação, que é recente, o tema da Igreja-sacramento está presente no Novo Testamento e na patrística.[84] Essa formulação, porém, é tributária dos estudos teológicos vindos à luz antes do Concílio, especialmente na teologia sacramentária e na eclesiologia sacramental, destacando-se aí H. de Lubac, J. Daniélou, E. Schillebeeckcx, O. Semmelroth, L. Bouyer, K. Rahner. Além disso, jogou papel decisivo o sentimento global que a Igreja, à altura do Concílio, tinha do mundo e de sua missão nele.[85]

No prólogo da *Lumen gentium,* reflete-se esse sentimento: a Igreja é um mistério que reflete o próprio mistério de Deus em Cristo e no Espírito Santo;

---

[82] No concílio, há variações desta fórmula: *LG* 1, 9, 48, 59; *GS* 42, 45; *SC* 5; *AG* 1, 5; para sua introdução nos textos conciliares, sobretudo na *Lumen gentium,* teve papel decisivo um grupo de teólogos alemães (A. Grillmeier, K. Rahner, O. Semmelroth, H. Volk, J. Döpfner, J. Hirschmann, J. Ratzinger, M. Schmaus, R. Schnackenburg, J. Schröffer), ao qual se juntaram alguns de outros países (Y. Congar, G. Philips, E. Schillebeeckx, P. Smulders), que produziram o chamado "esquema alemão *De Ecclesia*", em seguida assumido pelo episcopado alemão e submetido ao Concílio (Cf. WASSILOWSKY, G. Teologia della grazia ed ecclesiologia sacramentale. In: *Il Regno-Attualità* 59 (2004) 213-220. IDEM. *Universales Heilssakrament Kirche. Karl Rahner Beitrag zur Ekklesiologie des II. Vatikanums*. Innsbruck, Tyrolia, 2001).

[83] POTTMEYER, H.-J. Per un discorso ecclesiologico sull'appartenenza, cit., p. 200.

[84] Cf., especialmente, Ef 5,32, DIDAQUÉ, XI, 11. GREGÓRIO DE NISSA. *In Canticum Hom.*, IX; CIPRIANO. *Epistula* 55, 21; *De oratione dominica*, 23. PSEUDO-CIPRIANO. *De Pascha computus*, 16 e 18. AMBRÓSIO. *Expos. Luc.,* VII, 96. AGOSTINHO (cf. COUTURIER, C. "Sacramentum" et "Mysterium" dans l'oeuvre de saint Augustin. In: RONDET, H. (Ed.). *Études augustiniennes*. Paris, Aubier, 1953. p. 300 — citado por SMULDERS, P. A Igreja como sacramento de salvação. In: BARAÚNA, G. (Ed.). *A Igreja do Vaticano II*, cit., p. 397).

[85] Tratava-se do sentimento de que, "se a Igreja existe em si, ela não existe, entretanto, para si. Ela existe para Deus, certamente, e este aspecto teologal, isto é, doxológico, não foi, de modo algum, esquecido. Mas ela existe para converter o mundo para Deus; existe, portanto, para o mundo [...] Na base de tudo isso, pode-se discernir um novo sentimento de mundo e, conseqüentemente, um novo sentimento das relações da Igreja com o mundo. Ao invés de uma concepção estática e hierárquica, [...], que subordinava o 'temporal' à autoridade sacerdotal da Igreja, tem-se agora uma visão do mundo como totalidade dinâmica, mais como 'história' do que como 'natureza'. Assim, a Igreja não se sobrepõe ao 'temporal', como uma autoridade ontologicamente superior. Ela vê a si mesma no interior do movimento da história, movimento, porém, cujo sentido conhece, o advento do Reino de Deus, a escatologia" (CONGAR, Y.-M.-J. *Un popolo messianico. La Chiesa sacramento di salvezza. La salvezza e la liberazione*. Brescia, Queriniana, 1977. p. 20. Cf. idem, ibidem, pp. 19-23).

por isso, ela é sinal e instrumento de salvação; no momento presente, ela se sente chamada a realizar sua missão num mundo a caminho de sua unificação; conseqüentemente, deve atuar de tal modo que essa unidade realize-se mediante a íntima união da humanidade com Deus em Cristo.[86] As duas primeiras palavras da constituição dogmática — *Lumen gentium* — evidenciam a tríplice preocupação da Igreja em concílio: fidelidade à própria identidade colhida a partir de Cristo (perspectiva cristológica); fidelidade aos seres humanos, a cujo serviço se coloca (perspectiva antropológica); fidelidade ao encontro das duas fidelidades anteriores no mistério da aliança, a Igreja (perspectiva eclesiológico-sacramental). A profunda conexão das três perspectivas refletida no texto

> *mostra como a fidelidade à própria identidade em Cristo e a preocupação com a própria relevância histórica a serviço dos homens e das mulheres não são alternativas nem separáveis, mas caminham juntas numa Igreja que, para ser presença salvífica do seu Senhor no meio de seu povo, deve ser lugar da aliança (foederis arca), totalmente fiel ao céu e, ao mesmo tempo, totalmente fiel à terra, totalmente de Cristo e, ao mesmo tempo, totalmente para os seres humanos.*[87]

A apresentação sacramental da Igreja exorciza, assim, todo e qualquer reducionismo eclesiológico, seja secular, seja espiritualista.[88]

Dessa maneira o Concílio assumia a categoria sacramental para ilustrar, com discrição e sobriedade, a Igreja e seu paradoxo fundamental. Nenhuma das tendências pré-conciliares pode considerar-se preferida ou preterida. Quanto à interpretação da sacramentalidade eclesial nos documentos conciliares, deve-se dar o devido peso àquelas duas pequenas partículas presentes em *LG* 1: a primeira, *veluti* (= como que), que antecede a palavra "sacramento"; e a segunda, *seu* (= ou), que se lhe segue — "veluti sacramentum seu signum et instrumentum..." Com essas duas partículas o texto deixou claro o que o Concílio entendeu por sacramento em geral e por sacramentalidade da Igreja em particular, posicionando-se, sobretudo, contra aquelas tentativas de reduzir a sacramentalidade ao âmbito manifestativo-simbólico (*signum*), privando-a de toda a referência à eficácia ou à mediação da graça (*instrumentum*). Na verdade, o Concílio recolhe o resultado teológico-lexical de uma lenta e trabalhosa decantação, que se inicia com o Novo Testamento e que acabará sendo assumida pelo Concílio de

---

[86] Cf. *LG* 1 [ler o texto na íntegra].
[87] FORTE, B. *La Chiesa, icona della Trinità. Breve ecclesiologia*. Brescia, Queriniana, 1983. p. 15.
[88] Cf. Idem, ibidem, pp. 13-16. SILVA GOTAY, S. La mirada sociológica y la mirada teológica sobre la Iglesia como "Pueblo de Dios": conflictos y aportes mutuos. *Teologia y Vida* 26 (1985) 88. Na verdade, o Vaticano II, aplicando a categoria "sacramento" à Igreja, pretendeu iluminar inúmeras realidades, como mostra A. Acerbi, *Due ecclesiologie*, cit., pp. 495-598.

Trento.[89] O Concílio assume, portanto, a noção técnica de sacramento, que insiste sobre "sinal" e "causa", sendo oportuno lembrar que a significatividade vem antes, ou seja, os sacramentos "causam enquanto significam", o que deveria valer como compromisso também para a Igreja!

A sacramentalidade é predicado da Igreja, portanto, em sentido próprio, nos limites daquele *seu* (= ou):

> A afirmação vaticana significa que a Igreja, na sua realidade sensível e visível de povo de Deus peregrino rumo ao reino, e portanto com os seus membros, as suas instituições e a sua história, foi assumida por Deus na esfera da salvação como sinal e instrumento desta.[90]

Isso, porém, não significa que a categoria sacramental possa ser aplicada à Igreja de modo unívoco.[91] Não é por outro motivo que a afirmação de que a Igreja é sacramento vem precedida por outra partícula, o *veluti* (= como que), justamente para indicar analogia. A sacramentalidade, com efeito, só pode ser predicado da Igreja em sentido analógico.

Lumen gentium 1 afirma que a Igreja é sacramento "em Cristo", isto é, a Igreja é sacramento não por si mesma, mas sob a condição e à medida que vive de Cristo, nele, surge permanentemente de Cristo e exprime-o. Ela não é propriamente sacramento "de" Cristo, como, aliás, exprimia uma certa teologia — na verdade, ainda pouco trinitária —, mas do Espírito, como vai dizer o decreto sobre o ecumenismo *Unitatis redintegratio*.[92]

A sacramentalidade da Igreja visa ao dom salvífico da comunhão, comunhão ao mesmo tempo vertical (íntima comunhão com o Pai, pelo Filho, no Espírito Santo) e horizontal (unidade do gênero humano). A salvação, como se vê, é positivamente qualificada como "comunhão".[93]

---

[89] "Cum Scripturae testimonio, apostolica traditione et Patrum unanimi consensu perspicuum sit, per sacram ordinationem, *quae verbis et signis exterioribus perficitur, gratiam conferri*" (Concílio Tridentino, Sessio XXIII, cap. 3).

[90] GHERARDINI, B. Chiesa. In: ANCILLI, E. (Ed.). *Dizionario di spiritualità dei laici*. Milano, Edizioni O. R., v. I, p. 113.

[91] "Os sacramentos são ações de Cristo e da Igreja; mas a Igreja não é uma ação, nem um rito, nem um gesto, nem uma palavra. Se o fosse, poderia, sim, ser dita univocamente sacramento, mas não seria Igreja: aquela entidade que o Cristo assimila a si e, em si, à Trindade sacrossanta para a salvação dos seres humanos. Seria então, nem mais nem menos, um oitavo sacramento; isto é, *um* sacramento, mas não *sacramento*" (ibidem).

[92] Cf. *UR* 2-4; *LG* 8a. KASPER, W. & SAUTER, G. *La Chiesa luogo dello Spirito. Linee di ecclesiologia pneumatologica*. Brescia, Queriniana, 1980. MOLTMANN, J. *La Chiesa nella forza dello Spirito*. Brescia, Queriniana, 1975.

[93] A teologia da libertação operará uma releitura da eclesiologia sacramental do Concílio numa linha histórico-social e libertadora, sublinhando o decentramento ("a Igreja é para o mundo, existe porque há e deve haver salvação, e se pergunta também de que salvação é sacramento") e especificando a salvação ("não uma salvação a-histórica, individualista e escatologizante, mas uma salvação do indivíduo e da coletividade; que, sendo maior que a história, realiza-se, todavia, já na história; e, hoje em dia, na América Latina, há de realizar-se

Naturalmente, na visão conciliar, a Igreja não é a única nem exclusiva promotora de comunhão na história. Para ser sinal e instrumento, ela é chamada a inserir-se humilde e ativamente dentro da humanidade (Igreja no mundo de hoje!), onde, graças à presença e à força do Espírito, já estão em ação outros dinamismos de unificação, que necessitam de um contributo que os abra à plenitude (a unidade em Cristo), embora nem sempre o reclamem e por vezes o recusem.

6. MISTÉRIO DA IGREJA: "ELE NOS FEZ CONHECER O MISTÉRIO DE SUA VONTADE [...]" (Ef 1,9)

Após termos contemplado a Igreja como Povo de Deus, corpo de Cristo, templo do Espírito, comunhão, sacramento de comunhão, estamos capacitados a mergulhar ainda mais profundamente e, a partir de sua radicação trinitária, contemplá-la como "mistério".

A comunidade de fé, por modesta que seja, remete não apenas ao evento Cristo e à experiência do Espírito, mas ao desígnio universal de Deus, isto é, o *mystérion*. Para Paulo, o Evangelho e tudo o que a Igreja está vivendo é o desvelar-se do desígnio eterno da criação, o "recapitular tudo em Cristo" (Ef 1,10). Este projeto que faz de Cristo o centro, a forma perfeita, o destino do universo, deve realizar de modo evidente aquilo que de modo escondido é já a criação, uma vez que ele é "[...] o primogênito de toda a criação, pois é nele que [...] tudo foi criado [...] Tudo foi criado através dele e para ele. Ele existe antes de todas as coisas [...]" (Cl 1,15-17). Pois bem, os dois textos paulinos que apresentam a posição central de Cristo no universo concluem, inesperadamente, mencionando a Igreja.[94] E nos dois casos a Igreja é definida com a imagem do corpo, enquanto Cristo é cabeça da Igreja, que não existe sem ele, nem vive separada dele. O mundo espera ser submetido a seu único Senhor, Jesus Cristo. Por isso, "a comunidade é sempre mais do que é, porque é o sinal daquilo que deve ser e será o mundo, reconduzido à unidade do desígnio da criação".[95] A perspectiva é claramente cósmico-mistérica. Sua realidade última, como a de Cristo, está oculta em Deus (cf. Cl 3,3) e, ao mesmo tempo, manifesta-se salvadora aos

---

sob a forma de libertação; há de mediar-se nas realidades econômicas, políticas e sociais da existência humana [...] e a partir daí há de apontar para o cumprimento escatológico") (QUIROZ MAGAÑA, A. Eclesiología en la teología de la liberación. In: *MysLib*, cit., v. I, pp. 253-272). Cf. ELLACURÍA, I. La Iglesia de los pobres, sacramento histórico de liberación. In: *MysLib*, cit., v. II, pp. 127-153.

[94] "Deus pôs tudo debaixo de seus pés e o constituiu, acima de tudo, como cabeça da Igreja, que é o seu Corpo: a plenitude daquele que se plenifica em todas as coisas" (Ef 1,22-23); "ele é a Cabeça do corpo, que é a *Igreja*" (Cl 1,18).

[95] DIANICH, S. Ecclesiologia. In: PACOMIO, L. (Ed.). *Dizionario teologico interdisciplinare*. Torino, Marietti, 1977. v. II, p. 19.

seres humanos (cf. Tt 2,11). O autor da carta aos Efésios não hesitou em afirmar — referindo-se a Cristo e à Igreja — que "mistério é este grande" (cf. 5,32). Sua derradeira identidade não pode ser captada por observação puramente sociológica, nem reduzida a objeto de simples investigação histórica.

Essa perspectiva mistérica dominará a reflexão dos santos Padres. Sua primeiríssima aparição dar-se-á com Inácio de Antioquia e sua teologia dos ministérios. O papel do bispo é ilustrado por meio do recurso à imagem do Pai, da qual ele é o *typos* (= figura). A Igreja, reunida ao seu redor, é a imagem da convocação salvífica, realizada por Deus, de toda a humanidade. O Pai é o bispo universal, e a submissão ao bispo é submissão à graça de Deus.[96] O bispo preside no lugar de Deus.[97] Os diáconos, servidores típicos da Igreja, são imagem de Jesus. Os presbíteros são como o colégio dos apóstolos.[98]

A eclesiologia patrística, por meio da linguagem imagética dos símbolos,[99] procura adentrar o fenômeno existencial da Igreja para colher aquele mistério que, revelando-se nela, é maior que ela. A Igreja descobre, assim, seu lugar na história da salvação, sua relação com a Trindade e com o mundo. O instrumento principal dessa teologia é o "tipo" ou "símbolo".[100]

Lamentavelmente, a rica eclesiologia patrística — que, partindo de imagens veterotestamentárias relidas, à luz de Cristo, no Novo Testamento e de imagens sugeridas pelos esquemas simbólicos helenistas, pelos mitos gregos ou pela experiência quotidiana — foi, aos poucos, sendo suplantada por uma eclesiologia sociológica e jurídica, típica da Idade Média e da Contra-Reforma. A linguagem simbólica foi substituída pela dialética dos conceitos, a intuição pela dedução, a mente onicompreensiva pela razão classificadora.

Foram necessários quase dez séculos para que a linguagem simbólica da patrística começasse a ser resgatada em todo o seu vigor — primeiro por Möhler, no início do século XIX, e depois por uma plêiade de estudiosos —, formando, assim, aquela massa crítica que, com outros movimentos, se exprimiu no Vaticano II.

Com a categoria "mistério", o concílio, portanto, quis distanciar-se, desde o primeiro capítulo, da *Lumen gentium,* tanto de um reducionismo secular (que, considerando apenas a eficácia histórica, confunde a Igreja com

---

[96] Cf. INÁCIO DE ANTIOQUIA. *Ad Magn.*, II, I; III, I.
[97] Cf. idem, ibidem, VI, I.
[98] Cf. IDEM. *Ad Trall.*, III, I.
[99] Cf. capítulo terceiro.
[100] "A inspiração da história bíblica, a experiência litúrgica dos sacramentos, a exigência da perspectiva mistérica de dizer sempre algo mais, sempre além do visível, uma multiplicidade, freqüentemente dialética, de significados, e, além disso, a profunda influência do platonismo e do neoplatonismo sobre a cultura dos Padres determinam esse modo de proceder que lhes permitirá intuições profundas para uma teologia muito livre, dinâmica e riquíssima de poesia" (DIANICH, S. Ecclesiologia, cit., p. 20).

outras realidades históricas) quanto de um reducionismo espiritualista (que, exaltando a dimensão invisível da realidade eclesial, sacrifica sua concreteza histórica).

"Mistério", neste contexto, não se refere a uma realidade desconhecida ou incognoscível pela razão humana, mas ao desígnio divino de salvação que se revela e realiza na história humana, a glória divina escondida e atuante nos sinais da história humana.[101] E assim, com a visão bíblico-paulina do mistério,[102] recupera-se a profundidade trinitária da realidade eclesial, sem perder de vista sua corporeidade histórica.

A Igreja, portanto, é dita "mistério" por sua inserção no desígnio de salvação, concebido pelo Pai, atuado no Filho, atualizado e interiorizado pelo Espírito Santo. O mistério coincide, em Paulo e nos escritos paulinos, com o desígnio universal da salvação que se desenrola trinitariamente: desde sempre, a misericordiosa decisão do Pai em favor dos seres humanos; na plenitude dos tempos, a missão salvífica do Filho encarnado; em cada hoje da história, a ação santificadora do Espírito.

"Mistério", para o Vaticano II, não significa, portanto, algo oculto ou incompreensível, mas, como bem o disseram os Padres de língua alemã, "uma realidade divina transcendente e salvífica, que é revelada e manifestada de modo visível",[103] podendo, neste sentido, perfeitamente aplicar-se à Igreja.

Por isso que, recuperando sua originária perspectiva histórico-salvífica, a categoria de "mistério" impunha ao Concílio uma consideração trinitária da Igreja, chave privilegiada para a compreensão da eclesiologia do Concílio.[104] Essa visão trinitária do mistério da Igreja foi retomada extensamente por *Ad gentes* — fundamentando trinitariamente a missão (cf. *AG* 5) — e por *Unitatis redintegratio* — pondo em plena luz

---

[101] "A Igreja oferece-se como o lugar do encontro da iniciativa divina e da obra humana, a presença da Trindade no tempo e do tempo na Trindade, irredutível a uma apreensão puramente humana, todavia Igreja de homens que vivem plenamente na história" (Forte, B. *La Chiesa icona della Trinità*, cit., p. 15).

[102] Cf. 1Cor 2,7; 13,2; 14,2; 15,51; Rm 11,25; 16,25; Cl 1,26-27; 4,3; Ef 1,9; 3,2-7; 3,9-10; 5,32; 6,19.

[103] Cf. *Acta Synodalia* III/I, cit., p. 170. *LG* 52 e 63.

[104] Forte, B. *Chiesa icona della Trinità,* cit., p. 16. Apenas terminado o Concílio, um perito escreve: "A natureza íntima da Igreja encontra no mistério trinitário as suas origens eternas, a sua forma exemplar e a sua finalidade. O Vaticano II teve o grande cuidado de indicar-nos as múltiplas relações do Deus-Trindade com o Povo de Deus, com a hierarquia e o laicato. Os problemas da santidade da Igreja, do ecumenismo, da escatologia e do mistério marial haurem na Trindade a sua iluminação suprema. Todos os aspectos eclesiais devem ser perscrutados na irradiação desse mistério dos mistérios. No Oriente como no Ocidente, o culto cristão exprime-se sob forma explicitamente trinitária. Tudo, na Igreja, se faz 'em nome e em honra da indivisível Trindade'" (Philipon, M. A Santíssima Trindade e a Igreja, cit., p. 362).

o sagrado mistério da unidade da Igreja, cuja variedade de ministérios é obra do Espírito Santo. Deste mistério é modelo supremo e princípio a unidade de um Deus na Trindade de pessoas, o Pai e o Filho no Espírito Santo (UR 2).

Com esses pressupostos, o conceito que mais convém à Igreja é de fato o de comunhão (*mystica communio*),[105] cuja tradução histórica e social é a noção de "Povo de Deus".[106] A "redescoberta da tradição total da Igreja indivisa"[107] traz consigo uma eclesiologia comunional, teológica, mistérica. Opera-se, assim, uma passagem radical de uma eclesiologia societária ou jurídica, em que predomina a idéia de Igreja como sociedade visível, juridicamente constituída e organizada em torno da autoridade (à Bellarmino[108]), a uma visão mistérica ou comunional, dominada pelos conceitos de comunhão de vida divina historicamente manifestada, a sobrenatural unidade de vida de todos os membros do corpo de Cristo, a comum participação nos bens e meios de salvação.[109]

7. INSTITUIÇÃO: "É DELE QUE O CORPO TODO RECEBE COESÃO E HARMONIA, MEDIANTE TODA SORTE DE ARTICULAÇÕES [...]" (Ef 4,16)

Instituição, sociologicamente,[110] é

um quadro de formas típicas de realização de uma unidade social [...] que se configuram historicamente e em larga medida permanecem iguais. Em tais formas manifesta-se um padrão social como tal relativamente autônomo perante seus membros individuais e o seu meio ambiente; este padrão aparece aí agindo visivelmente como uma unidade abrangente que é mais do que a soma de seus membros. Essas formas de realização são, por exemplo, distribuições fixas de papéis,

---

[105] Cf. CONGAR, Y-M.-J. *Le Concile de Vatican II*, cit., pp. 17-19.
[106] Neste sentido, a reflexão conciliar sobre o mistério da Igreja, no capítulo primeiro da *Lumen gentium*, longe de contradizer, prepara coerentemente a reflexão sucessiva da constituição sobre o Povo de Deus, que ocupará o capítulo segundo (ACERBI, A. *Due ecclesiologie*, cit., p. 10).
[107] Cf. MOELLER, C. O fermento das idéias na elaboração da constituição. In: BARAÚNA, G. (Ed.). *A Igreja do Vaticano II*, cit., p. 168.
[108] Roberto Bellarmino (1542-1621), com sua célebre definição de Igreja, é o teólogo mais representativo da eclesiologia societária (Cf. *De controversiis Christianae fidei adversus nostri temporis haereticos*, t. II: *Prima Controversia generalis*, liber III: *De Ecclesia militante*, Caput II: *De definitione Ecclesiae*. Ingolstadt, 1601. pp. 137-138).
[109] Cf. ACERBI, A. *Due ecclesiologie*, cit., pp. 10 e 197.
[110] PAQUETTE, J.-J. Unité et institution. Groupe, organisation et structure. *Lumière et Vie*, jan.-mar. 1971, pp. 49-69.

tradições aprovadas, exercícios de ritos e símbolos, normas morais obrigatórias, ordenações jurídicas legítimas, competências e autoridade geralmente reconhecidas etc. O caráter regulamentado de tais desempenhos fixos, típicos de uma sociedade, faz dela uma "instituição" e dá-lhe um "caráter institucional". Quanto maior e mais complexa se torna uma comunidade [...], tanto mais forte será o peso de tais formas de realização que, de certo modo, funcionam "por si", relativamente independentes de eventuais intenções e interesses dos indivíduos.[111]

Seus benefícios são a existência duradoura, a unidade, a capacidade de ação e adaptação da comunidade dentro dos condicionamentos e exigências sempre mutantes, a suposição do consenso, antes até que os indivíduos possam pronunciar-se sobre elas e a elas se adaptar. Entre os inconvenientes podem-se colocar a sensação de que a "comunidade" seja uma grandeza "externa", cujo conteúdo é cada vez menos administrado por eles; a objetivação e formalização da "comunidade", que, assim, coloca-se acima dos sujeitos individuais; seu caráter ambivalente, uma vez que, por mais que as comunidades precisem de algum grau de formalização, essas realizações correm o risco de tornar-se independentes de maneira formalista, criando, por conseguinte, um fosso entre os indivíduos e a comunidade.

Sociologicamente, a Igreja manifesta-se claramente em seu caráter institucional naquelas situações em que suas realizações típicas foram formalizadas, isto é, onde sua pregação (*martyría* = testemunho), sua vida sacramental (*koinonía/leitourgía*) e seu serviço aos pobres na comunidade e na sociedade (*diakonía*) recebem uma forma objetivada, autônoma, vinculante e representativa de todo o grupo.[112] Em tais atuações, a Igreja aparece como comunidade na fé relativamente autônoma perante os fiéis individuais e outros grupos; ela se objetiva aí numa forma que transcende os indivíduos, de tal modo que se pode dizer de forma juridicamente válida: a Igreja *prega* o Evangelho, a Igreja *confessa* a fé, a Igreja *celebra*, a Igreja *está a serviço*, a Igreja *promulga* normas e orientações etc.

Sabe-se que as formas objetivas de expressão da fé comum mudam ao longo da história. Sabe-se, também, que correm o risco de uma prevalência unilateral da dimensão jurídica, "supondo" e "superestimando" de forma apressada o consenso dos fiéis. Mesmo assim, fazem parte da autocompreensão teológica da Igreja católica algumas "instituições primárias": os escritos que formam o cânon bíblico, o credo, a tradição, as doutrinas vinculantes, os sacramentos, a organização jurídica, as estruturas da comunidade, os ministérios.

---

[111] KEHL, M. *A Igreja. Uma eclesiologia católica*. São Paulo, Loyola, 1997. p. 350.
[112] Cf. idem, ibidem, pp. 135-136; 351.

A Igreja-instituição e as instituições eclesiais repousam, em última análise, no caráter teológico fundamental da Igreja: ela é comunidade dos fiéis, fundamentalmente — ainda que de modo relativo — pré-dada por Jesus Cristo em seu Espírito Santo aos fiéis individuais e à totalidade dos fiéis, que os acolhe em si mesma no batismo e concede-lhes a participação na vida divina.[113]

Numa tentativa de ler, à luz da pneumatologia, a institucionalização da Igreja, três aspectos parecem ser relevantes: a dimensão institucional como sinal do Espírito Santo "identificador"; a dimensão institucional como sinal da ação "integradora" do Espírito Santo; a dimensão institucional como sinal do Espírito "libertador".

O Espírito Santo ajuda a Igreja a identificar-se de modo sempre novo com a mensagem original do Evangelho e, assim, encontrar sua própria identidade como comunidade de Jesus Cristo, servindo-se também, para isso, das formas institucionais da Igreja (continuidade "diacrônica" da Igreja). Foi assim no início, quando a Igreja afirma que o Espírito é o Espírito do Jesus de Nazaré histórico e crucificado, que o Ressuscitado é o crucificado, e não cessa essa função identificadora quando aos poucos se formalizam e se institucionalizam essas realizações, como, por exemplo, na configuração de fórmulas de fé. Desta forma, na permanente identidade da Palavra de Deus funda-se a identidade da comunidade, que se reúne na fé comum e só assim se encontra a si mesma. Essa função, além de pelo reconhecimento de uma autoridade formal, pode ser mais bem exercida à medida que, por meio de instituições sinodais, toda a Igreja puder participar efetivamente da responsabilidade comum pela identidade da fé.

O Espírito Santo insere os fiéis e as Igrejas locais igual-originalmente na unidade da *communio sanctorum* ou *communio ecclesiarum*, e, para tanto, serve-se também das estruturas institucionais da Igreja (ligação "sincrônica" da Igreja). O Espírito Santo opera desde o início a unificação da variedade inesgotável dos carismas (cf. 1Cor 12,1-31; Rm 12,4-8) e de uma variedade crescente de modalidades de fé e comunidades locais na unidade da Igreja universal (o ministério episcopal, o colégio dos bispos, os concílios, o ministério petrino, os dogmas, o direito etc.). Esses instrumentos não são apenas um serviço sociológico, mas antes de tudo um serviço teológico, pois se trata de representar de maneira socialmente perceptível a unidade do corpo de Cristo operada pelo Espírito. Faz-se sempre necessária,

---

[113] "A Igreja não nasce nem se constitui da vontade espontânea de reunir-se por parte dos indivíduos, mas do chamamento e da convocação de Jesus Cristo e de seu Espírito. Por isso existem certos elementos formais institucionais teologicamente legítimos da fé comum" (ibidem, p. 352). Comblin também insiste na equivalência simbólico-sacramental entre a Igreja "nascer dos pobres' e "nascer do Espírito Santo", mostrando que a Igreja não nasce da obediência dos discípulos, nem de um centro, nem como efeito espontâneo de forças sociológicas, mas do Espírito (cf. COMBLIN, J. Espírito Santo. In: *MysLib*, cit., v. I, pp. 636-637.

contudo, a correção recíproca, operada pelos carismas ou pelas comunidades individuais, para que o Espírito tire a Igreja (pensada como um "sistema aberto") de uma tendência institucional de autoconservação e a conduza à plenitude católica da fé e do amor.

O Espírito Santo, finalmente, liberta os fiéis do impulso de precisar "criar" por si mesmos a salvação, para tanto se servindo, também, das estruturas institucionais da Igreja. O dom do Espírito de Jesus é libertação e liberdade (cf. 2Cor 3,17; Gl 4,6; Rm 8,15). Essa libertação não se dá apenas de maneira direta na doação espiritual pessoal dos indivíduos, mas também na mediação eclesial (cf. Gl 4,26.28.31). Por meio da palavra e dos sacramentos do batismo e da eucaristia, a Igreja presta esse serviço mediador à força libertadora do Espírito. As formas institucionais da Igreja também são chamadas a ser sinal e instrumento de libertação. O que acontece, na verdade, pelos serviços de identificar e de integrar, em que, como vimos, evidencia-se o agir libertador do Espírito. O fiel não é eximido de sua decisão pessoal nem da responsabilidade pessoal que lhe corresponde, mas é chamado a participar co-responsavelmente em todas as realizações eclesiais, também quando estão em jogo decisões importantes para a vida da Igreja.[114]

Resumindo

• *A realidade da Igreja é expressa também por meio de conceitos. Estes, do ponto de vista cognitivo, embora custe mais elaborá-los, não são melhores que as imagens. São simplesmente outro instrumento de conhecimento, mais abstrato, mais especulativo, mais "racional".*

• *A Igreja é, antes de tudo, Povo de Deus. Ela está colocada sob o signo da vocação e da convocação divinas. O Vaticano II — bem como a Igreja latino-americana — devolveu a essa noção todo o seu valor.*

• *Pelo batismo, somos incorporados a Cristo, tornando-nos um só corpo com ele. Alimentando-nos do seu corpo e do seu sangue, formamos o seu corpo. A noção "corpo de Cristo" indica a unidade de todos em Cristo (Rm e 1Cor) e a dependência de todos em relação a Cristo (Cl e Ef).*

• *O Espírito Santo habita no coração dos eleitos e na comunidade como num templo (cf. 1Cor 3,16; 6,9). Ele atualiza e interioriza a obra do Filho, edificando seu corpo, que é a Igreja, pelo batismo, pela eucaristia, pelos carismas e ministérios. Desta forma, a Igreja é "comunhão do Espírito Santo" (2Cor 13,13).*

• *Se a Igreja tem origem na comunhão trinitária, ela só pode ser "comunhão". O concílio ensina que do mistério da Igreja "é modelo supremo e*

---

[114] Cf. KEHL, M. *A Igreja. Uma eclesiologia católica*, cit., pp. 352-360.

princípio a unidade de um Deus na Trindade de pessoas, Pai e Filho no Espírito Santo" (UR 2). O que professamos no credo ("creio na comunhão dos santos") constitui importante chave para compreendermos a Igreja: comunhão com Deus, comunhão entre os irmãos e irmãs, preferencialmente os pobres, comunhão com a natureza.

* *A Igreja é também "mistério", já que nela se faz presente, para ser testemunhada ao mundo, a salvação que Cristo comunica no Espírito. A salvação é oferecida ao mundo, pois Deus, de maneira escondida, conduz toda a humanidade à comunhão com ele em Cristo. A Igreja é epifania da salvação, manifestação histórica do desígnio de Deus, comunidade a serviço da salvação, para que esta se realize mais e mais na vida dos indivíduos e dos povos.*

* *Por isso, finalmente, a Igreja é também instituição. Ela não é apenas a interioridade da autocomunicação do Pai, do Filho e do Espírito Santo, que criam a profundidade da comunhão; ela é também a exterioridade da comunidade, da palavra, dos sacramentos, dos ministérios. Os elementos "exteriores" visibilizam e manifestam os elementos "interiores", que sustentam os elementos "exteriores".*

Aprofundando

Talvez você nunca tenha lido coisas tão estranhas sobre a Igreja. Perdoe-me, que eu perdôo você por avaliar tão severamente o meu discurso sobre esta realidade tão bela e singela que é a santa Igreja. Não desanime. No capítulo III, lidamos com imagens; aqui, com conceitos. Deu para sentir a diferença, ou as imagens estavam muito conceituais, e os conceitos, muito "imagéticos"? (Uma coisa é estudar imagens, outra é usá-las!).

Perguntas para reflexão e partilha

1. Qual o seu conceito preferido de Igreja? Onde você o aprendeu? Por que se tornou preferido?

2. No seu trabalho de evangelização, você proporciona às pessoas e às comunidades acesso às mais diferentes noções de Igreja ou você tem a tendência a "impor" (perdoe-me) uma? Faça seu exame de consciência, confesse.

3. Dá para arriscar dizer qual conceito ou noção de Igreja estaria prevalecendo na Igreja atual? Quais suas vantagens? Quais seus limites?

Bibliografia

BARAÚNA, G. (Ed.). *A Igreja do Vaticano II*. Petrópolis, Vozes, 1965.

BONHOEFFER, D. *Vida em comunhão*. São Leopoldo, Sinodal, 1982.

CODINA, V. *Para compreender a eclesiologia a partir da América Latina*. São Paulo, Paulus, 1993.

CONGAR, Y.-M.-J. *Introdução ao mistério da Igreja*. São Paulo, Herder, 1966.

FRIES, H., BEINERT, W. & SEMMELROTH, O. Igreja, povo de Deus e sacramento radical. In: *Mysterium salutis*. Petrópolis, Vozes, 1975. v. IV, t. 2.

KEHL, M. *A Igreja. Uma eclesiologia católica*. São Paulo, Loyola, 1997.

PIÉ-NINOT, S. *Introdução à eclesiologia*. São Paulo, Loyola, 1998.

Capítulo quinto

A IGREJA EM SUAS ARTICULAÇÕES INTERNAS

A Igreja é formada de seres humanos. Homens e mulheres ouviram um chamado, acolheram-no na fé e no amor, puseram-se a caminho. Tendo-se encontrado com o Filho, nele encontraram o Pai e, na graça do Espírito, tornaram-se filhos e filhas, conseqüentemente, irmãos e irmãs entre si. Por isso, a Igreja pode ser chamada de comunidade dos discípulos e discípulas de Jesus, família de Deus, fraternidade.

Com os três primeiros tópicos deste capítulo, queremos justamente colocar em primeiro plano a condição comum de cristãos e cristãs, o "nós" cristãos e cristãs, aquilo que Congar chamava de "ontologia da graça" e que o Concílio soube tão bem resgatar em sua eclesiologia.[1]

Só a partir disso é que se pode introduzir o tema dos carismas, como elementos estruturais provenientes do Espírito, sujeito estruturante transcendente. Em conexão com os carismas, situaremos o tema dos serviços e ministérios, já que há uma íntima ligação entre carisma e diaconia.

Dedicaremos três tópicos aos ministérios ordenados, que consentem ao Povo de Deus "adquirir os meios que lhe possibilitam exprimir em plenitude o seu estatuto e, por isso, exercitar, como sujeito ativo, a tarefa de toda a Igreja no seu ser para Deus e para o mundo".[2]

Não se julgue insuficiente e, por isso, inadequada a tratativa aqui desenvolvida. É mais um esboço, uma primeira aproximação, um enquadramento eclesiológico de temas que deverão ser mais e melhor desenvolvidos em outras sedes. Para tal, existem outras disciplinas teológicas, como a pneumatologia, a teologia dos ministérios, o sacramento da ordem.

1. DISCÍPULOS E DISCÍPULAS: "VINDE E VEDE!" (Jo 1,39)

A Igreja nasce da Trindade, mas é formada de seres humanos, e, no Novo Testamento, eles são os discípulos e as discípulas de Jesus. Tradicional no mundo grego, o termo discípulo aparece uma única vez na Bíblia hebraica

---

[1] Cf., por exemplo, *LG* 32.
[2] MILITELLO, C. *La Chiesa "il corpo crismato". Trattato di eclesiologia.* Bologna, EDB, 2003. p. 617.

(cf. 1Cr 25,8), talvez em virtude da antiga consciência de Israel de que só Deus é o mestre. O discipulado terá um notável desenvolvimento, porém, nas escolas rabínicas, onde o *rabbi* (= "grande meu" ou "eminência") ensinava de memória a seus discípulos (= *talmid/talmidim*) a lei escrita e oral.

O termo "discípulo" ocorre 264 vezes no Novo Testamento: 234 nos evangelhos e 30 em Atos. É claro que Jesus chama para segui-lo um amplo número de discípulos e discípulas (cf. Mc 1.16-20 par.; 2,13-17), cujo núcleo é um grupo de doze (cf. Mc 3,13-15), com os quais conviveu mais de perto (cf. 3,13-19 par.) para mandá-los mais tarde em missão (cf. 6,7-13 par.).

Antes de tudo, é Jesus, com sua autoridade, que chama os discípulos, do mesmo modo que Deus chamava os profetas. A formação do grupo dos discípulos repousa na iniciativa de Jesus, que escolhe determinadas pessoas para compartilhar sua vida.

Os discípulos, além disso, seguem Jesus como seu único mestre, não podem ser chamados *rabbi*, muito menos pais, mas irmãos, pois todos têm um só Pai (cf. Mt 23,8-10). Devem, isto sim, aspirar a fazer-se em tudo semelhantes a seu mestre e Senhor, Jesus (cf. Lc 6,40; Mt 10,24-25). Por isso, Jesus, sobretudo diante da perspectiva da morte violenta que o espera, deixa em segundo plano o trabalho com as multidões e toma a decisão de formar seus discípulos para assumirem a causa do Reino (cf. Mc 9,30-31).[3]

Terão, ainda, a tarefa de fazer discípulos, consagrando-os, por meio do batismo, ao Pai e ao Filho e ao Espírito Santo e fazendo-os obedientes aos mandamentos de Jesus (cf. Mt 28,19; At 14,21).

Deverão entregar sua vida sem reservas a Jesus, passando por cima de todos os bens e afetos (cf. Mc 10,17-30 par.; Lc 14,26-27; Mt 10,37-38; Mc 3,31-35 par.), sem arrependimento (cf. Lc 9,57-62; Mt 8,19-22). Para Mateus especialmente — o evangelista do discipulado —, "o pobre espiritual [Mt 5,3] é o seguidor de Jesus, as bem-aventuranças indicam as atitudes fundamentais do discípulo que acolhe o reino e é solidário com os outros".[4] Seguidor de Jesus é

> *aquele que traduz a graça recebida — que o investe como testemunha do reino da vida — em obras para com o próximo, em especial o pobre; discípulo é quem se faz solidário — até "materialmente" — com aqueles que o Senhor ama preferentemente [...] Somente uma Igreja solidária com os pobres reais e que denuncia a pobreza como um mal está em condições de anunciar o amor de Deus. Dom que deve ser acolhido em pobreza (Cf. Medellín, Pobreza, 4)".*[5]

---

[3] Cf. BRAVO, C. Jesús de Nazaret. In: ELLACURIA, I. & SOBRINO, J. *MysLib*. Madrid, Trotta, 1990. v. I, pp. 564-565.
[4] GUTIÉRREZ, G. Pobres y opción fundamental. In: *MysLib*, cit., v. I, p. 314.
[5] Idem, ibidem, p. 318.

Os discípulos não se reúnem em torno de Jesus para o estudo da Lei, mas para compartilhar sua missão num relacionamento singular com ele. O objetivo dos que se punham no seguimento de Jesus não era passar de discípulos a mestres; a relação Jesus-discípulo é uma relação permanente e ineliminável (cf. Mt 10,24; cf. Jo 13,16). Modelo aproximado da relação Jesus-discípulos podemos encontrar em Elias-Eliseu (cf. 1Rs 19,19-21), Jeremias-Baruc, Isaías e seus discípulos, onde, na verdade, transparece a autoridade que Deus outorga a seus servos, os profetas, para levarem a cabo sua missão em favor do povo. A adesão a Jesus conhece todo o rigor e integridade da adesão religiosa.[6]

Por isso, o discípulo deve seguir Jesus ou ir atrás dele, como expressão existencial da fé em Cristo.[7] "Seguir" significa "fazer o caminho com alguém", num sentido favorável ou hostil. Assim, as multidões o seguem com certa simpatia (cf. Mc 3,7; Mt 4,25; 12,15; Mc 5,24; Mt 8,1.10; Lc 7,9; Mt 14,13; Lc 9,11; Mt 19,2; 20,29); fazem o mesmo os pecadores que banquetearam com ele após a conversão de Levi (cf. Mc 2,15 par.); especialmente as mulheres que o servem desde a Galiléia (cf. Lc 8,2-3).[8]

Aliás, Jesus chama ao discipulado qualquer um(a), sem nenhuma barreira: "puros", mas também "publicanos e pecadores", como é o caso de Levi, o publicano (cf. Mc 2,14 par.); zelotes (cf. Lc 6,15; At 1,13); pescadores (cf. Mc 1,16-20 par.); pessoas casadas (cf. Mc 1,30 par.; 10,29).

O "ir atrás" de Jesus implica renegar a mentalidade de pecado e identificar-se com a de Deus, até ao ponto de carregar a própria cruz com Jesus (cf. Mc 8,34 par.). A plena participação do discípulo no seu destino pessoal de sofrimento e perseguição (cf. Lc 12,8-9; Mt 10,32-33) é, por isso, outra característica dos discípulos de Jesus (cf. Mc 8,34-36 par.; Jo 12,25-26). O discípulo deverá testemunhar Jesus publicamente, sem jamais renegá-lo (cf. Mt 10,32-33; Lc 12,8-9). A recompensa é a comunhão com Deus por meio de Jesus, e, portanto, a participação na autoridade, em sua vida nova e futura (cf. Mt 16,25; Jo 14,6).

Na obra lucana, depois de Pentecostes, o termo "discípulo" torna-se sinônimo de "crentes em Cristo", aqueles que se comprometem com a sua imitação. Pode tratar-se do indivíduo concreto (cf. At 9,10.26; 16,1; 21,16)

---

[6] "A adesão incondicional que Jesus exige dos seus discípulos só encontra correspondência no estatuto religioso dos membros do povo de Deus [AT] chamados a seguir a Deus de coração íntegro..." (FABRIS, R. *Jesus de Nazaré. História e interpretação*. São Paulo, Loyola, 1988. p. 139. MARTINI, C. M. *O itinerário espiritual dos doze no evangelho de Marcos*. São Paulo, Paulinas, 1984. Cf. Mt 10,37-39; Lc 14,26-27).

[7] Cf. SOBRINO, J. Cristología sistemática. In: *MysLib*, cit., v. I, pp. 584ss. IDEM. Espiritualidad y seguimiento de Jesús. In: *MysLib*, cit., v. II, pp. 449-476. GALILEA, S. *El seguimiento de Cristo*. Madrid, San Pablo, 1975.

[8] Cf. Lc 23,49.55; 24,10.22; Mt 27,55.61; 28,1 par.; Mc 15,40-41; 16,1; Jo 19,25. Cf. TEPEDINO, A. M. *As discípulas de Jesus*. Petrópolis, Vozes, 1990.

ou da comunidade inteira (cf. At 6,1-2.7; 9,1.19.25-26.38; 11,29; 13,52; 14,20.22.28; 15,10; 18,23.27; 19,9.30; 20,1.30; 21,4.16).

No evangelho de João, a expressão "os discípulos" indica a comunidade de Jesus, isto é, "aqueles que, crendo nele, passaram das trevas à luz (3,13-17.21); são distintos dos "discípulos de Moisés" (9,28) e dos "discípulos" do Batista (4,1). Identificam-se com os que Jesus conquista para si com a palavra e os sinais milagrosos (1,35; 2,22) e com os que creram em sua palavra (8,31); estes são seus "amigos", aos quais revelou os segredos do Pai (15,15-17). Jesus promete-lhes que, depois de sua partida, serão animados por seu Espírito paráclito (14,16-17; 15,26-27; 16,7-15), que os guiará na compreensão de toda a verdade, anunciando-lhes, também, as coisas futuras (16,13). Segundo o modelo do Senhor e mestre Jesus, têm de servir-se uns aos outros, até nas coisas mais humildes (13,13-17). Terão como distintivo de discípulos "seus" o mandamento novo do amor mútuo, segundo a medida de Jesus (13,34-35), que chegou a dar a vida por seus amigos (15,12-13; 11,7.16).[9] É exclusividade do quarto evangelho a figura do "discípulo amado" (cf. 1,35-40; 18,15-16; 19,26-27; 20,2-8; 21,2.7.20-24), que faz de contraponto a Pedro (cf. 20,2-10; 21,7).[10] Segundo alguns, ele representa o discípulo ideal, que corresponde com perfeito amor ao amor do Mestre.

O Vaticano II ensinou-nos a situar Maria não só no mistério de Cristo (cf. *LG* 55-59), mas também no mistério da Igreja (cf. *LG* 60-65). Inaugurando uma mariologia eclesiotípica, numa linguagem bíblica e narrativa, a *Lumen gentium* apresenta Maria mais perto de nós, mais dentro da Igreja, entre os discípulos e discípulas de Jesus. Princípios dessa mariologia são principalmente quatro: princípio de *solidariedade* (profundo envolvimento de Maria na história de Jesus e no mistério da salvação); princípio de *singularidade* (a solidariedade de Maria tem algo de único); princípio *de eminência* (ela representa o ponto mais alto da revelação-realização da eficácia de Cristo) e, conseqüentemente, princípio de *exemplaridade* (ela é modelo do que o cristão e a Igreja devem tornar-se).[11]

Embora o material evangélico sobre Maria seja limitado,[12] os evangelhos mais recentes deixam claro que, desde o fim do primeiro século, em várias áreas da Igreja primitiva, era atribuído a Maria um papel considerável no

---

[9] LEONARDI, G. Apóstol/Discípulo. In: ROSSANO, P., RAVASI, G. & GIRLANDA, A. (Ed.) *Nuevo diccionario de teología bíblica*. Madrid, Paulinas, 1990. p. 158.

[10] Cf. BROWN, R.-E. *Il vangelo e le lettere di Giovanni. Breve commentario*. Brescia, Queriniana, 1994.

[11] Cf. SARTORI, L. *La "Lumen gentium". Traccia di studio*. Padova, Messaggero, 1994. p. 112. THURIAN, M. *Maria madre del Signore immagine della Chiesa*. Brescia, Morcelliana, 1980. DE FIORES, S. *Maria nel mistero di Cristo e della Chiesa. Commento al capitolo mariano del Concilio Vaticano II*. Roma, Monfortane, 1984.

[12] Cf. CUVILLIER, E. *Maria chi sei veramente? I differenti volti della madre di Gesù nel Nuovo Testamento*. Torino, Claudiana, 2002.

discipulado cristão, vindo a ser considerada, na Igreja sucessiva, a mais perfeita de todos os cristãos e cristãs.[13]

Maria, na verdade, é "modelo excelentíssimo da Igreja, na ordem da fé, da caridade e da perfeita união com Cristo",[14] ou, como se diz hoje, "ícone" da Igreja.[15] Maria é a imagem da discípula/discípulo do Senhor, porque é a Virgem que sabe ouvir, acolhendo a palavra de Deus com fé (cf. Lc 1,38; 1,45; 2,19.51);[16] a Virgem dada à oração, como no *Magnificat* (cf. Lc 1,46-55), ou em Caná (cf. Jo 2,1-12) ou às vésperas de Pentecostes (cf. At 1,14). Não menos é imagem da discípula/discípulo porque Virgem-Mãe, aquela que, "por sua fé e obediência, gerou na terra o próprio Filho de Deus Pai, sem ter conhecido homem, por obra e graça do Espírito Santo" (*LG* 63), tornando-se, assim, protótipo e modelo da fecundidade da Virgem-Igreja, que também é mãe, "dado que, com a pregação e o batismo, gera, para vida nova e imortal, os filhos concebidos por ação do Espírito Santo e nascidos de Deus" (*LG* 64). Maria é, ainda, a Virgem oferente, que, na apresentação de Jesus no Templo (cf. Lc 2,22-35), ajuda a Igreja a descobrir o mistério da universalidade da salvação (cf. Lc 2,32), o sentido salvífico da cruz (cf. Lc 2,34-35), a existência do Verbo encarnado como oferta permanente ao Pai (cf. Hb 10,5-7); por isso, Maria torna-se "mestra da vida espiritual para cada um dos cristãos",[17] sendo modelo principalmente daquele culto que "consiste em fazer da própria vida uma oferenda a Deus";[18] enfim, aquela que engrandece o Senhor por ter deposto os poderosos e exaltado os humildes, por ter cumulado de bens os famintos e despedido os ricos de mãos vazias (cf. Lc 1,52-53), torna-se mãe dos pobres[19] e mulher libertadora.[20]

2. FILHOS E FILHAS:[21] "[...] UM SÓ É VOSSO PAI, AQUELE QUE ESTÁ NOS CÉUS" (Mt 23,9)

Jesus revelou a seus discípulos e discípulas que tinham um Pai, o seu próprio Pai (cf. Mt 5,9.45; 17,26; Lc 6,35; 16,8; 20,36 etc.). É a ele que os

---

[13] Brown, R.-E. *Risposte a 101 domande sulla Bibbia*. Brescia, Queriniana, 1991. p. 97. Cf. Brown, R. E. (Ed.). *Mary in the New Testament*. New York, Paulist Press, 1978.
[14] Paulo VI. *Marialis cultus* 16. Cf. *LG* 63.
[15] Uma reflexão sistemática sobre o discipulado de Maria enquanto Virgem, Mãe e Esposa encontramos em B. Forte, *Maria, la donna icona del Mistero. Saggio di mariologia simbolico-narrativa*. Cinisello Balsamo (MI), Paoline, 1989.
[16] Alfaro, J. *María, la bienaventurada por que ha creído*. Roma, PUG, 1982.
[17] Paulo VI. *Marialis cultus* 21.
[18] Idem, ibidem.
[19] Cf. Bingemer, M. C. L. & Gebara, I. *Maria Mãe de Deus e mãe dos pobres. Um ensaio a partir da mulher e da América Latina*. Petrópolis, Vozes, 1987.
[20] Dorado, A. G. *De María conquistadora a María libertadora. Mariología popular latino-americana*. Santander, Sal Terrae, 1988. Boff, C. *Nossa Senhora e Iemanjá. Maria na cultura brasileira*. Petrópolis, Vozes, 1995.
[21] Cf. Durrwell, F.-X. *O Pai. Deus em seu mistério*. São Paulo, Paulus, 1990. pp. 74ss.; 174ss.

discípulos devem dirigir sua oração (cf. Mt 6,9-13; Lc 11,2-4), como Jesus dirigia a sua (cf. Mt 11,25-27; Lc 10,21-22), chamando-o familiarmente de *Abbá* (= papai, paizinho, paizão) (cf. Mc 14,36). A nossa filiação divina fundamenta-se no mistério trinitário: "a nossa comunhão é com o Pai e com seu Filho, Jesus Cristo" (1Jo 1,3; cf. 2Cor 13,13). O elo dessa comunhão é o Espírito, que, realizando, pelo batismo, o novo nascimento, o nascimento do Alto, coloca-nos numa relação filial com Deus (Cf. Jo 3,5-6; Jo 1,13; 1Jo 3,1).

O teólogo da filiação divina é sobretudo Paulo. Segundo Paulo, Deus, que é o Pai das misericórdias (2Cor 1,2-3; 6,18), predestinou-nos à filiação (cf. Gl 4,5) por seu Filho (cf. Ef 1,5), que ele enviou ao mundo para comunicar-nos a qualidade de filhos e filhas, sendo ele "o primogênito entre muitos irmãos" (Rm 8,29; cf. Gl 4,5; Ef 1,5). Porque Deus é fiel, ele nos "chamou à comunhão com seu Filho, Jesus Cristo, nosso Senhor" (1Cor 1,9).

Condição de nossa filiação é a fé em Cristo (cf. Gl 3,26) e a presença ativa do Espírito Santo em nossas vidas (cf. Rm 8,14). O Espírito faz brotar em nós sentimentos filiais em relação ao Pai de Jesus (cf. Rm 8,14-16). O próprio Espírito do Filho fala ao Pai em nosso espírito: "E porque sois filhos, enviou Deus aos nossos corações o Espírito do seu Filho, que clama: *Abba, Pai!*..." (Gl 4,6).[22]

Tornando-nos filhos e filhas de Deus em Cristo, somos seus co-herdeiros, herdando, graças a ele, os bens divinos: "E se somos filhos, somos também herdeiros; herdeiros de Deus e co-herdeiros de Cristo..." (Rm 8,17; cf. Gl 4,7).

A adoção filial era um dos privilégios de Israel (cf. Rm 9,4), graças à escolha de Abraão e à sua fé incomparável. Abraão, por causa da fé, é o pai do povo eleito e das nações. Por sua fé ele foi estabelecido herdeiro dos bens divinos. Dada, porém, a infidelidade de Israel, a herança de Deus e a adoção filial do povo de Abraão passaram ao povo cristão, ou seja, aos cristãos em sua qualidade de povo do Novo Testamento.

A paternidade de Abraão em relação aos judeus, na verdade, é reduzida a uma paternidade "segundo a carne", enquanto a paternidade "segundo o Espírito" é reconhecida aos cristãos (cf. Rm 4,1).

Não somos simplesmente filhos de Abraão (*Abraham*),[23] mas filhos do próprio Pai (*Abbá*) (cf. Rm 9,6-8). A descendência espiritual de Abraão — quer dizer, os que são da fé — desabrocha em descendência divina. Para realizar este milagre, entretanto, era necessária a presença de Cristo, o Filho de Deus; a descendência carnal só podia prefigurar a verdadeira descendência divina, o Israel de Deus.[24]

---

[22] Cf. Idem, ibidem, pp. 73ss.
[23] Do hebraico *abrâm*, "o pai é elevado", ou *abraham, ab-hâmôn*, "pai das multidões", etimologia que não tem nada a ver com a etimologia real (cf. Gn 11,26; 17,5).
[24] CERFAUX, L. *La théologie de l'Église suivant saint Paul.* Paris, Cerf, 1965. p. 77.

É, portanto, num sentido muito mais próprio que os cristãos e cristãs são agora filhos de Deus pela fé em Cristo (cf. Gl 3,26; Ef 1,5). Têm em si o Espírito que os torna filhos adotivos (cf. Gl 4,5ss.; Rm 8,14-17); são predestinados a reproduzir em si a imagem do Filho (cf. Rm 8,29); são com ele co-herdeiros (cf. Rm 8,17).

A adoção filial não é simplesmente uma adoção jurídica. Ela se dá num plano totalmente novo, a nova criação em Cristo, pela fé e pelo batismo (cf. Gl 3,26-28).[25] Os cristãos passam, na verdade, por uma verdadeira regeneração (cf. Rm 6,4; Tt 3,5; 1Pd 1,3; 2,2), que os faz participar da vida do Filho. Pela fé e pelo batismo, tornamo-nos filhos no Filho, e Deus trata-nos como tais (cf. Hb 12,5-12). É preciso nascer de novo, da água e do Espírito, diz Jesus a Nicodemos (cf. Jo 3,3.5). Aos que crêem em Cristo, Deus dá o poder de tornarem-se filhos de Deus (cf. Jo 1,12).

Somos, então, filhos e filhas adotivos (cf. Gl 4,1-8). Não somos mais escravos e escravas, submetidos aos "elementos do mundo", mas livres:

> Todos os que são conduzidos pelo Espírito de Deus são filhos de Deus. Com efeito, não recebestes um espírito de escravos, para recair no temor, mas recebestes um espírito de filhos adotivos, pelo qual clamamos: Abbá! Pai! [...] (Rm 8,14-17).

Essa vida de filhos de Deus é uma realidade atual (cf. Fl 2,15), ainda que o mundo a ignore: "Somos chamados filhos do Pai. E o somos de fato! [...] Desde já somos filhos de Deus, mas o que nós seremos ainda não se manifestou. Sabemos que por ocasião de sua manifestação seremos semelhantes a ele, porque o veremos tal como ele é" (1Jo 3,1-2). A filiação que nos é dada em Cristo pelo Espírito não é apenas um título que demonstra o amor de Deus por nós. O ser humano participa de verdade da natureza daquele que o adotou como filho: somos participantes da natureza divina (cf. 2Pd 1,4).

Mas a orientação principal do pensamento de Paulo é fortemente escatológica. Para ele, os bens da herança são essencialmente celestes e futuros (cf. Rm 5,2.9ss. 21; 6,5.8.23). A glória que espera os cristãos inaugura-se com a ressurreição dos corpos: "[...] a criação foi submetida à vaidade [...] na esperança de também ser libertada da escravidão da corrupção para entrar na liberdade da glória dos *filhos de Deus*" (Rm 8,18.20-21; cf. Fl 3,20-21). A herança, neste sentido, é algo prometido e ainda não plenamente possuído.

Esses bens, contudo, são já "antecipados" para a existência presente:

---

[25] Idem, ibidem, p. 75. "A filiação, no sentido paulino, é sempre 'natural', no sentido de que ela não se limita a ser um ato jurídico de Deus, mas situa-nos na ordem espiritual, glorificando-nos realmente" (CERFAUX, L. *O cristão na teologia de Paulo*. São Paulo, Teológica, 2003. p. 336).

> *Na sua teologia, as mesmas expressões que são primeira e essencialmente escatológicas entendem-se igualmente de uma participação atual nos bens espirituais e celestes. Assim, a vida, a salvação, as riquezas, a glória, o Reino de Deus, a ressurreição, a herança celeste e futura encontram-se já ao nosso alcance.*[26]

Em que sentido?

O Espírito é apresentado como "primícias", gozo parcial e antecipado dos privilégios da filiação (participação na glória e no poder de Deus): "[...] nós, que temos as primícias do Espírito, gememos interiormente, suspirando pela redenção do nosso corpo..." (Rm 8,23). De fato, fomos selados "pelo Espírito da promessa, o Espírito Santo, que é o penhor da nossa herança, para a redenção do povo que ele adquiriu para o seu louvor e glória" (Ef 1,13-14; 2Cor 1,22; 5,5). O Espírito Santo é penhor de nossa futura salvação.

Nossa vida atual em Cristo é participação na vida da ressurreição, pois ressuscitamos com Cristo e, por isso, devemos procurar as coisas do Alto (cf. Cl 3,1-2). Mesmo assim, tudo permanece sob véus: morremos, sim, pelo batismo, mas nossa vida "está escondida com Cristo em Deus" (Cl 3,3). A vida cristã antecipa limitadamente a herança futura e concede-nos — nos carismas espirituais, na caridade, nos sentimentos de paz, de filiação e em tantas outras manifestações — um gozo antecipado, algo como primícias e penhor, mas não é ainda a herança em sua plenitude, e Paulo protesta ironicamente quando os entusiastas de Corinto exageram os privilégios da iniciação cristã. Estamos a caminho, não na pátria! (cf. 1Cor 4,8).

3. IRMÃOS E IRMÃS:[27] "[...] UM SÓ É VOSSO MESTRE E TODOS VÓS SOIS IRMÃOS" (Mt 23,8)

A filiação em Cristo tem como conseqüência a fraternidade em Cristo. Em Cristo, novo Adão, torna-se realidade o ideal profético de uma fraternidade universal. Sua realização na Igreja é símbolo de sua realização plena no novo céu e na nova terra (cf. Ap 21,1).

No ensinamento de Jesus, a imagem do Pai que ama de amor gratuito vem acompanhada da proposta de um estilo de amor que abraça, antes de tudo, o próximo. Aos discípulos e discípulas, Jesus propõe, como critério de ação ética, a chamada "regra áurea" (Mt 7,12; Lc 6,31). Ao doutor da Lei

---

[26] Idem, ibidem, p. 79.
[27] "A Igreja é uma comunidade de irmãos e irmãs sem nenhuma dúvida. É necessário reatualizar esta noção de irmãos e irmãs" (CONGAR, Y.-M.-J. Tous responsables dans l'Église? Le ministère presbytéral dans l'Église tout entière "ministérielle". Lourdes, Le Centurion, 1973. *Reflexions de l'Assemblée Plénière de l'Épiscopat*. Paris, 1973).

que lhe pergunta pelo maior mandamento da Lei, Jesus responde, unindo inseparavelmente num só mandamento, os dois preceitos tradicionais da Bíblia: o amor a Deus e o amor ao próximo (Mt 22,34-40 par.; cf. Dt 6,5 e Lv 19,18.34).

Jesus expressa o novo projeto ético em termos de amor ao próximo, um próximo, na verdade, ampliado até abarcar o estrangeiro, o diferente, o inimigo. Jesus não apenas retoma o preceito do amor ao próximo (cf. Mt 5,43; 22,39), mas também propõe um amor ativo, incondicional e universal até na situação de injustiça violenta e perseguição hostil (cf. Mt 5,43-44; Lc 6,27-28). Além de fazer o bem, bendizer e orar pelo inimigo, Jesus ensina os discípulos a oferecerem um caminho de saída e libertação também ao adversário (cf. Lc 6,29-30; Mt 5,39-42). O pressuposto da relação fraterna com próximos e distantes é o relacionamento único e excepcional que Jesus vive com seu Pai, participado aos discípulos (cf. Mt 11,25-26; Lc 10,21-22) e experimentado por estes como amor gratuito e universal (cf. Lc 6,35; Mt 5,45).

Este princípio de amor gratuito e incondicional deve inspirar as relações dos discípulos dentro da comunidade. É assim nos conflitos e tensões provocados entre irmãos pelas ofensas e faltas (cf. Mt 18,21-25; Lc 17,3-4; 7,41-42), em que a condição essencial para viver o estatuto de filhos que se voltam confiantes ao Pai em suas necessidades é a reconciliação fraterna (cf. Mc 11,25; Mt 5,23-24; 18,19-20). É assim na oração, em que o perdão de Deus é "condicionado" ao perdão aos irmãos (cf. Mt 6,12.14-15; Lc 11,4). É na pequena comunidade que o amor se exerce prioritariamente: evitando as dissensões (cf. Gl 5,15), apoiando os fracos (cf. Rm 15,1), solidarizando-se com os necessitados (cf. 2Cor 8-9; 1Jo 3,17), respeitando a consciência alheia (cf. 1Cor 8,12), acolhendo os irmãos de fé (cf. At 28,15).

O princípio do amor torna-se então o critério para interpretar a vontade de Deus atestada em forma normativa pela Escritura (cf. Mt 22,36-39; Mc 12,28-31; Lc 10,25-28). O novo, aqui, não é o conteúdo de cada um dos mandamentos, mas sua mútua vinculação, interpretados como vértice unificador da vontade de Deus.

A originalidade da interpretação dada por Jesus aparece com toda a clareza na parábola do bom samaritano (cf. Lc 10,29-37), que simboliza ao mesmo tempo Jesus e o discípulo no seu "tornar-se próximo" da miséria humana.[28]

---

[28] O bom samaritano vive o "amor ativo e generoso a que se subtraíram, de fato, os dois transeuntes, funcionários do culto do templo de Jerusalém [...] O que Deus quer não é definido por uma lei e pelas sutis interpretações dos peritos, mas pelo ser humano que precisa ser amado e acolhido como 'próximo'. As atitudes e palavras de Jesus em favor dos pobres, doentes e pecadores indicam a direção em que Deus se aproxima e todo ser humano descobre que pode tornar-se 'próximo' para o outro" (FABRIS, R. *Jesus de Nazaré. História e interpretação*, cit., p. 168).

O amor ao irmão é tão decisivo que

todo aquele que se encolerizar contra seu irmão, terá de responder no tribunal; aquele que chamar ao seu irmão "cretino" estará sujeito ao julgamento do sinédrio; aquele que o chamar "renegado" terá de responder na geena de fogo (Mt 5,22).

A reconciliação com o irmão tem prioridade sobre o sacrifício a Deus: "[...] vai primeiro reconciliar-te com teu irmão; e depois virás apresentar tua oferta" (Mt 5,24).

A correção fraterna ganha espaço dentro da nova comunidade de Jesus: "Se o teu irmão pecar, vai corrigi-lo a sós" (Mt 18,15; cf. Lc 17,3). O perdão ao irmão deve ser sem limites, infinito como o amor do Pai: "[...] Não te digo até sete, mas até setenta e sete vezes" (Mt 18,21-22; cf. 6,12).

As relações na comunidade não devem ser de dominação nem de tirania, mas de recíproco serviço: "Aquele que quiser tornar-se grande entre vós seja aquele que serve, e o que quiser ser o primeiro dentre vós, seja o vosso servo". A razão desse comportamento novo está na prática do Filho do Homem, que "não veio para ser servido, mas para servir e dar sua vida como resgate por muitos" (Mt 20,26b-28. Cf. Mt 23,11-12). Por isso mesmo, os discípulos — e seus líderes — não devem permitir que os chamem "rabi", "pois um só é o vosso Mestre e todos vós sois irmãos" (Mt 23,8), nem que os chamem "guias", "pois um só é o vosso Guia, o Cristo" (Mt 23,10), nem a ninguém devem chamar "pai", "pois só tendes o Pai celeste" (Mt 23,9). Mesmo assim, entre os discípulos, um, Pedro, recebe a missão especial de "confirmar os irmãos" (Lc 22,32; cf. Jo 21,15ss).

A pequena comunidade de Jesus (cf. Mt 18,15ss.) deve estar aberta e acolher a todos: "Se saudais apenas os vossos irmãos, que fazeis de mais? Não fazem também os gentios a mesma coisa?" (Mt 5,47). Na verdade, em veste de juiz universal, o Filho do Homem julgará com base no tratamento dado aos seus "irmãos mais pequeninos" e não na fé explícita em sua pessoa (cf. Mt 25,40.45).

Por sua morte na cruz, Jesus tornou-se "o primogênito entre muitos irmãos" (Rm 8,29). Com efeito, reconciliou com Deus e entre si as duas frações da humanidade: o povo judeu e as nações (cf. Ef 2,11-18). Juntas, elas têm agora acesso ao Reino, e o irmão mais velho — os judeus — não deve ter ciúmes do filho pródigo que agora volta à casa paterna (cf. Lc 15,25-32). É tão íntima a relação entre Jesus e os discípulos que, depois da ressurreição, Jesus pode chamá-los de "irmãos" (cf. Jo 20,17; Mt 28,10). A realidade agora é esta: todos os que o recebem tornam-se filhos e filhas de Deus (cf. Jo 1,12) e, conseqüentemente, irmãos e irmãs.

As primeiras comunidades continuam a chamar de "irmãos" aos judeus, seus companheiros de raça (cf. At 2,29; 3,17 etc.). Para Paulo, porém, eles são "somente" irmãos "segundo a carne" (Rm 9,3). Uma nova raça nasceu, pela fé, a partir dos judeus e das nações (At 14,1ss.). Um *tertium genus* (= terceiro gênero, terceira raça) — distinto dos judeus e dos pagãos, mas formado por judeus e pagãos unidos na fé em Cristo — é formado. São justamente os "cristãos", que receberam este nome em Antioquia (cf. At 11,26). Este mistério do acesso dos pagãos à salvação em Cristo (cf. Ef 1,9; 3,3-6.9; 6,19; Cl 1,27; 2,2; 4,3) e da pacificação de judeus e pagãos em Cristo (cf. Ef 2,14) é o grande tema da carta aos Efésios (cf. Ef 2,11-22; Rm 9-11).[29]

A comunhão na fé e na graça de Cristo é tão profunda que "não há judeu nem grego, não há escravo nem livre, não há homem nem mulher; pois *todos vós sois um em Cristo Jesus*" (Gl 3,28; cf. 4,5-7; Jo 1,12; Rm 8,14ss.29; 6,4; 13,14; Ef 4,24; Rm 10,12; 1Cor 12,13; Cl 3,11; Jo 17,21ss.). As diferenças entre patrões e escravos estão abolidas na raiz (cf. Fm 16). Os fiéis são irmãos e irmãs fiéis em Cristo, graças a Deus, o Pai (cf. Cl 1,2.12.19).

Os eleitos do Deus unitrino (cf. 1Pd 1,1-2), embora dispersos em muitas comunidades, formam uma única "fraternidade": "Resisti-lhe [ao adversário: o diabo], firmes na fé, sabendo que a mesma espécie de sofrimento atinge os vossos irmãos espalhados pelo mundo" (1Pd 5,9). Esta nova condição não é simples filantropia natural, mas fruto de um novo nascimento, de uma regeneração mediante a palavra e a fé: "Pela obediência à verdade purificastes as vossas almas para praticardes um amor fraternal sem hipocrisia" (1Pd 1,22; cf. 1Pd 1,25). Aliás, "aquele que ama nasceu de Deus e conhece a Deus" (1Jo 4,7), por que Deus é amor (cf. 1Jo 4,8) e nos deu o seu Espírito (cf. 1Jo 4,13), de modo que Deus permanece em nós e nós, nele (cf. 1Jo 4,15-16; 5,1).

João parece substituir simplesmente o termo "próximo" pelo termo "irmão". Os cristãos não só são chamados filhos de Deus, mas o são de fato (cf. 1Jo 3,1-2). Por isso, devem romper com o pecado (cf. 1Jo 3,3-10b) e amar o irmão (cf. 1Jo 3,10c-24). Afinal, é este o mandamento de Jesus: que nos amemos uns aos outros (1Jo 3,11.23; 4,7.11.12), que amemos os irmãos (cf. 1Jo 3,14), que demos nossa vida pelos irmãos (cf. 1Jo 3,16). O amor concreto ao irmão concreto é erigido a critério absoluto do amor a Deus:

> *Se alguém disser: "Amo a Deus", mas odeia o seu irmão, é um mentiroso: pois quem não ama seu irmão, a quem vê, a Deus, a quem não vê, não poderá amar. E este é o mandamento que dele recebemos: aquele que ama a Deus, ame também seu irmão (1Jo 4,20-21; 2,9-12).*

A compreensão da Igreja como fraternidade parece mais ligada à experiência da Igreja local do que à da comunhão universal das Igrejas. A

---

[29] Cf. "Tertium genus". In: Di Berardino, A. (Ed.). *Dizionario patristico e di antichità cristiane.* v. II, p. 3412.

Lumen gentium, por exemplo, chama a Igreja "fraternidade" justamente quando se refere à Igreja local e, mais precisamente, como faz Paulo (cf. 1Cor 11,17-34), à celebração do mistério da Ceia do Senhor: "[...] para que, pela carne e o sangue do Senhor, se mantenha estreitamente unida toda a *fraternidade* do corpo" (*LG* 26). Também ao falar do ministério pastoral dos presbíteros, o Concílio faz referência à Igreja entendida como fraternidade: "[...] congregam a família de Deus em *fraternidade* animada pelo espírito de unidade [...]" (*LG* 28). A última menção da *Lumen gentium* à fraternidade refere-se à vida familiar, à missão dos pais e mães, que "constroem a *fraternidade* da caridade [...]" (*LG* 41e).

A *Gaudium et spes,* por sua vez, apresenta a fraternidade num sentido universal e dinâmico: como vocação da humanidade, para cuja realização a Igreja está disposta a colaborar (*GS* 3); como alternativa oferecida aos seres humanos, cada vez mais conscientes de seus direitos e responsabilidades (*GS* 9); como valor que transcende o progresso técnico e que este, por si, não só é incapaz de realizar (cf. *GS* 35), mas, unido ao egoísmo e ao mal, torna-se capaz de tudo destruir (cf. *GS* 37); como caminho aberto — que vale a pena trilhar — para todos os seres humanos (cf. *GS* 38). Ao mesmo tempo, a fraternidade é mostrada como valor intrínseco do ser humano (cf. *GS* 61) a ser desenvolvido pela educação e como estímulo propulsor na luta contra as tremendas desigualdades entre países, regiões, grupos e pessoas (cf. *GS* 84). De modo particular, os cristãos devem colaborar na construção de uma nova ordem internacional, "com verdadeiro respeito pelas liberdades legítimas e na amigável fraternidade de todos" (*GS* 80; cf. 81, 82, 83). A comunhão fraterna é, por sua essencialidade, um dos valores que, concretizado na operosidade humana, será "reencontrado" no Reino de Deus plenamente realizado.[30]

4. CARISMAS E MINISTÉRIOS: "A CADA UM É DADA MANIFESTAÇÃO DO ESPÍRITO [...]" (1Cor 12,7)

Cristo é o grande dom, a plenitude (= *pléroma*) do dom (= *cháris*) que, no Espírito, o Pai fez ao mundo (cf. Jo 1,16-17). O dom global da redenção operada por Cristo é também carisma.[31] De fato, "carisma" verdadeiro é somente o Cristo: "A graça de Deus (= *chárisma toû Theoû*) é a vida eterna em Cristo Jesus, nosso Senhor" (Rm 6,23).

---

[30] Cf. *GS* 39. Assim, "aquilo que na terra começou a se mover, de forma fragmentária e sempre atormentada, Deus completará na ressurreição [...] A continuidade entre a vida terrena e a vida definitiva da ressurreição é, portanto, em última análise, o próprio Deus, que mantém em vida o que fez de nós, e o leva a termo" (SCHWEIZER, E. *O Espírito Santo*. São Paulo, Loyola, 1993. p. 123).

[31] "Não acontece com o dom (= *chárisma*) o mesmo que com a falta [...] a graça (= *cháris*) de Deus e o dom (= *doreá*) gratuito de um só homem, Jesus Cristo, se derramaram sobre a multidão!" (Rm 5,15)

O Espírito que se comunica na história o faz plenamente em Cristo e, nos demais, sempre a partir dele e ligado a ele. A era de Cristo é a era do Espírito dado em plenitude, e a era do Espírito é a era de Cristo também dado em plenitude. A missão de Cristo é o ápice histórico da ação do Espírito: "O Espírito do Senhor está sobre mim [...]" (cf. Lc 4,17-21; cf. Jo 3,34); a missão do Espírito tem início, por meio da Igreja (cf. Lc 24,49), só quando o Cristo, pela ressurreição, se deu em plenitude. Ele é, por antonomásia, o Messias, o Cristo, o ungido do Espírito.

Justamente porque Deus é amor e tudo é dom,

Cristo desvelou em si não só o vértice do amor doador de Deus, mas também a recapitulação de toda a revelação (passada e futura) daquele amor. É o dom que não obscurece, nem muito menos se contrapõe aos outros dons, pelo contrário os desvela, esclarece e exalta.[32]

Na verdade, há carismas somente porque "há este carisma único, ao qual todos os outros se referem, e somente lá onde, na soberania de Cristo estabelecida escatologicamente, aparece o dom da vida eterna..."[33]

É evidente que carismas já se manifestavam no Antigo Testamento. No Novo Testamento, contudo, a era de Cristo e da Igreja apresenta-se como "pleroforia", como abundância generosa, como manifestação da riqueza inesgotável e da variedade insuspeitável dos dons do Espírito de Cristo. Jesus havia garantido que todo aquele que cresse nele faria obras até maiores que as suas, porque ele iria para o Pai (cf. Jo 14,12). O primeiro discurso de Pedro é um reconhecimento admirado do cumprimento da profecia de Joel para os tempos messiânicos: todos profetizarão — filhos e filhas, jovens e velhos, servos e servas (cf. At 2,17-21; Jl 3,1-5). E o Pentecostes multiplica-se: At 2,1-36; 6,8 (Estêvão); 8,5-8 (Felipe); 9 (Paulo); 10,44-46 (Cornélio); 19,5-6 (Éfeso) etc.

Coube a Paulo iniciar a reflexão sobre essa riqueza escatológica, apresentada como uma meta a ser buscada com coragem pelas comunidades jovens (cf. 1Ts 5,19-22), como um bem a ser conservado pelas comunidades mais entusiastas (cf. 1Cor 12-14).[34] Diante da tendência coríntia a reduzir os dons à sua manifestação ao mesmo tempo simples e espetacular — o "falar em línguas" —, Paulo presenteia-nos com uma estimulante reflexão sobre as manifestações carismáticas.

Em primeiro lugar, enfatiza a unidade na variedade e a variedade na unidade. A perspectiva é cristológica: todo o dom deve orientar para Cristo (cf.

---

[32] SARTORI, L. Carismi e ministeri. In: PACOMIO, L. (Ed.). *Dizionario interdisciplinare di teologia*. Casale Monferrato (AL), Marietti, 1977. v. I, p. 506.
[33] KÄSEMANN, E. *Saggi esegetici*. Casale Monferrato (AL), Marietti, 1985. p. 5.
[34] Cf. BOROBIO, D. Comunidad eclesial y ministerios. *Phase* 123 (1981) 183-201.

1Cor 12,3), que é a medida de tudo. Porém, alarga-se trinitariamente: carismas (ou dons) são relacionados ao Espírito; ministérios (ou serviços), ao Cristo (cf. Mt 20,28); operações a Deus (Pai) [momento da variedade]; tornam-se equivalentes quando reconduzidos à comunhão do Espírito – Cristo – Deus (Pai) [momento da unidade].

Em segundo lugar, convida a privilegiar os dons que respondem às exigências mais humildes, ordinárias e estáveis. Neste sentido, a glossolalia — ainda que lembre o Alto — é dom incompleto; precisa ser integrada pelo dom da interpretação, que a introduz na comunidade, torna-a útil, restitui-lhe aderência à história. Mais importantes que ela são aqueles dons que sustentam a fé e ajudam-na a encarnar-se, como a sabedoria, a ciência, a profecia, o ensino sistemático etc. O dom de fazer milagres — parecido na forma ao da glossolalia — é menos importante que o carisma da assistência e do governo da comunidade (cf. 1Cor 12,28). Como, aliás, no corpo humano, onde os membros "menos nobres" são os "mais importantes" (cf. 1Cor 12,22-26).

Em terceiro lugar, na lista (ocasional e aberta) dos carismas, é colocado em primeiro plano o carisma dos apóstolos (cf. 1Cor 12,28-29; Ef 4,11). Com essa hierarquização dos carismas, certamente existe a preocupação de dar espaço ao serviço de autoridade (mesmo que, nesta época, o carisma de "governo" esteja colocado no fim da lista e fosse em tudo subordinado à autoridade do apóstolo). Note-se, porém, que não se afirma a autoridade pela autoridade: o carisma de apóstolo abre a série dos carismas (= apóstolos, profetas, evangelistas, pastores, mestres: cf. Ef 4,11-12) destinados a gerar, amadurecer e aplicar a fé. Aliás, o próprio dom da profecia é um dom muito concreto, próprio de quem sabe falar para edificar, exortar, consolar. De certa maneira, o carisma de apóstolo "sintetiza todo o carismatismo, ao menos como responsabilidade de guiar toda a missão da Igreja, entendida como evangelização de Cristo suscitadora da fé nele".[35]

Em quarto lugar, o serviço é a destinação específica de cada carisma. Paulo é enfático quando afirma a universalidade ("a cada um") dos carismas e sua serviçalidade: "para utilidade comum" (1Cor 12,7). Por isso insiste na reciprocidade entre os membros e na devotação à causa comum (cf. 1Cor 12,24c-25). Mais ainda. A forma de todas as riquezas eclesiais — mormente dos carismas — é a caridade, pois tudo deve exprimir o dom de Cristo Jesus, que, amado pelo Pai, fez-se amante do Pai e dos irmãos, na forma humana de servo (cf. 1Cor 12,31-13,13). A manifestação da graça, do Espírito, da vida eterna, do chamado divino, dá-se escatologicamente em Cristo:

> [nossa] participação específica no Senhor manifesta-se num serviço específico e numa vocação específica. Não existe, com efeito, nenhum dom divino que não seja empenho, nenhuma graça que não

---

[35] SARTORI, L. Carismi e ministeri, cit., v. I, p. 509. Cf. PAULO VI. *Evangelii nuntiandi* 14.

mobilize. O serviço não é simplesmente uma conseqüência, mas a aparição e a realidade da graça.[36]

Em quinto lugar, estando ainda na história, no "regime de encarnação", há necessidade de verificação, de discernimento e, conseqüentemente, de princípios, critérios e um real esforço de autenticação dos carismas. Os carismas mais espetaculares têm necessidade de alguém que os interprete, ou seja, de alguém que os discirna, inserindo-os na vida e na história. Paulo quer que as pessoas orem e falem não só com o *pneuma* (= espírito), mas também com o *nous* (= mente), assumindo, assim, o Espírito dentro de sua estrutura humana de compreensão e de comunicação, e trazendo proveito a si próprio e aos demais (cf. 1Cor 14,13-19). O princípio é a edificação, própria e alheia! (cf. 1Cor 14,26-33). Não aceitar esses condicionamentos históricos é não aceitar o "regime da encarnação"; é ir contra Cristo e seu Espírito; é advogar a própria inautenticidade.

Em sexto lugar, no vasto campo dos carismas, coloca-se uma distinção entre carismas e ministérios. Como podemos entendê-la? "Carisma" indica todo o dom do Espírito de Cristo para a edificação da Igreja. Alguns carismas são transitórios, fugazes, extraordinários (tanto em sentido sociológico quanto teológico). Outros, ao contrário, evidenciam exigências ordinárias e comuns, atendem a necessidades concretas, funcionais e estáveis da comunidade e da Igreja. Os primeiros, os carismas, são intimamente ligados aos seus portadores, inseparáveis deles, tão irrepetíveis quanto estes; a Igreja pode desejá-los, mas não criá-los; só Deus, em sua gratuita liberdade, pode doá-los. Já os segundos, os ministérios, podem desprender-se de seus portadores: representam as exigências permanentes da comunidade, mesmo que, num dado momento, não existam pessoas que possam assumi-los como papel a exercitar, como vocação própria; a Igreja pode elaborá-los, criá-los (como se diz), definir suas tarefas, determinar o perfil de quem poderia exercê-los, procurar os "candidatos", formar os "responsáveis", avaliar seu desempenho, declarar sua caducidade.[37] Os ministérios aparecem, então, como papéis e funções, objeto de busca, de descobrimento, de providências por parte do ser humano, da Igreja concreta e histórica, feita, sim, por Deus, mas sempre de seres humanos, com sua estrutura e seus ritmos próprios![38] A Igreja refaz as opções de Paulo e valoriza, dentre os carismas, os mais comuns e necessários.[39] Evidentemente,

---

[36] KÄSEMANN, E. *Saggi esegetici*, cit., p. 5.
[37] Acaso não foi isto o que fez Paulo VI quando "reformulou" as antigas (e bota antigo nisso!) ordens menores? (moto próprio *Ministeria quaedam*, 15 de agosto de 1972).
[38] Cf. SESBOÜÉ, B. *N'ayez pas peur! Regards sur l'Église et les ministères aujourd'hui*. Paris, Desclée Du Brouwer, 1996.
[39] "Contra as tendências a privilegiar os carismas de poucos, miraculosos e instáveis, [a Igreja] procurou valorizar os carismas de todos, os comuns, os mais humildes, ou melhor, os que evidenciam necessidades e exigências concretas de caminho unitário na Igreja" (SARTORI, L. Carismi e ministeri, cit., v. I, p. 511).

esses serviços são inscritos nas necessidades mais permanentes da vida e da missão da Igreja (os chamados "ministérios"), portanto devem ser tratados como "dons" do Senhor, isto é, como "carismas". Ainda que não sejam carismas extraordinários — que chamam a atenção para o Alto —, vêm também do Alto, e, como tais, devem ser invocados, recebidos com gratidão e devidamente reconhecidos pela Igreja.

Por isso, em muitas áreas, na Igreja atual, há praticamente um consenso pelo qual se entende por ministério "um carisma em forma de serviço reconhecido pela Igreja".[40] Congar explica que "ministérios" são serviços precisos (com um objeto claro), serviços de importância vital (necessários à vida da Igreja e, em todo o caso, úteis e oportunos à vida da Igreja, como, por exemplo, catequese, liturgia, diaconia, serviço aos pobres, aos doentes etc.), comportando uma verdadeira responsabilidade (não se trata de delegação, mas de responsabilidade própria, isto é, alguém deve e pode responder algo a alguém, pois assume um cargo diante de alguém, diante da Igreja, portanto perante Cristo e o Espírito), reconhecidos pela Igreja local (naturalmente, por outras Igrejas locais em comunhão com ela) e, enfim, comportando uma certa duração (algo meramente ocasional ou muito passageiro é mais um "serviço" do que um ministério).[41] Os ministérios classificam-se em "ordenados" (conferidos pelo sacramento da ordenação), "instituídos" (conferidos por instituição), "confiados" (conferidos por nomeação ou ato semelhante antes do início formal do exercício), "reconhecidos" (quando a entrada no ministério antecede seu reconhecimento oficial) e "de fato" (quando o reconhecimento permanece tácito).[42]

Num dado momento — e este é o sétimo ponto —, coloca-se com toda a força a questão do carisma da unidade. Quando, mais ou menos na altura da terceira geração cristã,[43]

> *a experiência histórica leva a Igreja a reforçar o vínculo de unidade (à medida que aumentam os membros de uma comunidade, à medida que aumenta o número das próprias comunidades, à medida que a riqueza de dons torna-se mais variada e mais estendida, à medida que se afasta da idade apostólica e deve-se prover não só à harmonia entre as gerações biológicas, mas também entre as gerações de fiéis,*

---

[40] Forte, B. *La Chiesa, icona della Trinità. Breve ecclesiologia.* Brescia, Queriniana, 1983. p. 32.
[41] Cf. Congar, Y.-M.-J. Tous responsables dans l'Église?, cit., p. 60; cf. p. 55.
[42] Os quatro últimos tipos são ministérios "não-ordenados", às vezes chamados "leigos" ou "laicais". Cf. Boff, L. Leigos e ministérios. In: Oscar Beozzo, J. (Ed.). *Curso de verão.* São Paulo, Paulinas, 1988. pp. 149-163. Almeida, A. J. de. *Os ministérios não-ordenados na Igreja latino-americana.* São Paulo, Loyola, 1989. Idem. *Teologia dos ministérios não-ordenados na América Latina.* São Paulo, Loyola, 1989.
[43] Cf. Brown, R.-E. & Meier, J. P. *Antiochia e Roma. Chiese-madri della cattolicità antica.* Assisi, Cittadella, 1987.

entre o passado, o presente e o futuro...), o problema da unificação e harmonização da riqueza torna-se preponderante,

justamente para nada perder.[44] É neste contexto que se impõe a necessidade e emerge o significado do "serviço à unidade" de todos os carismas, particularmente de alguns. Ainda que todo o carisma deva servir e servir à unidade, mostra-se com muita clareza a necessidade de um serviço da unidade distinto dos demais. É o que veremos nos três tópicos abaixo.

5. O MINISTÉRIO EPISCOPAL: "DERRAMA A FORÇA QUE VEM DE TI, O ESPÍRITO DE CHEFIA [...]" (TA 8)

Para a constituição do ministério episcopal, nos limites do Novo Testamento, confluem quatro figuras aí diversamente presentes: o discípulo, o apóstolo, o presbítero-epíscopo e o presidente da eucaristia.[45]

Diz-se presbítero-epíscopo porque, dentro do Novo Testamento (cf. At 20,28; 1Tm 3,1-13; 5,17) "presbítero" (= *presb+teros*) e "epíscopo" (= *epískopos*), do ponto de vista lexicográfico,[46] são fundamentalmente sinônimos; daí a palavra composta "presbítero-epíscopo".

O Novo Testamento não conhece ainda a diferenciação funcional entre presbítero e bispo. A diferenciação, na verdade, só se dará fora do Novo Testamento, e, do ponto de vista terminológico, deve-se aguardar um período relativamente longo para que a linguagem uniformize-se e estabilize-se em todas as Igrejas.[47]

A diferenciação funcional — não meramente terminológica, que essa é secundária — dá-se com Inácio de Antioquia, bispo e mártir. Nos escritos deste místico antioqueno, datáveis entre o ano 110 e o ano 130, aparece o tríplice ministério ordenado (bispo, presbíteros e diáconos) na Igreja local, com evidente preeminência do único bispo (monoepiscopado ou episcopado monárquico),[48] circundado por um colégio de presbíteros, o presbitério

---

[44] Sartori, L. Carismi e ministeri, cit., v. I, p. 510.
[45] Cf. Brown, R.-E. *Sacerdote e bispo. Reflexões bíblicas*. São Paulo, Loyola, 1987.
[46] Ysebaert, J. *Die Amtsterminologie im Neuen Testament und in der Alten Kirche. Eine lexikographische Untersuchung*. Breda, Eureia, 1994.
[47] Cf. Lemaire, A. *Les ministères aux origines de l'Église*. Paris, Cerf, 1971. pp. 178 e 199-200 (que cita G.I. Konidaris, De la prétendue divergence des formes dans le régime du christianisme primitif, *Istina* (1964/1) 68: "Procurar a dignidade episcopal somente lá onde havia o termo 'bispo' é um erro contra a ciência"; e mais adiante: "O uso do termo 'presbítero' para designar o episcopado no Ocidente até ao fim do século [segundo] é atestado em Ireneu e Eusébio" (p. 69; cf. também 81ss.).
[48] O bispo é apresentado como vigário de Deus (*Magn*. 3,1; 6,1; *Tral*. 3,1) ou de Jesus Cristo (*Tral*. 2,1; *Eph*. 6,1), e não se pode fazer nada sem ele (*Tral*. 2,2; *Phil*. 7,2; 4,1), nem mesmo contrair matrimônio (*Phil*. 5,2) (Cf. Di Berardino, A. [Ed.], *Dizionario patristico e di antichità cristiane*, cit., pp. 1743-1745).

(= *presbyterium*) e um grupo de diáconos (apresentado como um grupo de ministros "inferior" ao bispo e aos presbíteros).

A *Tradição apostólica*, de Hipólito romano, escrita por volta de 215 d.C., o mais importante documento litúrgico da Igreja antiga, reserva a ordenação por imposição das mãos à tríade ministerial bispo – presbíteros – diáconos, que forma o "clero". A imposição das mãos confere uma graça destinada ao exercício do ministério correspondente.[49] O papel do bispo é central: é ele que ordena, ele é cabeça e sumo sacerdote, sucessor dos apóstolos (de cujo Espírito participa), ministro da comunhão dentro de sua Igreja e entre ela e as demais. Os diáconos não são ordenados para o sacerdócio (isto é, para a presidência da eucaristia), mas a serviço do bispo para os encargos que lhes forem confiados.[50]

No final do século IV, temos um fato novo, ligado aos nomes do Ambrosiaster e de são Jerônimo: eles não vêem no episcopado uma *ordem* (= ordo) superior ao presbiterado, a não ser pelos poderes que lhe são reservados: a ordenação episcopal não passa de uma cerimônia, sem valor sacramental.[51] Na Idade Média, essa visão alimentará a repartição de poderes entre os dois ministérios: o poder de ordem (isto é, sacramental-sacerdotal aos presbíteros) e o poder de jurisdição (isto é, canônico-administrativo aos bispos), com todas as suas distorções teóricas e práticas.

No século V, um autor desconhecido, sob o nome de Dionísio, terá uma grande influência na teologia e espiritualidade dos ministérios: segundo ele, a hierarquia da Igreja imita a hierarquia dos espíritos celestes; no seu vértice, está o bispo, do qual os sacerdotes e os diáconos dependem totalmente; esses três ministérios são conferidos mediante uma consagração especial, que remonta à descida do Espírito Santo sobre os apóstolos em Pentecostes.

Agostinho produz excelentes reflexões sobre o episcopado.[52] Para ele, o bispo é "servo dos servos de Deus"; a imposição das mãos produz um efeito duradouro, que perdura mesmo quando o ministro é pecador ou afastado de suas funções; por isso, nunca se deve repetir a ordenação e exige-se a santidade dos ministros. Ademais, Agostinho não só acentua o caráter ser-

---

[49] Cf. Arns, P. E. (Ed.) *"Tradição apostólica" de Hipólito de Roma. Liturgia e catequese em Roma no século III*. Petrópolis, Vozes, 1971. Sobre a graça ou carisma (= *pneuma*) que os ministros recebem na ordenação, os Padres notam que é destinado ao serviço dos outros (cf. Teodoro de Mopsuéstia. *Commenti alle epistole di s. Paolo*, ed. Sweete II, 98). É a este *pneuma* (= espírito) que os fiéis se referem quando respondem "e com o teu espírito" (Teodoro de Mopsuéstia. *Hom. Cat.* XV, 37-38; cf. Crisóstomo, J. *Omelia sulla Pentecoste*: PG 50, 458-459). O *pneuma* dos pastores é dado pela imposição das mãos, desde o tempo dos apóstolos (cf. *In Act. Hom.* 14, 3; 15, 1; 27, 1-2; 28, 1; *In Tim. Hom.* 5,1; 13, 1; *In 2 Tim. Hom.* 2,2). Isso vale também para os diáconos, que, a seu modo, também recebem um carisma pastoral, implicado no *ministerium caritatis* (cf. LG 29).

[50] Cf. Hipólito de Roma. *Tradição apostólica*, 22b.

[51] Cf. Jerônimo. *Epist. 146 ad Evangelium:* PL 22, 1194; CSEL 56, 316.

[52] Cf. *Epp.* 21, 22, 29, 142, 208, 288; *Serm.* 32, 339, 340, 355.

viçal do episcopado, como também sua inserção no sacerdócio comum dos fiéis.[53]

A dimensão eclesial do episcopado patenteia-se seja pela participação de toda a Igreja local na escolha de seu bispo, seja pela oração silenciosa de todos durante a imposição das mãos, seja pela proibição das "ordenações absolutas" pelo cân. 6 do Concílio de Calcedônia (451), seja pela dimensão colegial — pela presença de pelo menos três bispos na ordenação de um bispo —, seja pelas inúmeras instituições de comunhão e de colegialidade entre os bispos — sobretudo os concílios[54] — que surgem na Igreja desde os primeiros séculos, algumas das quais permanecem, outras, infelizmente, desaparecem.

No primeiro milênio, os bispos foram geralmente escolhidos pelo povo, ou ao menos pelo clero.[55] Essa prática entra seriamente em crise nos últimos séculos do primeiro milênio até ser definitivamente substituída (salvo raras exceções, algumas delas perdurando até hoje) pela nomeação papal, consagrada pela Reforma Gregoriana (Gregório VII: 1073-1085) e seus desdobramentos.

Uma vez escolhidos pelo povo, são, porém, ordenados por outros bispos. A ordenação episcopal, desde os tempos mais antigos, ocorre dentro da celebração eucarística,[56] sendo realizada, também por prescrição do Concílio de Nicéia (325), por pelo menos três bispos,[57] não por tuciorismo, mas para exprimir as dimensões eclesial e colegial do ministério episcopal.[58]

Entre os bispos, um tem significado e papel especial. Em virtude do martírio de Pedro e Paulo em Roma e das atribuições especiais conferidas a Pedro pelo próprio Cristo (cf. Mt 16,18-19; Jo 21,15-17), os bispos de Roma

---

[53] "Atemoriza-me o que sou para vós; consola-me o que sou convosco. Pois para vós sou bispo, convosco sou cristão. Aquilo é um dever, isto uma graça. O primeiro é um perigo, o segundo salvação" (AGOSTINHO, *Serm.* 340,1: PL 38, 1483). Cf. *LG* 32. BOFF, C. *El evangelio del poder-servicio*. Bogotá, Clar, 1985.

[54] Cf. AA.VV., *Le concile et les conciles. Contribution à la vie conciliaire de l'Église*. Chevetogne, Éditions de Chevetogne, 1960. SCHATZ, K. *La storia dei concili. La Chiesa nei suoi punti focali*. Bologna, EDB, 1999.

[55] Cf. GONZÁLEZ FAUS, J. I. *"Ningún obispo impuesto" (San Celestino, papa). Las elecciones episcopales en la historia de la Iglesia*. Santander, Sal Terrae, 1992.

[56] Cf. HIPÓLITO DE ROMA. *Tradição apostólica*, cit., I, 5.

[57] Cf. GRYSON, R. Les élections ecclésiastiques au III siècle. *Revue d'Histoire Ecclésiastique* 68 (1973) 353-402. GAUDEMET, J. *Les élections dans l'Église latine des origines au XVI siècle*. Paris, Fernand Lanore, 1979.

[58] "Seja ordenado bispo aquele que, irrepreensível, tiver sido eleito por todo o povo. E, quando houver sido chamado pelo nome e aceito por todos, reúna-se o povo com o *presbyterium* e os bispos presentes, no domingo. Com o consentimento de todos, imponham os bispos sobre ele as mãos, permanecendo imóvel o presbitério. Mantenham-se todos em silêncio, orando em seu coração pela descida do Espírito. Um dos bispos presentes, a seguir, instado por todos, impondo a mão sobre o que é ordenado bispo [...]" (*Tradição apostólica*, cit., I, 2).

gozam de uma autoridade especial na Igreja. Nos primeiros tempos, a Igreja compreendeu essa autoridade num sentido mais simbólico e moral, mas, progressivamente, atribuiu-lhe um sentido formal, jurídico e onicompreensivo. O Vaticano I (1869-1870), num contexto muito particular, definiu o primado universal de jurisdição do papa, bem como a infalibilidade de suas definições solenes em matéria de fé e moral.[59]

A definição do Vaticano I, teoricamente (na prática, a história dirá outra coisa), não diminuía em nada a autoridade dos bispos. O próprio Vaticano I diz que a autoridade suprema do papa só faz aumentar a dos bispos. Coube, porém, à reação do episcopado alemão — aprovada por Pio XI — a um despacho do chanceler Otto von Bismarck, deixar claro que a doutrina conciliar não introduzia nenhuma novidade na fé da Igreja e que, conseqüentemente, era falso afirmar que o poder do papa teria substituído o poder dos bispos, ou que a jurisdição papal absorvia a destes. O papa é bispo de Roma, diz a declaração dos bispos alemães, não de qualquer outra diocese ou de todas as dioceses. Porém, enquanto bispo de Roma, é sucessor de Pedro, e, como papa, é pastor e cabeça visível de toda a Igreja, tanto dos bispos quanto dos fiéis. Seu poder supremo não é arbitrário, pois está submetido à vontade de Cristo sobre a Igreja; conseqüentemente, não pode mudar a constituição divina da Igreja e a instituição do episcopado.[60]

O Vaticano II, na linha da eclesiologia da Igreja local, própria da Igreja antiga, apresenta o bispo como o ministério fundamental da Igreja: sinal e garante da unidade, seja dentro da sua Igreja, seja com as demais Igrejas; anel de ligação entre a dimensão local e a dimensão universal da Igreja. Não é mero delegado ou lugar-tenente do papa, mas verdadeiro e próprio pastor, que, na plenitude da ordem, guia a sua Igreja em comunhão com a *Catholica*. Pela ordenação sacramental, tem a tríplice tarefa de pregador, liturgo e pastor na sua Igreja.[61]

---

[59] Cf. *DS* 3056-3075. Cf. Schatz, K. *Il primato del papa. La sua storia dalle origini ai nostri giorni*. Brescia, Queriniana, 1996.

[60] Graças a dom Beaudouin, vem a público, em 1923, a *Declaração coletiva dos bispos alemães*, um documento decisivo para a justa compreensão do conceito católico de bispo (e de papa). A *Declaração* era resposta a uma "carta circular" (*Circular Depesche*) da chancelaria de Bismarck (escrita em 1872, assinada em 1875 e publicada em 1879), que afirmava que, depois da definição do primado e da infalibilidade dos pontifícios, as Igrejas particulares e os bispos não tinham mais uma consistência própria; por isso, daí em diante, deveriam estes ser considerados como funcionários delegados de um soberano estrangeiro; o papa seria verdadeiramente o bispo de todas e de cada uma das dioceses católicas; pareciam, portanto, destituídos de conteúdo teológico, reduzidos a detentores de funções administrativas, encarregados pelo poder supremo de uma parte da Igreja católica, a diocese, cujo real e único bispo, no fundo, seria o papa: "[...] ao qual sozinho foi dada toda a terra como diocese!". A *Declaração*, que recebeu a aprovação de Pio IX, recolocava em seu justo lugar a noção católica de bispo, bem como o fundamento de suas prerrogativas (cf. Villar, J. R. *Teología de la Iglesia particular*. Pamplona, Unsa, 1989. p. 23ss.).

[61] Cf. *LG* III; *CD*.

Antes de tudo, o Vaticano II resgata a plenitude eclesial e eclesiológica das Igrejas locais;[62] depois, a doutrina católica da sucessão apostólica (cf. *LG* 18-20); a sacramentalidade do episcopado (cf. *LG* 21), colocada em crise por são Jerônimo, o que não deixou de criar ou de alimentar uma série de problemas; a colegialidade episcopal (cf. *LG* 22-23); a ministerialidade episcopal desdobrada no tríplice múnus de ensinar, santificar e governar.[63] Na impossibilidade (física) de alongar-nos sobre o ministério episcopal, vejamos, sucintamente, como o Concílio abordou o ministério presbiteral, o que será de utilidade também para a compreensão do próprio episcopado.

6. O MINISTÉRIO PRESBITERAL: "COMUNICA-LHE O ESPÍRITO DA GRAÇA E DO CONSELHO [...]" (TA 20)

Foi, na verdade, discutindo o presbiterado que o Concílio aprofundou a natureza de todo o ministério ordenado. O Concílio começou a refletir sobre a natureza do presbiterado quando se deu conta da inadequação da visão pré-conciliar sobre o presbítero em relação à "nova" doutrina sobre o episcopado. Enquanto o episcopado apresentava-se "missionário" e "ministerial", aquele se mantinha "cultual" e "sacral", fiel à herança histórica cristalizada no período pós-tridentino, mas não à práxis do primeiro milênio.[64]

No Concílio, confrontaram-se a respeito duas teologias: a "cultual" (em que o ministério é reduzido ao culto), defendida sobretudo pelos Padres dos países de antiga cristandade, e a "missionária" (em que o ministério é pensado em estreita relação com a "missão"), apresentada pelos bispos das Igrejas mais novas, que propunham se partisse do presbítero e do bispo enviados antes a evangelizar que a celebrar os sacramentos. A visão missionária do ministério acabou prevalecendo em *LG* e em *PO*.[65]

A *Lumen gentium* parte da teologia joanina da consagração-missão e completa a seqüência "missionária" do evangelho de João (Pai – Cristo – apóstolos) mencionando primeiro os "bispos" e, depois, as "pessoas diversas na Igreja", às quais os bispos "passaram legitimamente o múnus do seu ministério" (*LG* 28).

---

[62] Cf., sobretudo, *LG* 13, 23, 26, 28. ALMEIDA, A. J. *Igrejas locais e colegialidade episcopal*. São Paulo, Paulus, 2001.
[63] Cf. *LG* 24-27. ALMEIDA, A. J. Por uma Igreja ministerial: os ministérios ordenados e não-ordenados no "concílio da Igreja sobre a Igreja". In: GONÇALVES, P. S. L. & BOMBONATTO, V. I. (Ed.). *Concílio Vaticano II. Análise e prospectivas*. São Paulo, Paulinas, 2004. pp. 347-349.
[64] Cf. BARDY, G. et alii. *Prêtres d'hier et d'aujourd'hui*. Paris, Cerf, 1954.
[65] Basta ver a recorrência dos termos relativos à missão em *PO*: "missão" aparece 21 vezes; "missionário" (adjetivo) aparece 2 vezes; "enviado" recorre 5 vezes; e "enviar", 9 vezes (Cf. OCHOA, X. *Index verborum cum documentis Concilii Vaticani II*. Roma, Institutum Juridicum Claretianum, 1967. pp. 306-308).

Por sua vez, *PO* 2, não obstante sua dependência em relação à *LG* 28, introduz uma diferença fundamental: a menção ao *corpo místico* — ou seja, a contextualização eclesial — depois da seqüência Pai – Cristo (e antes de apóstolos) bispos – presbíteros.[66] Não só. O elemento comum entre *LG* 28 e *PO* 2 é a missionariedade. Desta forma, também o "mundo" vem a fazer parte da própria definição do ministério ordenado. O ministério livra-se de uma visão somente cúltica e abre-se a uma perspectiva mais missionária e pastoral!

Por isso, *PO* 3 trata explicitamente da relação presbítero – mundo: "Os presbíteros, assumidos dentre os homens e estabelecidos em favor dos homens em suas relações com Deus, para oferecerem dons e sacrifícios pelos pecados, *vivem com os demais homens como com irmãos*". Os presbíteros devem seguir a Cristo, que "habitou entre nós e quis por todas as coisas assemelhar-se aos irmãos, exceto no pecado". Devem também espelhar-se nos presbíteros do Novo Testamento, que "de certo modo são segregados no seio do Povo de Deus, *não, porém, para se separarem, seja do Povo, seja de qualquer ser humano*, mas para se consagrarem totalmente à obra para a qual o Senhor os assume". Falta, porém, aqui uma eclesiologia missionária e, por isso,

> *o presbítero fica isolado na relação com o mundo: em vez de considerar, de um lado, a Igreja com o presbítero dentro dela e, de outro, o mundo, considera-se, de um lado, o presbítero e, de outro, o resto da humanidade.*

De qualquer forma, "pode-se dizer que em *LG* e em PO o concílio deslancha um processo irreversível de releitura da tarefa do presbítero *dentro* da categoria da 'missão'".[67]

A "missionariedade" do ministério presbiteral não permitia mais que o conteúdo do ministério fosse pensado só em relação ao "sacerdócio" (secularmente orientado à eucaristia), mas englobasse a pregação e o pastoreio. Diante disso, o Concílio transferiu ao presbiterado o esquema dos três múnus (interpenetrados),[68] como seu conteúdo, radicando-os no sacramento da ordem,[69] tornando assim, também, a palavra e o pastoreio elementos essenciais do presbiterado.

---

[66] Cf. CASTELLUCCI, E. *Il ministero ordinato*. Brescia, Queriniana, 2002. p. 230.
[67] Idem, ibidem, p. 231. *AG* 5 ("assim foram os apóstolos os germes do novo Israel e ao mesmo tempo a origem da sagrada hierarquia") e *AA* 2 ("existe na Igreja diversidade de serviços, mas unidade de missão") articulam melhor unidade da missão e diversidade de ministérios!
[68] Cf. CONGAR, Y.-M.-J. Sur la Trilogie: Prophète-Roi-Prêtre. *Revue de Sciences Philosophiques et Théologiques* 67 (1983) 97-115, especialmente p. 112. Cf. CNBB. *Missão e ministérios dos cristãos leigos e leigas*. São Paulo, Paulinas, 1999. n. 90.
[69] Cf. *PO* 4-6. O modelo ternário não é "doutrina" definida pelo concílio, mas "de fato [é] doutrina do Vaticano II", diz a Comissão de Redação de *Presbyterorum ordinis* (*Acta Synodalia* IV, VII, 197; Relatio de n. 13).

O Concílio, além disso, libertou o ministério presbiteral do individualismo e resgatou sua dimensão colegial.[70] Os instrumentos foram os seguintes: a) usou, em *Presbyterorum ordinis,* 111 vezes a palavra *presbyteri* (plural), e apenas 7 vezes a palavra *presbyter* (singular); b) fundamentou no sacramento da ordenação a ligação de consagração-missão entre os presbíteros e o bispo (cf. *LG* 28b) e, em seguida, entre os próprios presbíteros (cf. *LG* 28c); c) recuperou a noção inaciana de presbitério (= *presbyterium*) (cf. *PO* 7a, 8a), uma particular consistência da comunhão dos presbíteros de uma Igreja particular entre si e com o seu bispo. A noção de presbitério[71] é afirmada pela *Lumen gentium:*

> *os presbíteros [...] formam com seu bispo um único presbitério [...] Em cada comunidade local de fiéis tornam presente de certo modo o bispo, ao qual se associam com espírito fiel e magnânimo. Tomam como suas as funções e a solicitude do bispo e exercem a cura pastoral diária [...] No lugar onde estão tornam visível a Igreja universal e eficazmente cooperam na edificação de todo o corpo de Cristo (cf. Ef 4,12) (LG 28b).*

Essa doutrina é retomada em *PO* 7-8, que repetem duas vezes a palavra "presbitério".

Embora não rejeite as perspectivas do culto (a *visão cultual* reduz o ministério ao culto — no caso cristão, à eucaristia) e da consagração (a visão sacral afirma uma superior dignidade do ministro ordenado, como "homem do sagrado"), o Concílio opera uma releitura crítica destas, a partir da perspectiva missionária e ministerial.

O Vaticano II supera a visão cultual por três caminhos: a) revendo a questão do "momento" da instituição do ministério (não mais a Última Ceia, mas a totalidade da missão de Jesus); b) ampliando a atribuição e o significado do termo "sacerdócio" (não só o ministério ordenado, mas o sacerdócio existencial de todos os fiéis);[72] c) substituindo majoritariamente o termo "sacerdote" pelo termo "presbítero".[73]

---

[70] "O cargo de bispo ou de presbítero é *sempre colegial*. Nunca se é bispo só, mas num colégio episcopal. Nunca se é presbítero só, mas num presbitério" (LEGRAND, H.-M. Ministerios de la Iglesia local. In: LAURET, B. & REFOULÉ, F. (Ed.). *Iniciación a la práctica de la teología.* Madrid, Cristiandad, 1985. p. 198. Col. Dogmática 2.). Além disso, é oportuno lembrar que, "nas cartas papais dos séculos IV e V, como também na linguagem litúrgica da época, *colégio* é uma palavra corrente, tanto para exprimir a comunidade apostólica como a comunidade bispo-presbíteros e a comunidade dos bispos (de Igreja particular ou de Igreja universal)" (RATZINGER, J. A colegialidade dos bispos. Desenvolvimento teológico. In: BARAÚNA, G. (Ed.). *A Igreja do Vaticano II.* Petrópolis, Vozes, 1965. p. 765).

[71] Cf. BERGAMELLI, F. Sinfonia della Chiesa nelle lettere di Ignazio di Antiochia. In: FELICI, S. (Ed.). *Ecclesiologia e catechesi patristica.* Roma, LAS, 1982. pp. 21-80.

[72] Cf. *LG* 10. CNBB. *Missão e ministérios dos cristãos leigos e leigas,* cit., nn. 73-74.

[73] Na primeira redação, aparece apenas "uma" vez o termo "presbítero", enquanto o termo "sacerdote" aparece 56 vezes; no texto definitivo, ao contrário, "sacerdote" recorre só 21 vezes, enquanto "presbítero" é utilizado 118 vezes!

A visão sacral é superada pelo concílio, à medida que este procede a uma releitura da questão do caráter, do *agere in persona Christi* e do sacerdote visto como *alter Christus*. O caráter é mencionado uma única vez.[74] O *agere in persona Christi* aparece apenas em *LG* 28 e *PO* 2c, 12a e 13c para significar o fato de que o presbítero exerce suas tarefas, especialmente a presidência da eucaristia, não apenas *dentro* da comunidade, mas também *diante* dela.[75] Já a expressão *alter Christus* (ou mediador), o concílio a descarta, por entender que ela não se harmoniza com a renovada visão conciliar da Igreja e do presbítero, uma vez que tal expressão veiculava uma visão sacral do presbítero como alguém "acima" da Igreja, numa espécie de quase-identidade com Cristo. O mesmo se diga da categoria "mediador" (e congêneres), que se mostrava inadequada, seja verticalmente, por atentar contra a unicidade da mediação de Cristo, seja horizontalmente, por esvaziar a consistência sacerdotal de todo o Povo de Deus (cf. *LG* 10), do qual, antes de ser ministro, o presbítero é membro! A própria presidência eucarística, que representa o momento mais "alto" de seu ministério, é apresentada como "serviço" em favor dos fiéis, a fim de que o sacrifício espiritual seja consumado "na união com o sacrifício de Cristo, único Mediador" (*PO* 2d).

A relação específica que a ordenação instaura entre Cristo e ministro não se orienta a uma superior dignidade do "homem do sagrado", mas ao serviço da comunidade.[76] Desta forma, teologia e espiritualidade não se justapõem, mas a espiritualidade retira da teologia do ministério as linhas-mestras da vida espiritual do presbítero: "Os presbíteros alcançarão a santidade autêntica, *se desempenharem suas tarefas* [compendiadas no tríplice múnus] de modo sincero e incansável *no Espírito de Cristo*"(inciso e grifo nossos) (*PO* 13a).

A *inversão* operada no título do decreto *Presbyterorum ordinis*, neste sentido, é significativa e torna-se como que o símbolo da trajetória conciliar de releitura do presbiterado: a partir da quarta redação, o esquema deixou de chamar-se *De vita et ministerio presbyteri* e passou a intitular-se *De ministerio et vita presbyteri*. Essa inversão sinaliza uma nova compreensão da vida espiritual do presbítero, cujo centro há de ser o próprio ministério.[77]

---

[74] Cf. *PO* 2c. A justificativa desta inserção por parte da Comissão de Redação acha-se em *Acta Synodalia* IV, VIII, p. 121.

[75] A expressão "representante ou representação de Cristo" "diante" da Igreja começa a impor-se a partir do texto da Comissão Teológica Internacional *Le ministère sacerdotal,* Paris, 1971, elaborado por uma subcomissão composta por H. U. von Balthasar, C. Colombo, G. de Cardenal, M. J. Le Guillou, P. Lescrauwaet e J. Medina Estevez, e que serviu de instrumento de trabalho para o Sínodo de 1971 sobre (Justiça no Mundo e) Sacerdócio Ministerial.

[76] Cf. *Acta Synodalia*, VII, p. 115.

[77] "Fazendo preceder a reflexão sobre a vida espiritual à [reflexão] sobre o ministério, era-se levado a esgotar a vida espiritual numa relação individual com Cristo, independentemente do exercício do ministério, que se acabava tornando um elemento acrescido e exterior à espiritualidade do presbítero; com a inversão no título e na tratação, pelo contrário, reconhece-se que é o próprio ministério — evangelização, culto, guia pastoral — que configura a vida espiritual do presbítero" (CASTELLUCCI, E. *Il ministero ordinato*, cit., p. 244).

7. O MINISTÉRIO DIACONAL: "NÃO PARA O SACERDÓCIO, MAS PARA O SERVIÇO DO BISPO" (TA 22)

O termo *diákonos* (= *minister* ou *diaconus* = ministro ou diácono) é usado em vários sentidos: aquele que serve à mesa (cf. Mt 20,26; 22,13; 23,11; Jo 12,26; Mc 9,35; 10,43); o ministro de uma aliança nova (cf. 2Cor 3,6; 11,14); o servo de um poder espiritual (Ef 3,6; Cl 1,23; Gl 2,17; Rm 15,8); o servidor do Evangelho, de Cristo, de Deus (cf. 2Cor 11,23), os servos da Igreja (cf. Cl 1,25; 1Cor 3,5), as autoridades pagãs a serviço de Deus (cf. Rm 13,4).

Emprega-se a palavra *diákonoi* (= *diaconi* = diáconos) como título específico de ministros locais em poucas passagens do Novo Testamento (cf. Fl 1,1; 1Tm 3,8.12). Alguns autores pensam que se poderia ampliar seu uso para mais algumas passagens.[78] Na famosa passagem de At 6,1-6, não aparece nem *diákonos* (= diácono) nem *diákonoi* (= diáconos), embora apareça o verbo *diakonêin*. Apesar disso, a tradição, a partir de Ireneu,[79] leu em At 6,1-6 a criação do diaconato por parte dos apóstolos.[80]

É inegável, porém, que, nas Igrejas locais surgidas do trabalho missionário de Paulo, existam, ao lado dos *epískopoi* (= epíscopos), *diákonoi* (= diáconos), como o atestam um dos primeiros escritos de Paulo (cf. Fl 1,1) e, se ele for o autor, também um dos últimos (cf. 1Tm 3,1-13).

A diaconia, por um lado, é dimensão importante da própria existência cristã. Ser cristão significa colocar-se a serviço dos outros, até à renúncia e ao dom de si, por amor. Para tanto, o batismo confere a cada cristão o mesmo dinamismo de serviço que está em Cristo (cf. Fl 2,5ss.). Participando do testemunho, da liturgia e do serviço de Cristo e da Igreja, o cristão coopera com Cristo na salvação dos seres humanos. Membros do corpo de Cristo, todos são chamados a tornar-se servos uns dos outros com os

---

[78] "O termo *diákonos, diakonía*, e o verbo *diakonéo* são usados uma centena de vezes no Novo Testamento, mas só pouquíssimas vezes no significado 'técnico' de diácono como ministério na Igreja, distinto e unido ao ministério do bispo (e do presbítero)" (ZARDONI, S. *I diaconi nella Chiesa. Ricerca storica e teologica sul diaconato*. Bologna, EDB, 1991. p. 11). Essas "pouquíssimas vezes" seriam Fl 1,1, At 6,1-6 [que, porém, muitos contestam], os textos de Atos dependentes de At 6,1-6, bem como Rm 16,1, 1Tm 3,8-13 e, se Epafras e Tíquico são diáconos, Cl 1,7; 4,7-9.12-13; Ef 6,21-22; 2Tm 4,12; Tt 3,12 (idem, ibidem, p. 20).

[79] Cf. IRENEU DE LIÃO. *Adversus haereses* 3, 12, 10.

[80] Hoje se dão outras interpretações para esse texto (cf. MICHAELIS, W. *Das Ältestenamt der christlichen Gemeinde im Lichte der Heiligen Schrift*. Bern, Haller, 1953, pp. 18ss., 29ss. GAECHTER, P. Die Sieben. *Zeitschrift für katholische Theologie* 74 [1952] 129-166). "Serviço das mesas" é "uma expressão metafórica que indica a responsabilidade pelos recursos financeiros da comunidade. Se quiséssemos usar a linguagem anacrônica de muitos anos depois para descrever os sete chefes helenistas responsáveis pela direção da comunidade, pela sua situação financeira e pela pregação pública, poderíamos chamá-los bispos" (BROWN, R.-E. *Introduzione al Nuovo Testamento*. Brescia, Queriniana, 2001. p. 865). Cf. ROLOFF, J. *Gli Atti degli Apostoli*. Brescia, Paideia, 2002. p. 147ss. A. Lemaire diz que "não tem nada a ver com os diáconos" (Dai servizi ai ministeri, I servizi ecclesiali nei primi due secoli. *Concilium* [1972/8], 1.861).

carismas que receberam de Deus para a edificação da Igreja e dos irmãos na fé, na esperança e no amor (cf. 1Pd 4,10; cf. 1Cor 12,1-11.28-30; 4,1-2; 1Pd 3,7). Esse serviço materializa-se nas várias expressões da caridade fraterna, indo do serviço aos excluídos (cf. Mt 25,31ss.) à ajuda aos ministros e ministras (cf. Rm 16,3-5; Fl 4,3), não transcurando a solidariedade com outras Igrejas (cf. Rm 15,25; 1Tm 5,3-16).

Por outro lado, dentre os tantos ministérios em formação no Novo Testamento, vai-se destacar um cujo titular receberá o nome específico de *diákonos* (= diaconus na *Vulgata* = diácono). Seu titular não será simplesmente um *diákonos* (= *minister* = ministro ou servidor) entre tantos, mas o responsável de um ministério preciso ao lado dos epíscopos (cf. Fl 1,1). Décadas mais tarde, já será possível estabelecer com clareza seus requisitos (1Tm 3,8-13).

Difícil de ser identificado e definido nos escritos do Novo Testamento, o diaconato esteve fortemente presente na Igreja até os séculos VII-VIII, quando se assiste à sua decadência e eclipse.[81] Temos, entre tantos, o testemunho da *Didaqué* [sobre a escolha dos diáconos],[82] o de Inácio de Antioquia[83] [sobre o diácono como figura de Cristo],[84] o de Justino [sobre a função do diácono na eucaristia],[85] o de Orígenes [criticando a cobiça dos diáconos],[86] o da *Didascalia apostolorum* [revelando certa supremacia dos diáconos em relação aos presbíteros], o da *Tradição apostólica* [que ensina que o diácono é ordenado para o ministério do bispo e não para o sacerdócio],[87] o de Cipriano [revelando o clima de rivalidade entre diáconos e bispos][88] e, finalmente, o das *Constituições apostólicas,* segundo as quais o diácono é o olho, o ouvido, a boca do bispo, "para que o bispo não tenha que ocupar-se da multidão dos negócios, mas somente dos mais importantes".[89]

Houve diaconisas na Igreja? A questão é discutida e opõe dois grandes estudiosos,[90] mas os dados parecem favorecer mais a resposta afirmativa. Com efeito, Paulo não só recomenda à comunidade de Roma "Febe, nossa irmã, *'he diákonos'* (= ministra ou diácona) da Igreja de Cencréia" (cf. Rm 16,1-4), como fixa os requisitos a serem preenchidos pelas mulheres-

---

[81] Cf. ZARDONI, S. *I diaconi nella Chiesa*, cit., pp. 46-48.
[82] *Didaqué*, 15,1.
[83] INÁCIO DE ANTIOQUIA. *Carta aos cristãos de Trale*, 3, 1.
[84] IDEM. *Carta aos cristãos de Esmirna*, 8, 1.
[85] JUSTINO. *Apol.*, 1, 65, 3-5.
[86] ORÍGENES. *Comm. in Math.* 16, 22.
[87] Cf. HIPÓLITO DE ROMA. *Tradição apostólica*, 22.
[88] CIPRIANO. *Epist.* 3, 3.
[89] *Constituições apostólicas*, II, 44, 4.
[90] Cf. pela resposta negativa, por exemplo, A. G. Martimort, *Les diaconesses. Essai historique*, Roma, CLV – Edizioni Liturgiche, 1982; pela resposta afirmativa, por exemplo, J. Galot, *La donna e i ministeri nella Chiesa*, Assisi, Cittadella, 1973. Cf. VANZAN, P. Il diaconato permanente femminile. Ombre e luci. *La Civiltà Cattolica* I (1999) 439-452.

diáconos (cf. 1Tm 3,11).[91] No século III, aparecem os termos *diakonissa* ou *diákona* em algumas regiões, indicando a titular de um ministério feminino. É assim que, na *Didascalia*, o bispo aparece à frente de uma pequena comunidade ajudado por diáconos e diaconisas,[92] que têm um papel caritativo e são "uma só alma em dois corpos";[93] o diácono é escolhido pelo bispo para "ocupar-se das muitas coisas necessárias", enquanto as diaconisas, "para o serviço das mulheres".[94] Os homens devem passar pelo diácono para chegar ao bispo; as mulheres, pela diaconisa; enquanto o diácono acompanha os homens no batismo, cabe à diaconisa ungir as mulheres, instruir as neófitas, visitar as mulheres cristãs e as doentes.[95] Some-se a isto que as *Constituições apostólicas* prevêem uma imposição das mãos com epiclese do Espírito Santo não só para bispos, presbíteros e diáconos, mas também para diaconisas, subdiáconos e leitores.[96] A desvalorização das diaconisas deixa, porém, sua marca numa obra de cunho androcêntrico e patriarcalizante: "A diaconisa não abençoa e não faz nada que os presbíteros e diáconos fazem por ocasião do batismo das mulheres, por motivo de decência".[97]

O diaconato começa a entrar em declínio no século IV, logo após ter atingido sua estabilidade. As causas estão ligadas a mudanças pelas quais Igreja e ministérios foram passando no período pós-constantiniano: enorme prestígio do diaconato; limitação a sete diáconos por Igreja (Concílio de Neocesaréia); assunção de suas funções por clérigos "inferiores";[98] tentação de substituir os presbíteros[99] ou aceder ao presbiterato;[100] os presbíteros

---

[91] Discute a respeito J. H. Stiefel, *New Testament Studies* 41 (1995) 442-457, citado por Brown, que comenta 1Tm 3,11 nos seguintes termos: "Em 3,8-10 se fala dos diáconos; depois, o versículo 11 começa: 'do mesmo modo, as mulheres [...]'. Do ponto de vista gramatical e lógico, isso deveria significar 'mulheres que exercem o ministério de diáconos' ('diaconisas' não é um termo bíblico, como vimos em Rm 16,1), e não 'mulheres que são mulheres de diáconos'. Das mulheres dos diáconos se fala de fato em 3,12. Além disso, é claro que o termo *diákonos* podia indicar tanto homens quanto mulheres (p. ex., Febe em Rm 16,1)" (BROWN, R.-E. *Introduzione al Nuovo Testamento*, cit., p. 865).

[92] Cf. *Didascalia apostolorum* 2, 26, 4-7.

[93] Cf. ibidem 3, 13, 1-7.

[94] Cf. ibidem 3, 12, 1.

[95] Cf. ibidem. As diaconisas assumem seu ministério com uma imposição das mãos (*epithesis cheiron*), que confere o Espírito Santo (VIII, 20 e 22).

[96] Cf. *Constituições apostólicas* VIII, 16-23.

[97] Ibidem VIII, 28, 6. Cf. EPIFÂNIO DE SALAMINA. *Panarion haer* [ano 375], 79, 3, 6.

[98] Cf. COMISSÃO TEOLÓGICA INTERNACIONAL. Il diaconato: evoluzione e prospettive. *Il Regno Documenti* 9 (2003) 284.

[99] Cf. Concílio de Arles (ano 314), cânnones 15 e 18. Nicéia proíbe-os de comungar antes dos bispos ou de dar comunhão aos presbíteros, dos quais devem recebê-la: "Os diáconos fiquem nos limites de suas atribuições, sabendo que são servidores do bispo e que se encontram num grau inferior aos presbíteros" (cân. 19). São Jerônimo dispara que os diáconos não são superiores aos presbíteros (Cf. JERÔNIMO, *Littera* 146 [*ad Evangelum*]: PL 22, 1192-1195).

[100] Cf. AMBROSIASTER. *De iactantia romanorum diaconorum*. CSEL 50, 193-198.

assumem cada vez mais funções dos diáconos... até que estes ficam praticamente sem função! O Concílio de Calcedônia (451) sanciona que cada bispo entregue a gestão dos bens da comunidade a um ecônomo "escolhido entre o próprio clero",[101] não necessariamente entre os diáconos. O sínodo bizantino *In Trullo* ("Quininsexto": 692) lança uma pá de cal sobre o diaconato, ao afirmar que os sete de At 6,1-6 não eram nem bispos, nem presbíteros, nem diáconos, mas simples pessoas "encarregadas de administrar as necessidades comuns da assembléia de então [...] São exemplos de caridade".[102]

O diaconato permanente[103] teve sua restauração decidida pelo Vaticano II. Os textos mais importantes sobre a matéria são *LG* 29b, (*restitutio*), *AG* 16 (*restauratio*) e *OE* 17 (*instauratio*).

A *Lumen gentium* apresenta os diáconos, colocando-os "no grau inferior da hierarquia". Diz que lhes são "impostas as mãos" [ordenados] "não para o sacerdócio [não para oferecer o sacrifício eucarístico], mas para o ministério [para o serviço da caridade]".[104] A natureza sacramental do diaconato é expressa indiretamente ("fortalecidos com a graça sacramental"); o diaconato não é apenas um carisma ministerial extra-sacramental. Os diáconos são claramente definidos pelo serviço ao Povo de Deus ("servem"), o que é enfatizado pelo termo "diaconia", que precede a menção do tríplice múnus: "na diaconia da liturgia, da palavra e da caridade". Seu ministério não é isolado ou avulso, mas "em comunhão com o bispo e seu presbitério".

Na parte relativa às indicações canônico-pastorais,[105] a constituição afirma que o "diaconato futuramente poderá ser restaurado como um grau próprio e permanente da hierarquia", deixando de ser apenas um degrau do

---

[101] Cân. 26.

[102] Cf. Joannu, P.-P. *Discipline générale antique IIe-IXe siècle. Les canons des Conciles oecuméniques*. v. I, 1, pp. 132-134 (citado pela Comissão Teológica Internacional, Il diaconato: evoluzione e prospettive, cit., p. 285).

[103] Cf. Kerkvoorde, A. Elementos para uma teologia do diaconato. In: Baraúna, G. (Ed.). *A Igreja do Vaticano II*, cit., pp. 923-965.

[104] Os parênteses são nossos. O texto primitivo, da *Tradição apostólica*, dizia que o diácono "non in sacerdotio ordinatur, sed in ministerio episcopi ut faciat ea quae ab ipso iubentur" [não é ordenado para o sacerdócio, mas ao serviço do bispo, para fazer o que ele manda] (Hippolyte de Rome. *La tradition apostolique*. Texte latin, introduction, traduction et notes de dom B. Botte, Cerf, Paris, 1946, 9, p. 39). A interrupção da frase da *Tradição apostólica* na palavra "ministério" deve-se aos *Statuta Ecclesiae antiqua*, uma obra gálico-romana (provavelmente escrita por Genádio de Marselha) do final do século V (entre os anos 476 e 485), da qual apenas esta frase (truncada) passou para o Pontifical Romano e para *LG* 29. Segundo Botte, o sentido da frase de Hipólito ("quia non in sacerdotio ordinatur, sed in ministerio episcopi") seria simplesmente que "o diácono é servidor do bispo, não do sacerdote" (Ibidem, p. 10). É, sem dúvida, correto ver no diácono "um servidor do bispo (cf. *Tradição apostólica*, de Hipólito, 8), mas o diácono, como o afirma *LG* 28, está igualmente "a serviço do Povo de Deus, em união com o bispo" (Legrand, H.-M. Bulletin d'ecclésiologie. *Revue de Sciences Philosophiques et Théologiques* 56 [1972] 682).

[105] Cf. Winninger, P. Os ministérios dos diáconos de hoje. In: Baraúna, G. (Ed.) *A Igreja do Vaticano II*, cit., pp. 951ss.

cursus clericalis que conduz ao presbiterado; caberá às conferências episcopais definir "se" e "onde" seja oportuno restaurá-lo; finalmente, "pode ser conferido a homens de idade madura, mesmo casados, ou a moços idôneos, para os quais, porém, deve continuar firme a lei do celibato" (*LG* 29).

O decreto *AG* 16 parte da consideração de que há pessoas que exercem "de fato" o ministério diaconal. Por isso, com a imposição das mãos, devem "ser reforçadas e associadas mais estreitamente ao altar", pois a graça sacramental do diaconato as tornará mais capazes de exercer o ministério. A lógica é indutiva e parece inscrever o sacramento na linha da plenificação do carisma: é preciso reconhecer a existência do ministério diaconal em algumas comunidades e confirmar com a graça sacramental aqueles que exercem o ministério diaconal e já manifestam o seu carisma. A argumentação de *OE* 17 tem um sabor arcaizante: "Para que a antiga disciplina do sacramento da ordem vigore novamente nas Igrejas orientais [...]".

Nos últimos tempos, entre nós, graças ao trabalho desenvolvido pela Comissão Nacional dos Diáconos, vem-se descobrindo e enfatizando o "ministério da caridade" como o ministério típico do diácono. Este tema foi até objeto de uma bela tese de mestrado de um diácono permanente.[106]

Resumindo

• *O capítulo está dividido em duas partes. A primeira fala daquilo que é comum a todos os membros da Igreja (1-3); a segunda, daquilo que distingue os fiéis entre si (4-7).*

• *Nunca é demais insistir no "nós" eclesial, no "nós" dos cristãos, na "condição cristã" comum aos vários membros da Igreja, naquela "ontologia da graça" criada pela fé e pelos sacramentos de iniciação.*

• *Somos discípulos de Jesus: escolhidos, chamados, seguidores, companheiros, amigos, enviados em missão. E jamais deixaremos de sê-lo.*

• *Somos filhos do Pai. A graça do Espírito filia-nos em Cristo (cf. Gl 4,6) e remete-nos à nossa fonte e ao nosso fim, o Pai das misericórdias, o Abbá de Jesus. Esta é aquela dignidade fontal que nunca cansaremos de reconhecer em nós e nos outros. A Igreja é uma família, uma comunidade de filhos (cf. LG 6).*

• *Por isso, a Igreja, comunidade de irmãos, é uma fraternidade. Os eleitos do Deus uni-trino (cf. 1Pd 1,1-2), embora dispersos em muitas comunidades mundo afora, formam uma única "fraternidade": "Resisti-lhe [ao ad-*

---

[106] Cf. DURÁN Y DURÁN, J. Diaconato permanente e ministério da caridade. Elementos teológico-pastorais. São Paulo, Loyola, 2003. Não abordamos, na seqüência, o importante tema dos ministérios não-ordenados por falta de espaço. Tomamos, porém, a liberdade de citar duas obras nossas a respeito na bibliografia complementar do capítulo.

versário, o diabo], firmes na fé, sabendo que a mesma espécie de sofrimento atinge os vossos irmãos espalhados pelo mundo" (1Pd 5,9).

- Igualdade não concorre com variedade e pluralidade. A Igreja "é estruturada por admirável variedade" (LG 32; cf. Rm 12,4-5). Dotada de dons e carismas vários, ela é também dotada de serviços e ministérios vários, "para aperfeiçoar os santos em vista do ministério [...]" (Ef 4,12-13).

- Embora ministérios vários sirvam à Igreja nos mais diversos campos, não pode faltar à Igreja o ministério apostólico, que liga a Igreja de cada "hoje" da história àqueles que, pregando o Evangelho, fundaram as Igrejas em sua fase constitutiva. Esse ministério é hoje desempenhado por bispos, presbíteros e diáconos, que se tornam tais pela ordenação sacramental: "Assim, o ministério eclesiástico, de instituição divina, é exercido em ordens diversas por aqueles que já antigamente eram chamados bispos, presbíteros e diáconos" (LG 28). Deste modo, "cada bispo é o princípio e o fundamento visível da unidade na sua Igreja particular, formada à imagem da Igreja universal: nas quais e a partir das quais resulta a Igreja católica una e única" (LG 23). Como sucessor de Pedro, o bispo de Roma "é o princípio e o fundamento perpétuo e visível da unidade, quer dos bispos, quer da multidão dos fiéis" (cf. LG 23).

> ### Aprofundando
>
> Trilhamos um pouco mais da metade do caminho. Nossa eclesiologia finalmente começou a falar de "nós". Não de nós, os padres, os teólogos, os bispos. A falar de nós, cristãos e cristãs, discípulos e discípulas do Senhor, filhos e filhas amados de Deus. A eclesiologia deve falar, antes de tudo, da "condição cristã" comum a todos os batizados e batizadas, do "nós" de cristãos e cristãs, da "ontologia da graça". Nem todos estão convencidos disso.
>
> ### Perguntas para reflexão e partilha
>
> 1. Sua comunidade está valorizando os carismas que o Espírito distribui entre as pessoas? Você, pessoalmente, o que entende por "carisma"?
>
> 2. O Documento 62 da CNBB ensina que "ministério é um carisma em estado de serviço reconhecido pela Igreja". Você acha que os ministros da nossa Igreja (bispos, presbíteros, diáconos, outros) manifestam ter carisma para seu trabalho evangelizador?
>
> 3. Como anda o espírito de "serviço" entre nós? Somos serviçais, disponíveis, acolhedores? Encaramos nosso ministério como serviço? Como lidamos com nosso espírito de poder, de domínio?

Bibliografia

ALCALÁ, M. *La mujer y los ministerios en la Iglesia*. Salamanca, Sígueme, 1982.

ALMEIDA, A. J. de. *Os ministérios não-ordenados na Igreja latino-americana*. São Paulo, Loyola, 1989.

_____. *Teologia dos ministérios não-ordenados na Igreja da América Latina*. São Paulo, Loyola, 1989.

_____. *O ministério dos presbíteros-epíscopos na Igreja do Novo Testamento*. São Paulo, Paulus, 2001.

ANTONIAZZI, A. *Os ministérios na Igreja hoje. Perspectivas teológicas*. Petrópolis, Vozes, 1975.

BONHOEFFER, D. *Discipulado*. São Leopoldo, Sinodal, 1984.

COMBLIN, J. *O futuro dos ministérios na Igreja latino-americana*. Petrópolis, Vozes, 1969.

FABRI DOS ANJOS, M. (Ed.). *Bispos para a esperança do mundo. Uma leitura crítica sobre caminhos de Igreja*. São Paulo, Paulinas – Soter, 2000.

FORTE, B. *A missão dos leigos*. São Paulo, Paulus, 1987.

HÄRING, B. *Que padres... para a Igreja?* Aparecida – Porto, 1995.

_____. *É possível mudar. Em defesa de uma nova forma de relacionamento na Igreja*. Aparecida-Porto, 1999.

LEMAIRE, A. *Os ministérios na Igreja*. São Paulo, Paulinas, 1977.

PARRA, A. *Os ministérios na Igreja dos pobres*. Petrópolis, Vozes, 1991.

SANTANER, M.-A. *Hombre y poder. Iglesia y ministerios*. Salamanca, Sígueme, 1984.

Capítulo sexto

A IGREJA E SUAS RELAÇÕES: IDENTIDADE E MISSÃO

A Igreja é um nó de relações. Não se pode pensá-la como se ela existisse de si mesma, em si mesma, para si mesma. Dizê-la é dizer necessariamente as suas relações, o seu ser-em-relação.

A relação com o outro é constitutivo não só de toda a pessoa, mas também de toda a comunidade: "O mundo no qual estou é sempre o mundo que eu condivido com outros".[1] A pessoa não tem necessidade do outro só para existir, mas para se conhecer, para descobrir em que ela é diferente dele. É na relação com o outro que ela percebe sua diferença e, portanto, sua identidade.[2]

Também a identidade da Igreja é relacional:

> *Ela não pode se conhecer e compreender sua missão senão em relação com o Cristo, sua origem, e com o qual, graças ao Espírito, ela retorna ao Pai. É esta relação primeira que lhe confere uma situação singular e dinâmica em sua necessária relação com o mundo.*[3]

A relação com o Reino é a mais fundamental. A Igreja nasceu do anúncio do Reino, é companheira de Jesus no seu serviço e, de certa maneira, dissolver-se-á no Reino consumado.

Israel pode pensar-se sem a Igreja, mas a Igreja não poderia existir sem Israel. É sua retroterra, sua herança histórica mais preciosa, sua pátria de origem. Não é à toa que Paulo, escrevendo aos romanos, chama o povo da primeira aliança de "raiz santa", na qual se enxerta o ramo novo da Igreja, sem, porém, substituí-la. Esta relação é como que genética.

---

[1] "Na base desse ser-no-mundo *determinado pelo 'com'*, o mundo é sempre o mundo compartilhado com os outros. O mundo da presença é *mundo compartilhado*. O 'ser-em' é '*ser-com*' os outros. O ser-em-si intramundano destes outros é *co-presença*" (HEIDEGGER, M. *O ser e o tempo*. 12. ed. Petrópolis, Vozes, 2002. Parte 1, p. 170. Cf. idem, ibidem, p. 318. Cf. ORTEGA Y GASSET, J. *O homem e a gente*. Rio de Janeiro, Livro Ibero-americano, 1960).
[2] "A pessoa surge-nos como uma presença voltada para o mundo e para as outras pessoas [...] As outras pessoas não a limitam, fazem-na ser e crescer. Não existe senão para os outros, não se conhece senão pelos outros, não se encontra senão nos outros" (MOUNIER, E. *O personalismo*. Santos, Imprenta, 1964. p. 63).
[3] RIGAL, J. *Horizons nouveaux pour l'Église*. Paris, Cerf, 1999. p. 208.

Em seguida a Israel, as religiões. Aqui se apresentam, a partir do clima de abertura e diálogo do Vaticano II, as várias teorias em que a relação Igreja – religiões é pensada. O exclusivismo é inaceitável; o inclusivismo é criticado; um pluralismo relido trinitariamente poderia vir a ser acolhido? Ou não seria o caso de — nos recuos invernais — avançar por um "caminho sapiencial" que, sem negar as diferenças doutrinais, prefere primeiro aquecer os corações e aproximar as pessoas?

Igreja e cristianismo não se confundem, embora interajam. A primeira é a comunidade de fé; o segundo, o fenômeno cultural mais vasto e aparentemente mais débil do que a Igreja, mas, sem dúvida, mais presente e mais eficaz em muitas consciências e em muitos elementos da cultura. Nesse mesmo contexto, abordamos a questão do cristianismo esfacelado, ou seja, o escândalo e o drama das divisões da Igreja ao longo da história.

Dentro da(s) Igreja(s), abordamos a difícil e delicada questão dos fiéis ou dos membros. É sabido de todos que a relação de cada um de nós com a Igreja é diferenciada. São poucos (existem?) os que se identificam plenamente com sua doutrina dogmática, sua doutrina moral, sua disciplina, participando plenamente de sua vida e ação. Vários esquemas foram propostos para tentar traçar os perfis dessas diferentes relações. Hoje se fala de adesão parcial, de múltiplas pertenças e de religião invisível. Desafios não só para a pastoral, mas para a eclesiologia também.

A relação da Igreja com a sociedade e com o Estado ocupará os últimos dois tópicos deste capítulo. Os cristãos e as comunidades cristãs não vivem num mundo fora do mundo, mas são parte de uma sociedade determinada, com suas estruturas, mecanismos e problemas, estão sujeitos a um Estado. Como pensar as relações com a sociedade? Quais os modelos de relação entre a Igreja e o Estado?

1. IGREJA E REINO DE DEUS:
"[...] O REINO DE DEUS ESTÁ PRÓXIMO" (Mc 1,15)

O núcleo em torno do qual gravitam a pregação e a atividade de Jesus é a utopia do Reino de Deus. A fórmula "Reino de Deus" ou a circunlocução equivalente "Reino dos céus" (Mateus) aparece com extraordinária freqüência na boca de Jesus nos evangelhos sinóticos;[4] encontra-se também nos resumos que os sinóticos fazem da atividade de Jesus (cf. Mt 4,23 par.); em Marcos, é o resumo do conteúdo da pregação de Jesus (cf. Mc 1,14-15).

A boa notícia que Jesus anuncia consiste no fato de que se cumpriu o tempo da promessa (cf. Mc 1,14-15; Lc 4,16-19; Is 61,1-2). "Deus, o Senhor,

---

[4] Sessenta e uma vezes nos sinóticos (85 caso se somem os passos paralelos) e 2 em João (cf. Jo 3,3.5); nos demais escritos do Novo Testamento, apenas 30 vezes; 15 vezes em Qumran.

reina" expressa justamente a experiência da presença salvífica de Deus (cf. Is 15,3.18; Sl 47,3; 93; 96-99). O "Reino de Deus" é sua soberania e domínio sobre a história e o mundo (cf. 1Cr 29,11-12). A própria esperança num messias é subordinada à perspectiva do "Reino de Deus".

Jesus não definiu o que entendia por "Reino de Deus", mas, enraizado na tradição bíblica, certamente não quis veicular com essa expressão a idéia de território, âmbito ou época da soberania histórico-nacional de Deus, nem mesmo da soberania espiritual-ética, presente ou futura, mas a realidade dinâmica da manifestação poderosa de Deus, sua presença salvífica, certamente filtrada pela absoluta originalidade da sua pessoa e missão.[5]

O Reino, pois, é um acontecimento que coincide com a pregação e ministério de Jesus: "O Reino de Deus está no meio de vós" (cf. Lc 17,21).[6] Se a esperança de Israel consistia na vinda de Deus para o meio de seu povo, Jesus deixa entender, de modos diversos, mas convergentes, que, por meio de seu anúncio e prática, Deus intervém de modo decisivo e inaudito na vida de seu povo.

A vinda do Reino é reconhecível mediante sinais concretos, que devem ser interpretados em coerência com a presença do Senhor na história humana: "O aspecto do céu, sabeis interpretar, mas os sinais dos tempos, não sois capazes!" (Mt 16,3; cf. Mc 13,28).[7]

O Reino de Deus acontece certamente no coração do ser humano (evidentemente não só), e transforma as suas relações com Deus e com as pessoas. A vinda do Reino tem uma estrutura dialógica, interpessoal e social: o ser humano é convidado a "converter-se", a abrir-se a um novo relacionamento com Deus e, conseqüentemente, a rever e a construir novas relações com as pessoas.[8] Este envolvimento pessoal, esta fé em Deus que age em Jesus e por meio de Jesus é indispensável para se participar do evento do Reino (cf. Mc 1,15; Jo 3,3).

O conteúdo do anúncio e da prática de Jesus é definido por dois pólos inseparáveis: a autocomunicação de um Deus que é Pai, com o qual Jesus vive uma relação de intimidade absolutamente singular e que perdoa e liberta os seres humanos (cf. Mc 14,36; Mt 11,25-27; Mt 7,9-10; Lc 11,11-12); o anúncio e o testemunho desta paternidade-proximidade de Deus que se

---

[5] Cf. FABRIS, R. *Jesus de Nazaré*. São Paulo, Loyola, 1988. pp. 105-106.
[6] Aliás, não é possível nem mesmo separar o anúncio e a obra de Jesus da sua pessoa (cf. Mt 10,34; 12,25b-28; 11,21-24; 11,2-6).
[7] Sinais são "as palavras de Jesus e o seu querigma, a sua prática e os seus gestos de salvação para os pobres e os humildes, a sua própria existência, a comunidade messiânica que se recolhe ao seu redor: todas essas coisas [...] falam por si, testemunham que Deus está agindo nele" (CODA, P. *Dio tra gli uomini. Breve cristologia*. Casale Monferrato (AL), Marietti, 1991. p. 77).
[8] Cf. Mc 12,28-34; Mt 5,23-24.43-44; Mt 25,31-46; Lc 10, 29-37; Jo 13,34; 15,12-13.17.

volta antes de tudo para os pobres, os últimos, os pecadores, como nas bem-aventuranças (cf. Mt 5,11-12; Lc 6,22-23).

As conseqüências desta experiência singular de Jesus são também fundamentalmente duas: uma diz respeito à relação com Deus; outra, ao relacionamento com o próximo. A primeira consiste numa atitude religiosa feita de confiança, simplicidade, entrega total (cf. Mt 6,25-34; 7,7-11), extremamente crítica de uma atitude religiosa que se apóia no fundamentalismo, que se alimenta da repetição das palavras, dos ritos e que se esgota na exterioridade (cf. Mt 6,1-8). A atitude religiosa do ser humano deve ser a de um filho diante do Pai, o *Abbá* de infinita transcendência e de inimaginável proximidade, que não é a projeção do desejo de segurança do filho, mas a descoberta gratuita de um Deus que respeita e promove sua autonomia e liberdade (cf. Lc 15,11-32). A segunda consiste em que, no momento mesmo em que Jesus envolve o ser humano na sua experiência da paternidade de Deus, faz descobrir o outro como irmão. Em Jesus, há uma reciprocidade ineliminável entre a dimensão religiosa e a atitude social do ser humano. Respondendo sobre qual o primeiro dos mandamentos, Jesus não só põe lado a lado dois mandamentos já presentes no Antigo Testamento (cf. Dt 6,4; Lv 19,18), mas aporta três significativas novidades: apresenta-os como a síntese da Lei e da mensagem dos profetas, resgatando-os do mar imenso de leis (613!) e tradições (cf. Mt 5,23-24); coloca-os em pé de igualdade, pelo que o amor a Deus é verificado pelo amor ao próximo (cf. Mt 25,31-46); o próximo é todo o ser humano, não só o patrício ou o naturalizado, mas todo aquele que vem a estar ao meu lado é um apelo para que eu me aproxime dele (cf. Lc 10,29-37; Jo 13,34; 15,12-13.17), pois a mola que deve levar-me aos últimos, aos pequenos, aos pobres, e mesmo aos inimigos (cf. Mt 5,43-44), é o extraordinário e imerecido amor do Pai, com sua força de transformação e atração: "Sede misericordiosos como é misericordioso o vosso Pai" (Lc 6,36).

Alguns gestos de Jesus evidenciam a atuação do Reino no meio de seu povo: o estar à mesa com os pecadores (cf. Lc 7,36-50; 19,1-10), que mostra que Deus está à procura dos seus filhos, espera-os e acolhe-os, para perdoá-los e dar-lhes uma vida nova (cf. Lc 7,41-43; 15; 18,9-14; Mt 20,1-15; 21,28-32; 22,1-10); os milagres de Jesus, que, libertando as pessoas das concretas situações de opressão e marginalização em que vivem, são sinais do advento do Reino (cf. Mc 6,30-44; Mt 14,13-20; Lc 9,10-17; Jo 6,1-15); os exorcismos, por meio dos quais Jesus liberta algumas pessoas do poder de um princípio pessoal que influencia negativamente suas vidas (cf. Mt 12,27; Lc 10,18).

O Reino, no seu escondimento e mistério, possui uma dinâmica própria de crescimento: no seu início, mostra-se pequeno, escondido, insignificante, mas, no decorrer do tempo, cresce e fortalece-se como uma semente atirada sobre o campo (cf. Mc 4,30-32; Mt 13,31ss.; Lc 13,18ss.) ou como o fermento jogado na massa (cf. Mt 13,33; Lc 13,20s). A erva daninha, ademais, cresce misturada à boa semente (cf. Mt 13,24-30.36-43), como a dizer que a presença e a ação de Deus não eliminam — nem nós devemos ceder à tentação de querer arrancar — o claro-escuro das coisas humanas.[9]

Há, finalmente, uma relação íntima entre o anúncio do Reino e a convocação da comunidade messiânica. Formada por discípulos e discípulas, ela é uma comunidade fraterna, isto é, de irmãos e irmãs, cujo centro é Jesus, que vive totalmente referido ao Pai (cf. Mt 23,8-12). Aqueles que assumem algum cargo nessa comunidade assumem, na verdade, um serviço (cf. Mc 10,42-44; Mt 20,20-28; Lc 22,25-27). Faz parte dessa comunidade um grupo de mulheres, que o seguem, ajudam, participam da sua missão (cf. Lc 8,1-3). Às vezes, entendem Jesus e mostram-se perseverantes mais do que os Doze (cf. Mt 27,55; Jo 19,25) — aliás, é uma mulher, Maria Madalena, que recebe primeiro o dom da aparição de Jesus ressuscitado (cf. Jo 20,11-18).

Essa comunidade tem a tarefa de dirigir-se, antes de tudo, a Israel, para que este redescubra e viva sua vocação de Povo de Deus.[10] A escolha dos Doze situa-se nesta lógica simbólica da renovação da totalidade de Israel (cf. Mt 10,1-7). Sua função primária é apoiá-lo em sua própria atividade: "Anunciai que o Reino de Deus está próximo" (Mt 10,7; cf. Mc 3,14).[11] O discípulo deve ir a público, conversar com as pessoas, tentar, numa abordagem pessoal, conquistá-las para o Reino, bem como sofrer o afastamento daqueles que lhe são mais caros, os quais, porém, não fazem a mesma opção (cf. Mt 10,37; Lc 14,26).

Segundo o Novo Testamento, portanto,

a salvação anunciada por Jesus está voltada para um povo; só se pode realizar em um povo. Um povo deve ser reunido para o Reino de Deus que vem, que é iminente. Povo de Deus e Reino de Deus correspondem-se mutuamente, não são grandezas inconciliáveis [...] [A Igreja] permanece uma coisa provisória. O definitivo é o Reino de Deus. Quanto melhor ela reconhecer sua provisoriedade e deixar-se determinar pelo definitivo, tanto mais há de estar conforme ao agir de Jesus.[12]

---

[9] Trata-se, na verdade, de "uma sinergia entre a graça de Deus e a liberdade do homem e dos homens: a graça é onipotente, mas respeita a liberdade do homem até o fim, seus tempos de crescimento e suas opções [...]" (CODA, P. *Dio tra gli uomini*, cit., p. 88. Cf. Mc 4,1-9.14-20; Mt 13,1-9; Lc 8,4-8 [diversos tipos de terreno]; Mc 4,26-29 [a semente cresce por força própria]; Mc 13; Mt 24; Lc 21 (dimensão meta-histórica).

[10] Cf. CODA, P. *Dio tra gli uomini*, cit., p. 93.

[11] Ser discípulos e seguir Jesus "é ser incluídos na atividade de Jesus, participando do anúncio do domínio de Deus", estando na inteira dependência de Jesus, não atuando em seu próprio nome, "mas sim em comunhão com ele; sem ele o anúncio da "basiléia" perde sua força" (GNILKA, J. *Jesus de Nazaré. Mensagem e história*. Petrópolis, Vozes, 2000. p. 162).

[12] Idem, ibidem, p. 188. Cf. ELLACURÍA, I. *Conversión de la Iglesia al reino de Dios*. Santander, Sal Terrae, 1984.

O Reino de Deus, neste sentido, oferece o horizonte último de compreensão da identidade e da missão da Igreja:

> recorda-lhe que ela não é o Reino de Deus, mas sua servidora por princípio; que suas realizações internas devem ser sinais do Reino na história. Exige dela que sua missão seja, como a de Jesus, boa notícia aos pobres, evangelização e denúncia, anúncio da palavra e realização histórica de libertação. Desta forma, a Igreja pode ser, hoje, "sacramento de libertação".[13]

Se o Reino, nesta perspectiva sacramental, procede de Deus (caráter teologal), só se revela por meio de gestos e ações simbólicas (dimensão simbólica), destina-se aos pobres e oprimidos (privilégio dos pobres) e é a realização do projeto de Deus sobre este mundo, a vitória amorosa de sua soberania (caráter escatológico), os pobres são sacramento absolutamente necessário para nossa salvação:

> O sacramento do pobre comunica-nos com o Deus de sua vontade e não com o Deus de seu auxílio. Deus nele é interpelação e não consolo, questionamento e não justificação. Efetivamente, diante do pobre, o ser humano é convidado ao amor, ao serviço, à solidariedade e à justiça. É um sacramento amargo de receber. Todavia continua sendo o único "sacramento" absolutamente necessário para a salvação. Os sacramentos rituais têm exceções, e não poucas. Porém a pobreza não tem nenhuma. E também é o sacramento absoluto universal de salvação. O caminho para Deus passa, necessariamente, para todos sem exceção, pelo caminho do ser humano, do ser humano necessitado, seja qual for a sua necessidade: de pão ou de palavra.[14]

A Igreja, portanto, tem por horizonte, sentido e meta o Reino e deve colocar-se a seu serviço. Esse Reino, iniciado pelo próprio Deus, deve ser anunciado a todos até que, no fim dos tempos, seja por ele mesmo consumado (cf. Cl 3,4). Quando Cristo, nossa vida, aparecer, "a própria criatura será libertada do cativeiro da corrupção para a gloriosa liberdade dos filhos de Deus" (Rm 8,19-21), no reino da vida e da liberdade. Por isso,

> a Igreja, embora conheça "o segredo do Reino" (cf. LG 48) e seja na terra seu germe e início (cf. LG 5), "não é fim em si mesma; pelo

---

[13] SOBRINO, J. Centralidad del reino de Dios. In: ELLACURÍA, I & SOBRINO, J. *MysLib*, Madrid, Trotta. 1990. v. I, p. 507. ELLACURÍA, I. La Iglesia de los pobres, sacramento historico de la liberación. In: ELLACURÍA, I & SOBRINO, J. *MysLib*, Madrid, Trotta, 1990. v. II, pp. 134-135.

[14] PIXLEY, J. & BOFF, C. *Opción por los pobres*. Madrid, 1986. p. 11. Cf. CODINA, V. Sacramentos. In: ELLACURIA, I. & SOBRINO, J. *MysLib*. Madrid, Trotta, 1990. v. II, pp. 277-282. Em arroubo místico, o bispo, profeta e poeta de São Félix do Araguaia canta que "o Espírito decidiu administrar o oitavo sacramento: a voz do Povo!" (*Cantares de la entera libertad*. Managua, IHCA-CAV-Cepa, 1984. p. 73).

contrário, deseja intensamente ser toda de Cristo, em Cristo e para Cristo, e toda dos seres humanos, entre os seres humanos e para os seres humanos" (Paulo VI, AAS 56 [1964] 810). O Reino de Deus, na verdade, é maior que a Igreja e que o mundo; está, todavia, presente e atuante tanto na Igreja como no mundo, embora de forma diferente: na Igreja, de modo sacramental e consciente; no mundo, de modo oculto e inconsciente. A Igreja, na verdade, não é o Reino, mas o seu sacramento, o "Reino em mistério" (LG 5) [...].[15]

Ela é uma grandeza totalmente relativa a Deus, à sua palavra, ao seu projeto, ao seu Reino; aí podemos encontrar o absoluto, o transcendente, o último e definitivo na história.[16]

Igreja e Reino, conseqüentemente, não podem ser identificados, como o foram em interpretações teológicas precedentes.[17] Igreja e Reino estão em relação recíproca, mas não se identificam, nem podem ser inseridos harmoniosamente num sistema político ou religioso. No Vaticano II, graças aos progressos da exegese e a um conhecimento mais crítico da história e das ideologias, a Igreja é apresentada como

Povo de Deus no tempo, contingente, peregrino. Ainda que o seu cumprimento seja reservado à ação de Deus, ela, no presente que é chamada a viver sempre de novo, deve tornar simbolicamente crível, mediante a mensagem e a prática, o fato de que em si mesma está pre-

---

[15] CNBB. *Missão e ministérios dos cristãos leigos e leigas*. São Paulo, Paulinas, 1999. n. 76. Cf. BOFF, C. *Da libertação. O teológico das libertações sócio-históricas*. Petrópolis, Vozes, 1979. pp. 82-83.

[16] A Igreja torna-nos possível "descobrir e celebrar esta experiência de Deus. A Igreja é, neste sentido, o sacramento necessário do Reino de Deus na história. [...] Deus é *maior* do que a Igreja. O Reino de Deus é o único absoluto e a Igreja é algo relativo. O Reino de Deus é o que dá sentido à Igreja. Quando se absolutiza a Igreja, esta perde seu sentido e pode tornar-se um instrumento de poder e de dominação. Por isso é necessário estar continuamente avaliando a Igreja a partir da perspectiva da construção do Reino de Deus na história. [...]. Muitos homens de Igreja sempre estão excessivamente preocupados em defender os interesses e direitos da Igreja, mas esquecem-se de perguntar-se onde e como se está revelando o Reino de Deus na história e quais são os sinais de sua presença. A Igreja é necessária, mas não absoluta; sua função e razão de ser está no absoluto do Reino de Deus, e este se revela na Igreja, mas também além da Igreja, e muitas vezes apesar da Igreja. Em todas as Igrejas fala-se de Deus, porém quiçá em muito poucos o próprio Deus pode falar. A Igreja, normalmente, é especialista nas coisas de Deus, porém nem sempre ensina-nos a escutar Deus. Muitas Igrejas vivem centradas em si mesmas, o objeto de sua pregação é a Igreja e todo o seu esforço é fazer com que a Igreja cresça. Esse esforço é louvável, mas distrai do fundamental: o Reino de Deus. A Igreja deve estar centrada no Reino: pregar o Reino e esforçar-se para que o Reino cresça" (RICHARD, P. Teología en la teología de la liberación. In: ELLACURÍA, I & SOBRINO, J. *MysLib*. Madrid, Trotta, 1990. v. I, p. 205).

[17] Cf. BOFF, C. *Teologia e prática*. Petrópolis, Vozes, 1978. pp. 197ss. IDEM. *Comunidade eclesial – Comunidade política. Ensaios de eclesiologia política*. Petrópolis, Vozes, 1978. p. 29.

sente de modo inicial a esperança da salvação eterna que diz respeito a todos os seres humanos (por exemplo, LG 3; 9; 35ss.; GS 39; 72).[18]

No pai-nosso, pedindo o advento do Reino (cf. Mt 6,10; Lc 11,2), o olhar dos cristãos vai muito além de qualquer instituição terrena e de todas as possibilidades de ação humana: "a meta última do plano salvífico de Deus e a forma perfeita da salvação para todo o mundo", diz um exegeta que aprofundou tanto o tema do Reino quanto o da Igreja,

> *não é a Igreja, mas o Reino de Deus [...] A este Reino de glória referem-se todas as imagens e parábolas com as quais Jesus acena "àquilo que virá" [...] a Igreja pertence ainda ao tempo do crescimento e da maturação [...]. Se se esquece disso, dá-se numa glorificação da Igreja que não se concilia com tudo aquilo que no Novo Testamento se diz da Igreja e para a Igreja. A Igreja torna-se, então, uma Igreja da glória, em que todas as promessas aparecem cumpridas e não se vê mais que a última promessa, a glória do Reino de Deus, está ainda suspensa.*[19]

2. IGREJA E ISRAEL: "NÃO REPUDIOU DEUS O SEU POVO, QUE DE ANTEMÃO CONHECERA" (Rm 11,2)

As relações entre a Igreja e Israel são, ao mesmo tempo, profundas e tensas. A começar por Jesus. Ele certamente se dirige a indivíduos, mas não está interessado na mera soma destes. Está interessado no povo de Israel. Ele quer que Israel seja novamente reunido e reconstituído. Não se trata, porém, de qualquer movimento de reconstituição, mas da reconstituição escatológica do Povo de Deus.[20]

Diante da recusa da maioria de Israel, Jesus concentra sua atenção sobre os discípulos e discípulas. Este grupo, entretanto, não é o "resto de Israel", uma comunidade separada ou substitutiva de Israel. O grupo de discípulos e discípulas é, muito mais, representação e prefiguração da totalidade de Israel, que, a esta altura, ainda pode ser reconstituído em sua totalidade e o será um dia.

---

[18] BUSSMANN, M. Regno di Dio. In: EICHER, P. *Enciclopedia teologica*. Brescia, Queriniana, 1990. p. 851.
[19] SCHNACKENBURG, R. *La Chiesa nel Nuovo Testamento*. Brescia, Morcelliana, 1971. p. 200. Cf. IDEM. *Signoria e regno di Dio*. Bologna, Il Mulino, 1990.
[20] "O conteúdo central da pregação de Jesus é que agora, com sua aparição, os tempos se completam. As antigas promessas que dizem respeito ao fim dos tempos se tornam realidade. Nesta situação escatológica, Israel deve agarrar a salvação a ele oferecida, deve converter-se e deixar-se reconstituir para o Reino de Deus" (LOHFINK, G. *Como Jesus queria as comunidades? A dimensão social da fé cristã*. São Paulo, Paulinas, 1987. p. 102).

Essa concentração em Israel não exclui o universalismo da salvação. A menção à peregrinação dos povos mostra que Jesus vê o papel de Israel num horizonte universal. Israel não é eleito como fim em si mesmo, mas como sinal da salvação das nações. Na sua forma definitiva, o Reino de Deus é grandeza universal, por isso inclui, mas supera, Israel. O Reino de Deus há de ser mediado historicamente, brilhando num povo concreto (Israel) e manifestando, assim, sua natureza a todo o mundo.

O Reino de Deus está, portanto, ligado, necessariamente, ao Povo de Deus.[21] E à medida que o Povo de Deus deixasse envolver-se pela soberania de Deus, ele se iria modificando em todas as dimensões de sua existência. Tornar-se-ia não um Estado teocrático, mas uma "sociedade de contraste", uma família de discípulos e discípulas, como queria Jesus.

O grupo de discípulos e discípulas de Jesus, como início do Israel escatológico, é mais do que uma comunidade ideal, uma comunidade meramente espiritual e religiosa:

> *O movimento de reunião de Jesus é algo muito concreto e visível. O fato de Jesus não dar a este movimento um perfil bem estruturado e um cunho institucional não pode levar-nos a crer que ele queira uma "comunidade invisível". Porque aqui se trata de Israel, e este, como comunidade diante de Deus (ainda que comunidade doente e dividida), já existe há tempo.*[22]

Inicialmente, aqueles que confessavam a própria fé em Jesus como Messias eram apenas um "caminho" próprio, no máximo uma "seita" no interior do judaísmo. Igreja independente do judaísmo começou a existir somente ao cabo de um longo e complexo processo de afastamento mútuo, pontilhado de conflitos (cf. Mc 9,40; Mt 12,30; Jo 6,66ss. etc.). Seja como for, no período pós-pascal, é reconhecível a trajetória do grupo de Jesus para uma verdadeira e própria instituição Igreja, distinta e separada de Israel: em Antioquia, os discípulos recebem o nome de "cristãos" (cf. At 11,26); no concílio apostólico (49 d.C.), decide-se a acolhida dos não-hebreus na comunidade cristã, sem as obrigações da Lei (At 15); no interior do judaísmo, o movimento de Jesus é considerado "caminho" próprio (cf. At 19,9) e "seita dos nazarenos" (cf. At 24,5); com a destruição do templo (70 d.C.), os cristãos de origem judaica perdem o espaço decisivo de comunhão com seu

---

[21] "Simplesmente não existe Reino de Deus sem um Povo de Deus. Com razão diz R. Schnackenburg [*Gottes Herrschaft und Reich. Eine biblisch-theologische Studie*. Freiburg, Herder, 1959. p. 150]: "Quem nega a intenção de Jesus de formar comunidade, 'não entende a maneira messiânico-escatológica de pensar em Israel, onde a salvação escatológica não pode ser separada do povo de Deus e onde a comunidade de Deus pertence necessariamente ao Reino de Deus'" (Idem, ibidem, p. 43). Cf., na mesma linha, JEREMIAS, J. *Teologia do Novo Testamento*. São Paulo, Paulinas, 1984. pp. 365ss.

[22] LOHFINK. G. *Como Jesus queria as comunidades?*, cit., p. 46.

povo; finalmente, os judeo-cristãos são excomungados da sinagoga (90 d.C.) (cf. Jo 9,22).

O distanciamento histórico no plano social e teológico, porém, não podia ser explicado como uma separação total. Pense-se na autodesignação da Igreja como Povo de Deus. Em primeiro lugar, não existe um plural para este conceito. Em segundo, de acordo com o Novo Testamento, não há uma substituição do antigo Povo de Deus por um novo Povo de Deus, como se pensa muitas vezes: "Não repudiou Deus o seu povo, que de antemão conhecera" (Rm 11,2). Pelo contrário, ele vê Israel como a oliveira na qual foram enxertados novos ramos, de modo que também estes possam produzir no futuro: "Saibas que não és tu que sustentas a raiz, mas a raiz sustenta a ti" (Rm 11,18). Apesar da atual separação entre hebreus e cristãos, Paulo tem plena certeza de que, no fim, "Israel será salvo" (Rm 11,24; cf. 11,26).[23] Portanto, a Igreja só pode chamar-se "novo Povo de Deus" [24] "se se vê, hoje como então, ligada ao antigo e reconhece a sua força vital".[25]

A relação da Igreja com o judaísmo é, na verdade, assimétrica: a fé judaica não é ordenada a colher a existência da Igreja, mas a Igreja não pode prescindir do patrimônio judaico de história e de fé para a sua autocompreensão. Para a Igreja, a declaração do Vaticano II sobre o judaísmo não foi mero gesto de tolerância para com os "de fora", nem uma catarse da consciência pelos crimes dos cristãos contra os judeus, mas uma medida indispensável para a própria vida da Igreja. Apesar de todos os conflitos e da inevitável tensão, somos filhos de Abraão,[26] "os nossos pais, os filhos de Israel", conquistaram a liberdade naquela memorável Páscoa, em que Jesus era um "judeu marginal".[27] Ignorar este dado primário

> *equivale a tomar a estrada de um marcionismo contra o qual a Igreja logo reagiu com força, consciente da sua ligação vital com o Antigo Testamento, sem a(o) qual o próprio Novo Testamento fica esvaziado de sentido. As Escrituras são inseparáveis do povo hebreu e da sua história, que conduz ao Messias prometido e esperado, Filho de Deus feito homem [...]*[28]

---

[23] Para Paulo, na verdade, Israel, graças à fidelidade de Deus, mantém os seus privilégios e continua a ser o povo predileto de Deus (cf. Rm 9,4); há uma união permanente entre cristãos e hebreus pelo enxerto daqueles no antigo tronco destes (*sancta radix*); há a profecia da conversão final de Israel e dos bens que esta acarretará a toda a família humana (cf. BALLARINI, L. *Paolo e il dialogo Chiesa-Israele. Proposta di un cammino esegetico*. Bologna, EDB, 1997).

[24] Cf. RATZINGER, J. *Il nuovo povo di Dio*. Brescia, Queriniana, 1971. Cf. *NA* 4.

[25] ZIRKER, H. *Ecclesiologia*. Brescia, Queriniana, 1987. p. 126.

[26] "Perscrutando o mistério da Igreja, o sagrado Concílio recorda o vínculo com que o povo do Novo Testamento está espiritualmente unido à linhagem de Abraão" (*NA* 4a).

[27] MEIER, J. P. *Um judeu marginal. Repensando o Jesus histórico*. São Paulo, Imago, 1996.

[28] JOÃO PAULO II. Discurso aos participantes do simpósio vaticano sobre As raízes do antijudaísmo em ambiente cristão (30.10 – 1º.11.1997). *Il Regno Attualità* 42 (1997/nov.) 580.

A pertença de Jesus à "semente de Abraão"[29] e o seu nascimento "sob a Lei" (Gl 4,4) não são dados circunstanciais ou intercambiáveis, mas eventos de tal modo fundantes da fé cristã que não são substituíveis por nenhuma outra preparação evangélica.[30] A própria Sagrada Escritura dos judeus é também, para os cristãos, testemunha da revelação e Palavra de Deus (cf. 2Tm 3,16-17). No Novo Testamento, com efeito, não se propõe a existência de um novo livro. Para a fé cristã, Jesus Cristo, em relação à revelação que o precedeu, representa a figura que permite interpretar, sob luz nova, os escritos já existentes, ao mesmo tempo que os escritos precedentes são referências indispensáveis para entender sua pessoa e obra. Por isso surgem, sim, novos livros, os quais não formam um novo livro — ou uma nova Bíblia — mas que, depois de um trabalhoso e prolongado processo, são acolhidos no cânon das "sagradas escrituras" e integram — ainda que como Novo Testamento ou Segundo Testamento — a Bíblia judaico-cristã.[31]

Levando em conta esses dados, a complexa relação entre Igreja e povo hebraico poderia ser apresentada em quatro modelos: o da *sucessão-substituição* (o Povo de Deus das origens perdeu a própria legitimidade);[32] o da *superação* (por causa da novidade do Evangelho, a fé hebraica, não obstante sua grande relevância no passado, está destituída de valor); o da *integração* (o que há de verdadeiro e de válido na fé hebraica é assumido e conservado na fé cristã); o da *originalidade-originariedade* do povo hebraico. Os três primeiros modelos, a bem da verdade, são eclesiocêntricos e partem do pressuposto de que a Igreja superou o povo judaico histórica e teologicamente, tornando-se a única representante da *universalidade*

---

[29] Cf. *NA* 4a.
[30] A expressão é de Eusébio de Cesaréia, nas obras *Preparatio evangelica* e *Demonstratio evangelica*, escritas entre os anos 316 e 320. Cf. STEFANI, P. Ebraismo, cristianesimo e islam. Un unico Dio e tre religioni. *Il Regno Attualità* 48 (2003/3) 205.
[31] "A dupla, todavia unitária, perspectiva pela qual a obra de Jesus é 'segundo as Escrituras', enquanto a 'inteligência das Escrituras' (cf. Lc 2,45) realiza-se somente à luz de Jesus, além de marcar uma radical diferença com o modo islâmico de entender o completamento da revelação, justifica o fato de que os escritos neotestamentários não sejam livros que se substituem a outros textos. Nenhum muçulmano tem, por motivos intrínsecos à própria fé, a necessidade de consultar a Torá e o Evangelho, enquanto a comunidade cristã, para ter 'inteligência' da própria fé, não pode prescindir de ler as Escrituras de Israel. É essencial compreender que os escritos 'protocristãos' não nascem como livros canônicos, mas tornam-se tais somente ao fim de um processo que durou pelo menos dois séculos. Quando, então, este desenvolvimento chegará a termo, a 'grande Igreja' conhecerá não um cânon formado apenas pelo Novo Testamento, mas sempre e só uma Bíblia constituída em modo orgânico por o Antigo e o Novo Testamento. Esta escolha fundamental tornou necessário para a fé cristã o confronto com palavras originariamente dirigidas à comunidade de Israel" (STEFANI, P. Ebraismo, cristianesimo e islam, cit., p. 204).
[32] "Do ponto de vista histórico, a teologia da substituição tem sido, de longe, a perspectiva mais útil para compreender os modos em que se desenvolveram as relações dramáticas e intensas intercorrentes entre cristãos e hebreus; ela, porém, é muito pouco significativa para colher as relações do Islã com o cristianismo e o hebraismo" (STEFANI, P. Ebraismo, cristianesimo e islam, cit., p. 205).

(dirige-se a todos os povos), enquanto Israel encarnaria o *particularismo* religioso. Essa contraposição, porém, é problemática, pois separa aquilo que, no pensamento bíblico, está inter-relacionado e em tensão: em primeiro lugar, o povo judeu, justamente em sua realidade circunscrita, vê-se referido a toda a humanidade; em segundo lugar, o particularismo judaico é visto como uma fé orgulhosa da própria eleição, o que favorece um sentimento de superioridade religiosa; em terceiro lugar, ignora-se o fato de que também o cristianismo tem uma existência particular dentro da humanidade, sendo a verdadeira universalidade (a união de todos os povos) uma promessa ainda a se cumprir.

As alternativas para a Igreja, na verdade, sempre foram duas: a primeira (própria das origens cristãs, mas recolocada nos últimos anos) afirma a perpetuidade da eleição do povo de Israel; a segunda (apoiando-se na "teologia da substituição") qualifica a Igreja cristã como "verdadeiro Israel". Em ambas, na verdade, permanece imprescindível a referência a Israel como a uma origem particular e não-intercambiável com qualquer outra. As diferenças entre as duas perspectivas são enormes: caso se leve a sério que a chamada e os dons de Deus são irrevogáveis (cf. Rm 11,29), a eleição de Israel será uma perspectiva permanente destinada a interagir com a universalidade da salvação realizada em Cristo; na outra hipótese, a Igreja considera-se herdeira única e integral da eleição que teria sido perdida por Israel. As imagens de Igreja que nascem dessa alternativa são evidentemente incompatíveis; nos dois casos, porém, a Igreja não tem como não fazer as contas com Israel na definição de sua fé.

3. IGREJA E RELIGIÕES: "NÃO REJEITA NADA QUE SEJA VERDADEIRO E SANTO NESTAS RELIGIÕES" (NA 2)

Olhando a situação religiosa da humanidade, a Igreja aparece como uma comunidade ao lado de outras. Por isso, tendo em vista sua origem e sua pretensão de universalidade, é preciso que decline sua autocompreensão em relação às outras religiões. Esta relação evidentemente comporta confrontos e concorrências.

O Novo Testamento, superando um modelo simplista e grosseiro de contraposição global entre cristãos e "pagãos", testemunha dois modelos de relação entre a Igreja e as religiões: o cumprimento (aperfeiçoamento) e a rejeição (recusa).

O primeiro modelo aparece claro no discurso de Paulo aos atenienses, que, embora vivendo numa cidade cheia de ídolos (cf. At 17,16), são pessoas particularmente religiosas (cf. At 17,22), às quais ele anuncia o "deus desconhecido" (cf. At 17,17-31). A lógica de fundo é que a fé cristã explicita claramente aquilo que, na religião dos atenienses, está presente de forma alusiva e errônea: "O que adorais sem conhecer, isto venho eu anunciar-vos"

(At 17,23). Todas as pessoas são da raça de Deus (At 17,28-29) e deveriam procurá-lo, "embora não esteja longe de nenhum de nós" (At 17,27). O uso deste "nós" (cf. 17,26) une os crentes das comunidades cristãs com os crentes de outras religiões! Neste sentido,

> *os Atos dos Apóstolos sublinham que a pregação da revelação de Deus encontra-se em conexão com as experiências que "todos os povos" já possam fazer antes, ainda que "percorram os seus [diversos] caminhos". Deus, com efeito, "não deixou de dar testemunho de si mesmo fazendo o bem, do céu enviando-nos chuvas e estações frutíferas, saciando de alimento e alegria os vossos corações" (At 14,16ss.). Ainda nesta perspectiva fica óbvio o choque entre os "ídolos vãos" e "o Deus vivo" (v. 15), que exige a decisão de conversão. O contraste, porém, baseia-se numa ligação fundamental de todos os seres humanos, que na Igreja deve encontrar a sua realização explícita.*[33]

Já o segundo modelo é representado pela carta aos Romanos, segundo a qual todos os seres humanos encontram-se em condições de dirigir-se a Deus, "porque o que se pode conhecer de Deus é manifesto entre eles, pois Deus lhes revelou, [...] de sorte que não têm desculpa" (Rm 1,19ss.). Isso, contudo, não é motivo pelo qual se devam reconhecer as outras religiões e referi-las à fé cristã. O seu raciocínio, na verdade, visa a incluir todos os seres humanos no pecado da sua insensatez, para que não construam sobre si próprios, mas somente sobre a graça de Deus. As outras religiões são lidas como provas do modo de pensar ímpio do ser humano, que, na sua auto-suficiência, perverteu a reta relação com Deus (cf. Rm 1,21-25).

No fundo, Paulo tem uma só estrada a indicar, seja a judeus, seja a pagãos: a da fé em Jesus Cristo, que conduz à paz com Deus (Rm 5,1). Apesar do reconhecimento de um terreno comum, a pretensão absolutizante do cristianismo parece total e, por isso, o choque da Igreja com as outras religiões, inevitável.

No passado, duas teologias representaram os dois modelos anteriores; recentemente, surgiu uma terceira. Temos, assim, o que se convencionou chamar de inclusivismo, exclusivismo e pluralismo.

A primeira teologia ensina que, fora dos confins da Igreja visível, nas diversas religiões, encontram-se sementes do Verbo que ilumina todo o ser humano que vem a este mundo (cf. Jo 1,9), que podem servir de preparação para o encontro com o Evangelho.[34] Na mesma linha, ensina-se que, assu-

---

[33] ZIRKER, H. *Ecclesiologia*, cit., p. 133.
[34] O concílio assume esta idéia em *LG* 16-17, *AG* 11.15, *NA* 2. Cf. JOÃO PAULO II. *RM* 56. Cf. EUSÉBIO DE CESARÉIA. *Praeparatio evangelica e Demonstratio evangelica*, escritas entre 312 e 320. Veja-se a crítica a esta categoria pelo competente teólogo leigo F. Teixeira, O Concílio Vaticano II e o diálogo inter-religioso, in: P. S. Lopes Gonçalves & V. I. Bombonatto (Ed.), *Concílio Vaticano II*, São Paulo, Paulinas, 2004, pp. 273-291.

mindo a natureza humana, o Filho colocou, como o pastor que encontra a ovelha perdida (cf. Mt 18,12-24; Lc 15,1-7), toda a humanidade sobre os ombros, para apresentá-la ao Pai, de tal modo que, "tendo-a tomado sobre si, faz dela uma só coisa consigo".[35] Além disso, alguns, interpretando, primeiro, o "entre nós" de Jo 1,14[36] no sentido de "dentro de nós" e, em seguida, invertendo os sujeitos, no sentido de "nós estarmos com ele", concluem que ele reconcilia a todos com o Pai.[37] Finalmente, com o Vaticano II, é preciso dizer que Jesus é o "homem perfeito", seguindo o qual o ser humano torna-se mais humano,[38] pois o Filho é o modelo segundo o qual Deus fez o primeiro ser humano; se o destino do ser humano é assumir em si "a imagem do homem celeste" (1Cor 15,49), em cada ser humano deve existir uma disposição interior a esta sua finalidade.[39]

A segunda teologia tem sua síntese mais eficaz no aforismo "extra Ecclesiam nulla salus". Em seu nascedouro, esta frase tinha a intenção de exortar os membros da Igreja à fidelidade,[40] mas seu uso posterior significou o mais rígido "exclusivismo". Após longa pré-história, a doutrina correspondente foi estabelecida pelo Concílio de Firenze, em 1442.[41] Definem-se dois grupos complementares, os "de dentro" e os "de fora"; ninguém pode pertencer ao mesmo tempo aos dois; o critério em base ao qual se pertence a um ou a outro é o batismo. Conseqüentemente, nenhum daqueles que estão fora da Igreja católica podem conseguir a vida eterna. O pior é que tanto os de "fora" quanto os de "dentro" podem jejuar, dar esmolas, cumprir outras obras pias, até receber os sacramentos, praticar "os exercícios da milícia cristã", mesmo "derramar seu sangue por causa de Cristo", ou seja, realizar os frutos do Espírito, mas os "de fora" não podem salvar-se, pois não estão explicitamente unidos à Igreja de Cristo! O primeiro assalto a essa compreensão veio em 1713, quando a afirmação "fora da Igreja não é concedida nenhuma graça" foi condenada como erro dogmático.[42] Além disso, o conhecimento de novos povos e de culturas diferentes questionava a certeza de que a mensagem cristã pudesse ser suficientemente compreensível a qualquer pessoa. Na Europa, especificamente, mas, progressivamente, no Ocidente moderno, uma pretensão de exclusividade tão

---

[35] Gregório de Nissa. *Contra Apol.* XVI (PG 45, 1.153). No concílio, a idéia aparece em *GS* 22. Em João Paulo II, na *RMI* 6, por exemplo.
[36] "E o Verbo se fez carne e habitou entre nós."
[37] Cf. Cirilo de Alexandria. *In Joh.* I 9: PG 73, 164.
[38] Cf. *GS* 41. Cf. também 22, 38, 45.
[39] Cf. Tertuliano. *De carnis res. (De res. Mort.)* 6 (CCL, 928), citado em *GS* 22, nota 20. Ireneu de Lião. *Adv. haer.*, III 22, 3 (SCh 211, 438).
[40] Cf. Orígenes. *In Jesu Nave*, III, 5 (SChr 71, 142ss.). Cipriano. *De cath. unit.* 6 (CSEL III, 1, 214ss.). Idem. *Ep.* 73, 21 (CSEL 32, 795).
[41] Cf. *DS* 802 [IV Concílio de Latrão]; 870-875 [*Unam sanctam*, de Bonifácio VIII]; 1351 [Concílio de Florença].
[42] Cf. *DS* 2429.

acentuada por parte da Igreja não se harmonizava com a exigência de tolerância própria do Iluminismo. Na *Mystici corporis,* Pio XII afirma que podem salvar-se fora da comunhão visível com a Igreja aqueles que estão unidos a ela por meio de um desejo inconsciente e, assim, ordenados ao corpo místico.[43] O Santo Ofício reage ao radicalismo exclusivista do jesuíta norte-americano Leonard Feeney, em carta ao arcebispo de Boston, em 1949, distinguindo necessidade de preceito (*necessitas praecepti*) de necessidade dos meios indispensáveis para a salvação (*intrinseca necessitas*), o que representa uma abertura sem precedentes.[44] O Vaticano II usa o aforismo, dirigindo-o, porém, apenas aos católicos e limitando sua validade àqueles que conhecem a necessidade da Igreja para a salvação (cf. *LG* 14); não o aplica aos pagãos, que, segundo o Concílio, são de diversos modos ordenados ao Povo de Deus (cf. *LG* 16), em nome da vontade salvífica universal de Deus (cf. *LG* 2, 3, 16; *AG* 7), a qual, segundo o Concílio, inclui a vocação de todos os homens e mulheres à unidade católica do povo de Deus (cf. *LG* 13), dada a única e universal mediação salvífica de Cristo (cf. *LG* 14). Supera-se o *extra Ecclesiam,* mas não se abre mão do *extra Christum*!

A declaração *Nostra aetate* — justamente sobre as relações com as outras religiões — contempla, antes de tudo, a comunidade dos povos, para colher aí, antes de tudo, "aquilo que os homens têm de comum e o que os move a viverem juntos o próprio destino" (*NA* 1). Com essa predisposição, sublinha nas religiões quase que exclusivamente os elementos passíveis de reconhecimento e de apreço, ainda que a Igreja continue a ocupar a posição central. Num esquema de círculos concêntricos, de fora para dentro, aparecem: a comunidade de todos os povos (cf. ibidem); aqueles grupos nos quais se percebe uma "certa sensibilidade a essa força escondida, presente no fluxo das coisas e nos acontecimentos da vida humana, e não raro reconhece-se uma Divindade Suprema e até mesmo um Pai" (*NA* 2) e, então, fala-se do hinduísmo e do budismo; o islã, que apresenta vários pontos em comum com os cristãos (cf. *NA* 3); o judaísmo, que é objeto da tratação mais ampla (cf. *NA* 4). Tudo termina, em nome da paternidade divina universal, que gera idêntica fraternidade, com uma rejeição do "fundamento" de qualquer teoria ou procedimento que "introduz, entre homem e homem, entre povo e povo, discriminações quanto à dignidade humana e aos direitos que dela derivam" (*NA* 5).

Neste modelo, ainda que a Igreja esforce-se por assumir uma atitude aberta e compreensiva, não faltam aspectos negativos. Em primeiro lugar, o excessivo irenismo faz com que não apareçam pontos importantes de contraste entre uma religião e outra, como, por exemplo, o fato de que o Alcorão é considerado o único verdadeiro livro de Deus, e Maomé, o seu enviado último e decisivo. Em segundo lugar, reconhecem-se as outras religiões somente à medida que a Igreja encontra nelas as suas próprias concepções, ou seja, a

---

[43] Cf. Pio XII. *Mystici corporis*. In: *DS* 3821.
[44] Cf. *DS* 3866-3873.

Igreja torna-se o metro das demais religiões, que, por sua vez, funcionam como uma espécie de espelho daquilo que a Igreja tem em si. A não-interatividade é tamanha neste esquema que aí falta até a palavra "diálogo", presente, porém, ainda que só duas vezes, em outros números da declaração (cf. *NA* 2 e 4). Por último, o Concílio aprecia formas de vida "nas" religiões, reconhece o testemunho de seguidores "individuais", mas não reconhece da mesma maneira as próprias religiões — com exceção do povo hebraico — como "comunidades". É como se não fossem instituições sociais e como se a Igreja, nas suas relações com elas, não pudesse ter um interlocutor paritário no plano social, mas tão-somente indivíduos soltos e isolados.

Diante do dilema representado, por um lado, pela necessidade de conservar seu próprio caráter e sua própria pretensão (vetor da "identidade") e, por outro, pelo imperativo de promover, de maneira crível e crescente, o recíproco respeito e reconhecimento entre as religiões (vetor do "diálogo"), desenvolveu-se, nas últimas duas décadas, uma nova teologia, no caso, a terceira, que tem vários nomes de batismo: Cristo "com as religiões" (universo teocêntrico com uma cristologia normativa ou não-normativa); pluralismo; teocentrismo (com seu desdobramento mais radical no soteriocentrismo). O "pluralismo" quer eliminar do cristianismo qualquer pretensão de exclusividade ou de superioridade em relação às outras religiões, que seriam ordenadas umas às outras e complementares. Pretende reconhecer as riquezas das várias religiões e o testemunho dos seus seguidores e, sobretudo, facilitar a união de todas as religiões em torno da justiça e da paz no mundo. Normalmente, distinguem-se, no "teocentrismo", duas concepções da pessoa e da função de Jesus Cristo: no primeiro caso, ele é considerado normativo (mas não constitutivo e necessário) da salvação; no segundo, não se reconhece a Jesus Cristo nem valor constitutivo, nem normativo. No primeiro, sem negar que também outros possam mediar a salvação, reconhece-se em Jesus Cristo o mediador que melhor a exprime (o amor de Deus revela-se mais claramente em sua pessoa e em sua obra), pelo que ele se torna o paradigma para outros mediadores; no segundo, Jesus Cristo não é constitutivo nem normativo para a salvação: Deus é transcendente e incompreensível, por isso não podemos julgar os seus desígnios com nossas categorias humanas, nem as afirmações sobre ele, nem as várias religiões. O chamado "soteriocentrismo" radicaliza ulteriormente a posição teocêntrica, pois concentra seus interesses não na questão de Jesus Cristo (ortodoxia), mas no compromisso efetivo de cada religião e de todas as religiões com os sofrimentos da humanidade (ortopráxis). Neste sentido, "o valor das religiões consiste em promover o Reino, a salvação, o bem-estar da humanidade", encerrando-se numa visão pragmática e imanentista.[45]

---

[45] Cf. COMISSÃO TEOLÓGICA INTERNACIONAL. Il cristianesimo e le religioni. *Il Regno-Documenti* 42 (1997/3) 77. RATZINGER, J. Relativismo problema della fede (J. Ratzinger alle commissioni dottrinali latinoamericane). *Il Regno Documenti* 42 (1007/1) 51-56.

Nesta linha, a proposta mais conhecida de ação inter-religiosa em favor da vida é o Projeto por uma Ética Mundial, de Hans Küng, resumido por seu autor num conjunto orgânico de axiomas.[46]

Além de uma leitura trinitária das religiões e do diálogo inter-religioso,[47] seria útil deixar-se enriquecer também por uma *via sapientiae*, que convida a olhar o ser humano e o seu mundo, no qual Deus reflete-se, num procedimento que, se por um lado parece protelar a discussão sobre o fato e os conteúdos da revelação, por outro facilita o encontro entre os interlocutores concretos. Pode, num primeiro momento, silenciar o específico de cada uma das religiões, sobretudo quando estas se autodefinem como "religiões reveladas", Palavra que se impõe ao ser humano, Deus que se dá a conhecer, mas abre o caminho para o encontro entre valores e tradições muito diferentes, graças ao encontro interpessoal. Como conciliar as exigências da fé com a abertura ao outro enquanto outro? O desafio maior parece ser tornar crível, fundada e crítica a experiência religiosa, operando uma leitura da fé que parta do ser humano com todas as suas riquezas, pessoais, culturais e religiosas,[48] não simplesmente de um sistema de doutrinas.

4. IGREJA E CRISTIANISMO: "NA CASA DE MEU PAI HÁ MUITAS MORADAS" (Jo 14,2)

Igreja e cristianismo não são a mesma coisa. Primeiro, porque, em virtude das divisões confessionais, não existe mais uma Igreja que incorpore sozinha a totalidade do cristianismo. Atualmente, cada uma das Igrejas pode distinguir-se das outras, mas também da realidade global da história e da cultura cristã. O que acontece no âmbito do cristianismo não pode ser atribuído diretamente às Igrejas. Segundo, há muitos valores cristãos que penetram na realidade social e nem por isso a Igreja é o meio. Às vezes, aliás, ela até se opôs a eles, como é o caso dos valores programáticos da Revolução Francesa, nascidos na Igreja, mas, naqueles idos de 1789, não reconhecidos pela Igreja.

A diferença entre cristianismo e Igreja é um dado social de fato. Muitos dos nossos valores modernos são considerados "cristãos", mas nem por isso "eclesiais". Aliás, pode haver uma alergia a tudo o que é eclesial e, sobretudo, institucional, clerical, sem que isso signifique automaticamente rejeição dos valores cristãos. A coisa muda quando se trata de reconhecer

---

[46] Küng, H. *Ricerca delle tracce. Le religioni universali in cammino*. Brescia, Queriniana, 2003. p. 362.
[47] Cf. Forte, B. *La Chiesa della Trinità*. Saggio sul mistero della Chiesa comunione e missione. Cinisello Balsamo (MI), San Paolo, 1995. pp. 105ss.
[48] Milani, M. (Ed.). *La via "sapienziale" e il dialogo interreligioso. Rischio e tensioni tra singolarità della rivelazione e la sua universalizzazione. Atti del convegno di studio*. (Trento 12-13 maggio 1993). Bologna, 1997.

tais valores formalmente nos documentos legais de cada país ou de um conjunto homogêneo de países. Aí não se sabe se o que pesa mais é a aversão à eclesiastização da vida pública ou o respeito às diferentes culturas e religiões.[49]

Não se pode, porém, ter ilusões. O cristianismo sem Igreja não tem condições de ser transmitido. Ou seja, o cristianismo, constitutivamente, tem de ter uma expressão eclesial e precisa dessa expressão eclesial para sobreviver. Nem por isso se confunde com a Igreja. É um dos paradoxos — ou pelo menos uma das tensões — presentes no cristianismo: a vida cristã, do ponto de vista dos seus efeitos na história, é completamente dependente da Igreja, embora a própria Igreja deva ser experimentada como apenas uma parte do cristianismo.

Aliás, já no Novo Testamento pode-se constatar uma pluralidade de "cristianismos", dando-se a esse termo sentido um tanto diferente do dado nos parágrafos anteriores. É inegável, por exemplo, que a passagem do cristianismo do judaísmo palestinense para o âmbito helenístico acarretou significativas diferenças para a compreensão da fé e a organização comunitária.[50]

Tal acontecimento não significa uma multiplicidade de confissões. Não é correto avaliar com olhos modernos essa pluralidade das origens, nem com olhos antigos a pluralidade moderna, o que não quer dizer que a Igreja das origens fosse livre de tensões e que as diferenças que aí aparecessem (por exemplo, entre os cristãos e a lei judaica) fossem submetidas a uma unidade harmoniosa ou a uma uniformidade ditatorial. O saudável equilíbrio entre diferença e unidade ainda está mantido (cf. 1Cor 12).

É só a partir do século II, quando a grande Igreja já está suficientemente organizada em suas estruturas e autocompreensão, que se chega a uma distinção que separa, no plano confessional, a verdadeira fé da heresia. O conceito de "heresia" (= escolha) serve para qualificar aqueles grupos que não se integram no conceito dominante de unidade como entidades isoladas ilegítimas e que, enquanto tais, não podem representar em sentido próprio a "Igreja".

Isto, porém, não resolvia tudo. Muitas dessas comunidades não só eram grandes, como tinham uma vontade sincera de ser cristãs e de permanecer no seio da "grande Igreja". Na verdade, até hoje a Igreja católica, na sua linguagem oficial, tem dificuldade de denominar essas diversas "partes" do cristianismo. O Vaticano II, cujo espírito ecumênico é inegável, trabalha com três expressões: "Igrejas", "Igrejas separadas" e "comunidades eclesiais"(cf. *UR* 3).

---

[49] "É necessário que a Europa reconheça o contributo do cristianismo, mas é igualmente urgente que as Igrejas olhem para além dos legítimos reconhecimentos, desempenhando o próprio ministério" (*Il Regno-Attualità* 48 [2003] 433).
[50] "A consciência de estar unidos na fé não impediu uma multiplicidade de conformações diversas do espírito comum" (ZIRKER, H. *Ecclesiologia*, cit., p. 97).

Devemos distinguir também "separação de Igrejas" de "cisão da Igreja". No primeiro caso, a atenção concentra-se sobre as partes que se separaram e afastaram da única Igreja e são chamadas, então, "Igrejas (ou comunidades) separadas": haveria uma comunidade isenta de tal mancha! O Vaticano II afirma a separação ("comunidades não pequenas separaram-se da plena comunhão da Igreja católica"), mas assume a responsabilidade da Igreja católica com esta ("algumas vezes não sem culpa dos homens dum e doutro lado") (UR 3).

O Vaticano II marca um avanço na doutrina católica nesta questão, uma vez que expressamente evita identificar o conceito de "Igreja católica" com o de "Igreja de Jesus Cristo". Onde o texto anterior da Lumen gentium dizia "est" (= é), atualmente lê-se "subsistit" (= subsiste),[51] com isso se reconhece que fora dos limites institucionais da Igreja católica há realizações da Igreja, mas não se assume a perspectiva a partir da qual também a Igreja católica está separada das outras e que se enriqueceria com a recomposição da unidade.[52]

Queiramos ou não, a história da Igreja, no seu conjunto, apresenta-se como uma história de cisões. Parece que um traço fundamental do cristianismo concreto, não obstante sua proclamação da comunhão como sua origem, sua forma e sua meta, é o de perder continuamente sua coesão social. A Igreja católica absorve relativamente bem este fato porque, em sua autocompreensão tradicional, apesar de tudo, permanece um "tronco" direto e direito de continuidade, estabilidade e durabilidade, que é justamente ela. Mesmo que desse tronco tenham-se destacado a Igreja copta e a Igreja etiópica (séculos V e VI); a Igreja ortodoxa (Constantinopla, 1054) e a Igreja ortodoxa russa (1598); as Igrejas reformadas e a Igreja luterana (depois de 1520); a Igreja anglicana (1534), os quacres (1560) e os metodistas (1730), o tronco aparentemente permanece inteiro e inalterado.

Se preferirmos a imagem da "árvore", vamos perceber com mais clareza como as cisões afetam toda a cristandade, o tronco inclusive. Apesar disso,

---

[51] "Esta é a única Igreja de Cristo, que no símbolo professamos una, santa, católica e apostólica, e que o nosso Salvador, depois de sua ressurreição, confiou a Pedro para que ele a apascentasse (cf. Jo 21,17), encarregando-o, assim como aos demais apóstolos, de a difundirem e de a governarem (cf. Mt 28,18ss.), levantando-a para sempre como 'coluna e sustentáculo da verdade' (1Tm 3,15). Esta Igreja, como sociedade constituída e organizada neste mundo, subsiste na Igreja católica, governada pelo sucessor de Pedro e pelos bispos em comunhão com ele, ainda que fora do seu corpo encontrem-se realmente vários elementos de santificação e de verdade, que, na sua qualidade de dons próprios da Igreja de Cristo, conduzem para a unidade católica" (LG 8). Enquanto o 'est' indica identidade, o 'subsistit' indicaria uma forma de presença não bem precisada sobre a qual os exegetas não chegam a acordo. Mostra-se verdadeira a profecia de G. Philips, quando comentava que "a expressão latina 'subsistit in' — a Igreja de Cristo 'encontra-se' na Igreja católica — fará escorrer rios de tinta" (PHILIPS, G. La Chiesa e il suo mistero. Milano, 1982. p. 111). [E não só de tinta.]

[52] Cf. JOÃO PAULO II. Cruzando o limiar da esperança. Rio de Janeiro, Francisco Alves, 1994. p. 148.

a imagem da "árvore" é ainda muito orgânica e muito harmoniosa para exprimir adequadamente a realidade social não-reconciliada das Igrejas. Mesmo sob a forma de "teoria dos ramos", a imagem da ramificação tem sido criticada ou até rejeitada.

Conscientes dessa história de fraturas e sofrendo seus impactos até o presente, as Igrejas, com maior ou menor coerência, estão comprometidas em determinar sua relação recíproca em função do futuro, trabalhando com modelos que contêm novas classificações e até estruturações contrárias.

A Igreja católica, que, no Vaticano II, renunciou à idéia de um "retorno" dos "irmãos separados",[53] pois cada Igreja deve reconhecer o caráter de Igreja e a riqueza espiritual da outra, apresentou o modelo dos círculos concêntricos, pelo qual as Igrejas devem encontrar-se no centro comum, que, no caso, acaba não sendo outro senão a própria Igreja católica.

O modelo da união orgânica desenvolveu-se, sobretudo, a partir da Índia Meridional, onde a experiência de unidade com os cristãos em âmbito local mostrou-se mais decisiva do que a unidade com as Igrejas-mães saídas da Reforma: as Igrejas podem considerar-se unidas se elaboram juntas uma mesma confissão de fé, se celebram acordos sobre os sacramentos e sobre o ministério, se juntas realizam o serviço da pregação e da diaconia e se criam uma estrutura que lhes permita apresentar-se, interna e externamente, como uma única Igreja.[54]

Pensou-se, também, numa associação federativa, cujo desfecho seria uma "liga eclesiástica", com sínodos comuns e determinados órgãos de direção, como no caso do Conselho Ecumênico das Igrejas. Neste modelo, instauram-se ligações institucionais que deixam as Igrejas individuais com sua autocompreensão e sua forma de vida. No caso de uma associação cooperativa desse tipo, porém, pode-se falar de unidade da Igreja em sentido pleno?

O modelo de uma comunidade de concórdia baseia-se na constatação da comunhão existente nas questões fundamentais da fé e, correspondentemente, no reconhecimento recíproco dos traços fundamentais da vida eclesial. É o modelo que ilumina as relações atuais entre Igreja católico-romana e ortodoxia.

A assembléia plenária do Conselho Ecumênico das Igrejas de Nairóbi, em 1975, propôs o modelo da comunhão conciliar:

---

[53] Diante do ecumenismo, a reação inicial da Igreja católica romana foi de rejeição: "Não há outro caminho para se promover a unificação de todos os cristãos que não seja aquele de promover o retorno de todos os irmãos separados à única verdadeira Igreja de Cristo, da qual eles infelizmente se separaram" (ROHRBASSER, A. *Heilslehre der Kirche*. Dokumente von Pius IX bis Pius XII. Fribourg, Paulusverlag, 1953. p. 408).

[54] Cf. New Delhi 1961, 130, citado por P. Neuner, *Teologia ecumenica. La ricerca dell'unità tra le chiese cristiane*. Brescia, Queriniana, 2000. p. 291.

A única Igreja deve ser entendida como comunhão conciliar de Igrejas locais, as quais, por sua vez, são efetivamente unidas. Nesta comunhão conciliar, cada uma das comunidades, com as outras, goza da plena catolicidade, confessa a mesma fé católica e reconhece as outras Igrejas como membros da mesma Igreja de Cristo, guiadas pelo mesmo Espírito [...].[55]

Num certo momento, a questão da unidade da Igreja passou para segundo plano; a cena foi tomada pela responsabilidade das Igrejas perante o mundo. As palavras de ordem, assumidas em documentos oficiais (ou não), passaram a ser: "A doutrina separa, mas o serviço une"; "Igreja, sinal da unidade futura da humanidade" (Vancouver, 1983); "Vem, Espírito Santo, e renova toda a criação" (Canberra, 1991). Elaborou-se o conceito de "ecumenismo indireto", segundo o qual um entendimento entre as Igrejas seria beneficiado "pelo confronto de cada uma das Igrejas cristãs, e a própria específica tradição, com um 'terceiro parceiro', isto é, com os problemas e os desafios do mundo de hoje".[56]

A idéia de unidade da diversidade reconciliada parece, na situação atual, modesta e realista, a qual se vê como

um caminho de encontro vivo, de recíproca experiência espiritual, de diálogo teológico e de correção mútua, ao longo do qual a peculiaridade de cada um dos parceiros não é perdida, mas é purificada, modifica-se e renova-se e torna assim visível para os outros e aprovada por eles como expressão legítima do ser cristão e da única fé cristã. As diferenças não são canceladas. Por outro lado, não são simplesmente conservadas e mantidas imutáveis. Elas perdem seu caráter de separação e são reconciliadas entre si.[57]

Finalmente, o modelo da comunhão *(koinonía)*, um conceito habitual nas diversas tradições cristãs, apesar das diferenças no modo de compreender seus conteúdos, ocupa hoje o centro das reflexões. A noção de "comunhão" mostra-se apropriada para valorizar as legítimas diversidades entre as Igrejas; é capaz de exprimir, também, o compromisso das Igrejas com a sociedade e o mundo, sem dizer que buscar a comunhão parece de fato mais realista do que buscar a unidade. A assembléia geral do Conselho Mundial das Igrejas em Canberra (1991), que lançou o modelo da "comunhão", forneceu, em todo o caso, uma descrição da unidade não menos empenhativa.[58] Por sua vez, a assembléia geral de Fé e Constituição, em

---

[55] Ibidem, ibidem.
[56] Cf. METZ, J. B. *Riforma e controriforma oggi*. Brescia, Queriniana, 1975. pp. 33 e 37.
[57] Assemblea plenaria della Federazione Mondiale Luterana de Dar-er-Salam, 1977.
[58] "A unidade da Igreja, à qual nós somos chamados, é uma *koinonía*, que é dada e exprime-se na comum confissão da fé apostólica, numa comum vida sacramental, na qual entramos

1993, em Santiago de Compostela, colocou os fundamentos desta unidade: "Deus quer a unidade para a Igreja, para a humanidade e para a criação, pois Deus é uma *koinonía* do amor, a unidade do Pai, Filho e Espírito Santo".[59]

Ao lado das Igrejas de mais ou menos longa tradição histórica, como a ortodoxa, a luterana, a anglicana, a metodista, a presbiteriana, e mesmo algumas pentecostais, como a Congregação Cristã no Brasil e a Assembléia de Deus, temos, atualmente, entre nós, uma miríade de grupos religiosos cristãos, nascidos, às vezes, não de uma dissensão intra-eclesial, mas da iniciativa autônoma de um líder carismático no sentido weberiano. Sociologicamente, parecem-se mais com "seitas"[60] do que com "igrejas". Esses novos grupos fazem-nos, porém, enxergar que

> *os grandes sistemas de crença, que podem gabar-se do longo respiro da história, hoje são ameaçados por dois perigos: por um lado, a liberalização do crer e, por outro, a necessidade de funcionar como sistemas que devem continuamente fazer frente a uma dupla competição, com outros sistemas de crença concorrentes e com outros subsistemas parciais da sociedade. É somente sobre este fundo histórico que o fenômeno carismático pode ser compreendido. Ele, com efeito, pode ser tomado como indicador da Modernidade religiosa emergente: crentes que se estabeleceram e que vão à procura livremente de sistemas de crença, ou de segmentos nascidos por diferenciação interna a sistemas consolidados, capazes de tratar temas que outros não tratam mais de modo eficaz, imaginável e comunicável.*[61]

Na verdade, o fenômeno sectário não representa o maior desafio para as Igrejas, mas a situação de injustiça e exploração em que vive a maioria do povo e com a qual este fenômeno está diretamente relacionado. Além disso, o fenômeno das seitas desafia a Igreja hegemônica a reconhecer e a valorizar a diversidade existente na religião do povo e a dar-se conta de seu próprio caráter particular e limitado. Por fim, a extrema vitalidade das seitas

---

por meio do único batismo e que celebramos uns com os outros na única comunhão eucarística, numa vida comum, na qual membros e ministérios são reconhecidos e reconciliados reciprocamente, e em uma missão comum, na qual a toda a humanidade é testemunhado o evangelho da graça de Deus e todos se colocam a serviço de toda a criação. A finalidade da busca de uma plena comunhão é atingida quando todas as Igrejas conseguem reconhecer nas outras a única, santa, católica e apostólica Igreja na sua plenitude" (Documento de Canberra, 1991). Por sua vez, a assembléia geral de Fé e Constituição, em 1993, em Santiago de Compostela, colocou os fundamentos desta unidade: "Deus quer a unidade para a Igreja, para a humanidade e para a criação, pois Deus é uma *koinonía* do amor, a unidade do Pai, Filho e Espírito Santo" (Santiago, 1993).

[59] Ökumenische Rundschau 42 (1993), Stuttgart, pp. 476-479.
[60] Cf. DAMEN, F. Sectas. In: ELLACURÍA, I & SOBRINO, J. *MysLib*. Madrid, Trotta, 1990. v. II, pp. 423-445.
[61] PACE, E. L'innovazione religiosa nei movimenti carismatici. In: FILORAMO, G. (Ed.). *Carisma profetico. Fattore di innovazione religiosa*. Brescia, Morcelliana, 2003. p. 371.

desafia a Igreja a avaliar criticamente sua própria "maneira" de ser Igreja, descobrindo, assim, nossos problemas estruturais: o caráter vertical, clerical, centralista e territorial da Igreja católica, por um lado; a ausência de uma hierarquia e profissionalismo religioso, a participação e co-responsabilidade de todos os membros, por outro, os quais, juntos, são os produtores dos bens religiosos. As comunidades eclesiais de base aproximam-se deste segundo modelo.[62]

5. IGREJA E FIÉIS: "IDE, POIS, ÀS ENCRUZILHADAS E CONVIDAI PARA AS NÚPCIAS TODOS [...]" (Mt 22,9)

Membros ou não, as pessoas hoje experimentam a Igreja como uma instituição que toca apenas um setor limitado da vida: a vida privada. Ela pode dar estabilidade às orientações privadas da vida, reforçar convicções religiosas não mais sustentadas pela unanimidade da opinião pública, acompanhar o indivíduo nos momentos nodais de sua trajetória de vida. Nos setores decisivos da sociedade, ela não desempenha nenhuma função direta.

A sociedade moderna é subdividida em segmentos relativamente autônomos: economia, política, direito, administração pública, segurança, ciências, educação. Nas sociedades antigas, a religião cimentava todos esses setores, dando-lhes coerência e harmonia; nas sociedades secularizadas, nenhuma instância realiza essa integração; a religião é apenas mais um setor deste mosaico de grandes tesselas.

Aliás, não existe a religião, mas as religiões, as igrejas (ao lado de outros grupos religiosos, seitas e grupos menos formalizados) em concorrência umas com as outras, o que faz com que a Igreja não tenha nenhum monopólio religioso, nem mesmo naqueles âmbitos em que a sociedade moderna reconhece-lhe como próprios. Como já foi observado, ela se encontra num mercado dominado pelo *marketing*, não estando previamente garantido que os "clientes" vão adquirir os seus produtos ou bater às portas de outro estabelecimento.[63]

Dessa forma, o indivíduo, no seu ambiente quotidiano, sente que a Igreja não é capaz de sustentar, no plano social, sua pretensão de validade universal — ela encontra consenso só em termos limitados — o que abre sempre mais espaço para rever as próprias decisões, ou confirmando sua "opção" atual, ou fazendo uma nova opção. Numa situação de monopólio (que, no Brasil, tivemos oficialmente até a proclamação da República),

---

[62] DAMEN, F. Sectas. In: *MysLib*, cit., v. II, pp. 443-445.
[63] Cf. MANHEIM, K. & BERGER, P. L. In: WOLFF, K. H. *Sociologia della conoscenza*. Bari, Laterza, 1974.

o cidadão tinha somente a "escolha" de acolher todo o "pacote ideológico" da Igreja que detinha este monopólio; ou então era lançado — para dizê-lo sem rodeios — no além, ou pelo menos fora do próprio país.[64]

Neste contexto, o pluralismo religioso não é apenas um dado de fato, mas um direito humano, contra o qual a Igreja lutará com todas as suas forças, sobretudo no século XIX, mas que, no Vaticano II, ela reconheceu como uma prerrogativa inalienável do homem e da mulher (cf. *DH* 2).

Num ambiente de pluralismo religioso, também dentro da Igreja, o sistema eclesiástico de fé, de valores e de disciplina não é mais acolhido simplesmente como um todo, mas com escolhas parciais e mutáveis: "pelo que parece, hoje as pessoas elaboram por própria conta o seu pacote 'ideológico'".[65] O resultado é que muitos fiéis pensam de modo diferente das expressões oficiais da sua Igreja. Pesquisa sociológica levada a cabo na Alemanha, ainda na década de 1970, revelava que "católicos fiéis à Igreja e católicos distantes da Igreja no plano temático têm, embora com acentuações diversas, os mesmos problemas de fé, encontram-se às voltas com as mesmas interrogações":[66] controle da natalidade, relações pré-matrimoniais, infalibilidade do papa, sobrevivência após a morte, sentido da fé no mundo de hoje etc. O desembaraço com que se escolhe entre o que a Igreja propõe e o que cada um acolhe pessoalmente aparece particularmente claro na interpretação das "auto-afirmações sobre a solidez da fé": apenas 49% dos católicos entrevistados faziam própria a afirmação: "eu sou membro fiel da Igreja e adiro à sua doutrina".[67] Ou seja, o pluralismo é visto cada vez mais como um dado óbvio também pelos membros da Igreja. Os fiéis vêem a própria fé entregue ao julgamento de cada um. O que, evidentemente, torna urgente a tarefa de um entendimento intra-eclesial.[68]

O pluralismo religioso, pelo menos nas sociedades avançadas, convive com uma tendência a uma certa uniformização, uma propensão para uma religiosidade comum sem particulares marcas eclesiásticas. Deste ponto de vista, o elemento cristão comum recolhe maiores consensos do que as várias particularidades confessionais, prevalecendo aí os seguintes conteúdos religiosos: a fé é uma ajuda contra o desespero e garante proteção; a religião traz segurança diante da morte; Deus é criador do mundo e senhor do passado e do futuro; sua bênção é importante para o matrimônio; a

---

[64] Zulehner, P. M. *Religion nach Wahl. Grundlegung einer Auswahlchristenpastoral*, Wien – Freiburg – Basel, Herder, 1974. p. 29.
[65] Idem, ibidem, p. 30.
[66] Schmidtchen, G. & Forster, K. (Ed.). *Befragte Katholiken – Zur Zukunft von Glaube und Kirche. Auswertungen und Kommentare zu den Umfragen für die Gemeinsame Synode der Bistümer in der Bundesrepublik Deutschland*. Freiburg – Basel – Wien, Herder, 1973. p. 38.
[67] Idem, ibidem, p. 108.
[68] Cf. Zirker, H. *Ecclesiologia*, cit., pp. 157-233.

religião dá um sentido à vida; a fé é necessária para a educação dos filhos.[69] Tal religiosidade serve, sobretudo, para interpretar e administrar os eventos não quotidianos da existência individual e familiar, não avançando para as questões sociais e históricas.[70]

Nesse sentido, a fé é privatizada em dois sentidos: por um lado, é referida à vida privada e à interioridade pessoal; por outro, é usurpada de sua originária referência ao mundo e à história, típica da tradição judaico-cristã. A relação com a Igreja não acaba necessariamente, embora aumente o número dos que se declaram "sem religião". A influência da Igreja persiste, mas enfraquecida em sua força e diminuída no conteúdo: tem o peso da consciência individual, ou, então, da força de pressão da instituição ou dos grupos eclesiais organizados. Quanto à prática religiosa, pode-se afirmar que, quanto mais caracterizada é a religiosidade comum, menor é a prática religiosa pública dos fiéis.[71]

A privatização da religião aparece, finalmente, como individualismo religioso ou, numa fórmula sintética, como "cristianismo sem Igreja" ou "religião invisível". A Igreja se vê numa situação crítica: vive num mundo religioso, mas não consegue ir ao encontro de suas demandas.[72]

Existem várias estruturações e vários agrupamentos para tentar descrever este amplo leque (já estamos manifestando um modelo de avaliação) de situações e atitudes.

Um primeiro modelo — institucional-eclesiástico — é o que concebe a eclesialidade em círculos concêntricos. A vida eclesial[73] — imaginada como uma onda — aparece plenamente realizada num "núcleo" central; a partir daí, há muitos graus de participação menor, que vão diminuindo até desaparecer totalmente.

Todos sabem, porém, que não existe correlação plena entre participação litúrgica e consenso eclesial, pelo que é necessário detalhar mais o perfil dos que freqüentam a missa, o que conduz ao seguinte quadro (segundo modelo): a) católicos que se identificam com as normas de fé e comportamento da Igreja; b) católicos que vivem em notável tensão com a instituição

---

[69] Cf. Boos-Nünning, U. *Dimensionen der Religiosität. Zur Operationalisierung und Messung religiöser Einstellungen*. München – Mainz, Kaiser, 1972. pp. 134ss.
[70] Cf. Zulehner, P. M. *Religion nach Wahl*, cit., p. 34.
[71] Cf. Boos-Nünning, U. *Dimensionen der Religiosität*, cit., pp. 139-143.
[72] A Igreja vive "num contexto de modo algum a-religioso ou anti-religioso. Pelo contrário, em volta de si encontra necessidades e atitudes claramente religiosas, mas muito dificilmente pode ir ao encontro delas, uma vez que as relações sociais necessárias para tanto são muito reduzidas. Ela se vê continuamente remetida àqueles pontos de contato que surgem de situações privadas e de ocasiões extraordinárias na existência do indivíduo. Desta maneira, a relação da Igreja com a restante realidade social acaba sendo, no conjunto, de dimensões reduzidas" (Zirker, H. *Ecclesiologia*, cit., p. 72).
[73] Praticamente, a vida litúrgica ou os atos religiosos da comunidade.

eclesiástica, em nome da reforma da Igreja, mas sentem-se membros da Igreja e freqüentam sua liturgia; c) católicos que também participam da liturgia dominical, mas, em razão das tensões com a instituição, interiormente já se separaram da Igreja; d) católicos que raramente ou nunca participam da missa, mas não organizam a própria vida arbitrariamente. Neste segundo modelo parte-se, também, de um centro, que seria sinônimo de identificação total, em relação ao qual se podem estabelecer as identificações parciais; acontece que, na situação em que vivemos, o próprio centro não é imune à pluralidade e é muito problemático individuar uma identificação plena. Tanto o primeiro como o segundo modelo não refletem suficientemente sobre as proximidades e diferenças entre os vários grupos na Igreja.

Diante dessas críticas, propõe-se um terceiro modelo, isto é, uma tipologia pluridimensional das diversas posições dentro da Igreja. Ela trabalha com uma série de critérios, que superam uma simples estruturação linear da eclesialidade: a) a diferença segundo graus de intensidade (participação plena, participação parcial, nenhuma participação); b) a diferença segundo o tipo de participação na vida eclesial (atitude ativa ou meramente passiva, de consumidor); c) o modelo institucional de Igreja em jogo (orientado para a conservação de formas tradicionais ou para a renovação); d) visão da relação da Igreja com a realidade social (adaptação, estabilidade e harmonia ou confronto e crítica social).

Um quarto modelo analisa, sobretudo, a relação com a instituição eclesiástica. Neste modelo, a posição central e mais importante é assumida pela maioria dos membros nominais da Igreja, os quais se inserem na ordem estabelecida hierarquicamente. Distinguem-se desta massa somente os grupos (de reforma) afirmativos, que se caracterizam por sua particular fidelidade à Igreja, seja porque sustentam o *status quo* que se vem a criar, seja porque lutam por sua renovação. A este bloco central contrapõem-se os grupos "regressivos" (= querem restaurar condições passadas) e os grupos "progressistas" (= querem estabelecer condições futuras). Apesar de sua roupagem um tanto panfletária e potencialmente polêmica, as distinções referem-se à realidade eclesial com que lidamos todos os dias.

Teologicamente, distinguem-se três posições em relação à questão dos membros. A primeira é a da Reforma. A contestação da Reforma à Igreja visível foi radical:

> *A verdadeira Igreja constitui-se não através das suas estruturas visíveis, mas através da ligação interior que liga o crente a Cristo e os cristãos entre si, e que nasce, antes de tudo, da acolhida da pregação. O acento, portanto, é colocado sobre a dimensão invisível da Igreja [...]*[74]

---

[74] CERETI, G. *Per un'ecclesiologia ecumenica*. Bologna, EDB, 1997. p. 27.

A Igreja católica romana reagiu fortemente a esta concepção, sendo Bellarmino seu principal representante. Ele ensina — e esta é a segunda posição — que

para que alguém possa, em alguma medida, fazer parte da verdadeira Igreja, não se exige nenhuma virtude interior, mas somente a profissão exterior da fé e a participação nos sacramentos, que são coisas que se podem perceber com os sentidos.

A terceira posição é representada pelo Vaticano II, que faz uma distinção entre "incorporação plena" e pertença meramente "corporal" (ou "exterior"). Por um lado, para a incorporação plena os fiéis devem aderir a alguns elementos objetivos (profissão de fé, sacramentos, governo, comunhão etc.); por outro lado, não se salvam os que, embora incorporados na Igreja, não perseveram na caridade, e por isso pertencem ao seio da Igreja não pelo "coração", mas tão-somente pelo "corpo" (*LG* 14).

Na verdade, é um grande desafio para a Igreja e a eclesiologia o fato de atualmente os cristãos decidirem sozinhos "se" e "como" participar da vida da Igreja. A causa desse comportamento não pode ser imputada à fraqueza da fé, mas às condições socioculturais da sociedade moderna. Hoje, viver a fé e ser Igreja requer um empenho muito maior do que em outras épocas. Temos de ter a coragem de falar em diversas pertenças.[75] Pastoralmente, a Igreja é interpelada a instituir propostas convidativas e espaços vitais de uma "Igreja do limiar", a fim de que a opção de fé dos católicos do "limiar" possa amadurecer e eles possam experimentar uma maior participação na vida da Igreja. Uma "Igreja do limiar" (ou "da soleira", "da porta", "da acolhida") seria a forma de a Igreja responder a esse desafio. Evidentemente, esta atitude de "acolhida" é teológica e pastoralmente muito mais adequada do que desqualificar a maior parte dos seus membros (no Brasil, no mínimo 70%), qualificando-os de "maus católicos", "católicos preguiçosos" ou "católicos de Sexta-feira Santa".

Não só. Uma eclesiologia que se apóia nas categorias de Povo de Deus e de comunhão deve ser capaz de desenvolver uma concepção dinâmica de pertença, orientando as diversas pertenças (e não apenas os diversos graus de pertença) ao centro da Igreja e à união da *communio* com Deus. Uma Igreja entendida como Povo de Deus a caminho do Reino escatológico leva a conceber a vida de fé e a vida da Igreja como um caminho com muitas etapas; ao mesmo tempo, porém, sendo o caminho que conduz à plenitude do Reino, todo aquele que queira pertencer à Igreja é convidado a colocar-se, por uma escolha sempre nova, a caminho na direção desta

---

[75] POTTMEYER, H. J. Per un discorso ecclesiologico sull'appartenenza e limiti delle categorie conciliari. In: LA DELFA, R. (Ed.). *Comunione ecclesiale e appartenenza. Il senso di una questione ecclesiologica oggi*. Roma, Città Nuova, 2002. pp. 191ss.

meta. Neste caminho, ele tem necessidade da *communio fidelium* visível e concreta, onde se proclama a Palavra de Deus e celebram-se os sacramentos da salvação, com os ministérios adequados a isto. Justamente porque *communio*, a Igreja tem espaço para diversas pertenças; "ela é *communio* dos fortes com os fracos, dos próximos com os distantes".[76]

6. IGREJA E SOCIEDADE: "VÓS SOIS O SAL DA TERRA [...] VÓS SOIS A LUZ DO MUNDO" (Mt 5,13.14)

Por "sociedade" entendemos a totalidade das relações que ligam entre si os indivíduos pertencentes a uma unidade sociocultural mais ampla, normalmente ordenada por um Estado.

Nesta acepção, a própria Igreja pertence à sociedade e não pode ser-lhe conceitualmente contraposta, no mesmo nível, como uma realidade distinta. A Igreja não se coloca nunca fora dos limites da sociedade.

Poder-se-ia pensar Igreja e sociedade como uma realidade idêntica? Esta situação nunca se deu, pois as relações sociais vão sempre além da esfera de interesses e de competência da Igreja, mesmo no caso de uma "sociedade compacta" como a cristandade medieval.

A Igreja é, num modo determinado, parte da realidade social. Deste dado de fato, porém, ela pode ter uma autocompreensão bastante diversificada. Nas sociedades modernas, em que a Igreja perdeu validade e competência sociais, essa relação parte-todo dá-se basicamente sob a forma de três possibilidades típicas: a da diferença, a do princípio vital, a do diálogo ativo.

A primeira possibilidade é a "diferença". Compreendendo-se como uma *societas perfecta* (= sociedade perfeita), a Igreja apresenta-se como uma instituição completamente original, autônoma e auto-suficiente. Independência social, desaprovação do ambiente circunstante e posição de poder caminham juntas. A Igreja acaba desenvolvendo uma cultura especial, considerada superior e contrastante. Ela se contrapõe com segurança triunfal ao restante da sociedade.[77] Típicas dessa atitude são, por exemplo, o *Dictatus papae*, de Gregório VII, e o *Syllabus*, de Pio IX, nos quais se rejeita a idéia de que o papa e a Igreja romana reconciliem-se com o progresso, o liberalismo e o mundo moderno (cf. *DS* 2980).

A segunda é o "princípio vital". Outra atitude é aquela em que a Igreja dirige-se à sociedade com a consciência de ter deveres em relação a ela. Aí ela se compreende como o *princípio vital* da própria sociedade, edificando e conservando a ordem social. Neste caso, a Igreja considera-se como uma

---

[76] Idem, ibidem, p. 204. Cf. CONGAR, Y.-M.-J. Sulla trasformazione dell'appartenenza al senso ecclesiale. *Communio* 27 (1976) 40-52.
[77] Cf. GENDRIN, B. *Igreja e sociedade. Comunicação impossível.* São Paulo, Paulinas, 1998.

comunidade superior, rica e independente: ela dá, mas não recebe; atua, mas dispensa a atuação de outros. Seu objetivo é introduzir o conjunto da sociedade na sua perspectiva de interpretação e ação. O modelo da *sociedade perfeita* é ampliado numa *autocompreensão integralística*. É como se a sociedade não pudesse encontrar-se a si mesma sem a sua "alma" naturalmente cristã (cf. *DS* 3168). Não temos, aqui, um desejo de contraposição entre Igreja e sociedade, mas de relação recíproca, em que pese a distância entre a pretensão e a realidade.

A terceira é o modelo conciliar do "diálogo ativo". O Vaticano II propõe um modelo mais modesto, realista e não menos exigente, mas que se distingue dos anteriores em três pontos: a) pela percepção explícita da própria existência particular ("a Igreja é *aquela parte do mundo* que confessa, celebra e se coloca a serviço de Jesus Cristo etc."); b) pela acentuação da *co-responsabilidade de todas as forças* empenhadas na construção da sociedade; c) pela idéia de que, numa sociedade solidária, *todos devem aprender*, até a Igreja. Este modelo liberta a Igreja de uma pretensa superioridade em relação ao restante da sociedade, isolando-se ou exigindo-se o impossível.

Dentro desse modelo, a Igreja pode viver, digamos assim, submodelos. Pode tentar apresentar-se como consciência crítica da humanidade, segundo a conhecida expressão de J.-B. Metz. Pode também compreender-se como sociedade de contraste, na menos conhecida, mas igualmente eficaz, expressão de G. Lohfink, toda vez que sente que a comunidade humana está sendo destruída e a esperança, morta. Pode, naturalmente, tomar como foco de sua vida e ação a opção evangélica, profética, preferencial e solidária com os pobres, por sua libertação integral e em vista da construção de uma sociedade fraterna e solidária, experiência ricamente tematizada pela teologia da libertação, desde o trabalho precursor do peruano G. Gutiérrez, *Hacia una teología de la liberación*, de 1969.[78]

7. IGREJA E ESTADO: "DAI, POIS, A CÉSAR O QUE É DE CÉSAR E A DEUS O QUE É DE DEUS" (Mt 22,21)

A relação Igreja-Estado determina profundamente a realidade social dos cristãos, dando uma marca decisiva à imagem pública da Igreja. Ao mesmo

---

[78] Cf. VIDALES, R. *La Iglesia latino-americana y la política después de Medellín*. Quito, IPLA, 1972. PROAÑO, L. *Pour une Église libératrice*. Paris, Cerf, 1973. BIGO, P. *L'Église et la révolution du tiers monde*. Paris, Presses Universitaires de France, 1974. BOFF, L. *Teologia do cativeiro e da libertação*. Lisboa, Multinova, 1976. IDEM. Mission et universalité concrète de l'Église. *Christus*, 1978. pp. 33-52. ELLACURÍA, I. & SOBRINO, J. *Mysterium liberationis. Conceptos fundamentales de la teología de la liberación*. Madrid, Trotta, 1990. SOUZA, L. A. G. de. *Igrejas cristãs e política*. Indaiatuba (Itaici), 2003. Texto apresentado na 41ª Assembléia Geral da CNBB. LIBANIO, J. B. *Gustavo Gutiérrez*. Brescia, Morcelliana, 2000.

tempo, sua forma histórica revela a estrutura interna da vida intra-eclesial, sendo fundamental sua análise para a compreensão da Igreja.

Nos primeiros séculos, a Igreja era, de modo geral, pobre, minoritária, discriminada e perseguida. Após o edito de tolerância de Constantino (311-313), não só adquiriu liberdade para agir, mas também alguns privilégios estatais. A pressão para que se tornasse religião de Estado atingiu seu objetivo com o edito de religião de Teodósio (380). Igreja e Estado apoiavam-se e favoreciam-se mutuamente, de acordo com as respectivas necessidades institucionais. Desta forma, a distância "bíblica" entre Igreja e Estado (cf. Mc 12,17) é reduzida e até abolida. A estabilidade do Império depende da estabilidade da Igreja e vice-versa, chegando-se mesmo a uma sacralização do Estado em nome da origem divina da autoridade (cf. Jo 19,11; Rm 13,1). As duas entidades acabam historicamente por equiparar-se ou na forma do cesaripapismo bizantino ou do papacesarismo ocidental, com todas as tensões, sejam teológicas, sejam políticas, derivadas da diferença dos dois ordenamentos, sem que nenhuma síntese fizesse entrever uma situação de harmonia social.

Na Idade Média, houve a luta pelas investiduras (= disputa pela nomeação dos bispos), que conduziu a uma mais clara distinção entre poder temporal e poder espiritual (Concordata de Worms, 1122). Tudo isso ocorreu, no entanto, no interior de uma cristandade compacta, homogênea e estável; a divisão de competências não acarretou nenhuma mudança fundamental: os bispos continuaram a ser senhores feudais como antes, e os senhores feudais continuaram a ingerir na vida da Igreja como sempre.

No Estado moderno, porém, a Igreja tornou-se um grupo social ao lado de outros. Ela está enquadrada por um ordenamento para o qual é obrigatória a neutralidade ideológica, independentemente da autocompreensão da Igreja. Quando ainda vigia um determinado ordenamento teológico tradicional, segundo o qual Deus confiou "a administração do gênero humano a dois diversos poderes, o eclesiástico e o secular, um estabelecido para as questões divinas, outro para as humanas" e "cada um é, no seu gênero, supremo, cada um tem os seus limites determinados, dentro dos quais deve mover-se, e estes limites resultam da natureza e do fim próximos destes dois poderes",[79] os dois poderes tinham obrigações precisas em relação a um ordenamento estabelecido por Deus e, por isso, deviam integrar-se harmoniosamente numa condução ao mesmo tempo distinta e comum da coletividade. Em outras palavras: o ordenamento justo exige o Estado cristão, o Estado católico, que promove a Igreja católica e defende-a da intrusão de outras confissões religiosas e de ideologias a-religiosas.

---

[79] LEÃO XIII. *Immortale Dei*. In: *DS* 3168.

A forma característica de relação entre Estado e Igreja na Idade Moderna foi a concordata, que vige até hoje em algumas nações. Os dois entes reconhecem-se como parceiros autônomos dentro de um contrato. Ocasião para o contrato é a existência de pontos em comum e contrastes em setores nos quais ambos se vêem como competentes (escola, direito matrimonial, feriados etc.). O contrato é estipulado com base no direito internacional, sendo a Igreja particular representada pelo papa. A concordata corresponde, na verdade, a uma estrutura organizativa centralística e supranacional da Igreja. No período em que a sociedade diferenciava-se em diversos âmbitos de funções, seja o Estado, como potência ordenadora soberana e universal, seja a Igreja, como sociedade autônoma e ao mesmo tempo soberana no interior do Estado, levantaram as próprias reivindicações e tiveram de enfrentar inevitáveis problemas.

A história moderna, porém, levou a uma sempre maior separação entre Igreja e Estado. Esse regime dá-se em três formas fundamentais: a) *separação completa e pacífica*, em que todas as comunidades religiosas são colocadas no mesmo nível como organizações de direito privado (caso dos Estados Unidos); b) *separação hostil*, que delimita a liberdade de ação da Igreja mesmo em relação aos outros direitos de associação e seqüestra os bens eclesiásticos (caso da França); c) *separação limitada*, em que as comunidades religiosas gozam do estatuto de entes de direito público e de soberania no seu âmbito (caso da Alemanha). Mesmo assim, a Igreja não pode pretender, realisticamente falando, que seus valores e normas determinem o ordenamento do Estado e a ação pública; deve adaptar-se às regras do jogo democrático e aceitar a hipótese de ficar em minoria, pois o Estado deve garantir a liberdade de participação e de decisão de todos os seus cidadãos, que, evidentemente, sendo livres, pensam com suas cabeças e podem sempre mudar.

A Igreja teve de esperar até o Vaticano II para acolher essa compreensão das relações entre a Igreja e o Estado. O concílio, na verdade,

> *deixa abertas todas as possibilidades, particularmente o sistema preferido e experimentado por muitos, concretamente pelos Estados Unidos da América, na base das suas experiências, da amigável e benigna "separação de Igreja e Estado", que em relação ao Estado pluralista é o mais recomendável, talvez mesmo o único que seja realizável de modo coerente.*[80]

---

[80] VORGRIMLER, H. Kommentar zum 4. Kapitel der Pastoralkonstitution über die Kirche in der Welt von heute. In: *Lexikon für Theologie und Kirche* E III, p. 531a (citado por ZIRKER, H. *Ecclesiologia*, cit., p. 145).

Resumindo

• *A identidade da Igreja é relacional. Não se pode pensá-la como se ela existisse de si mesma, em si mesma, para si mesma. Dizê-la é necessariamente dizer suas relações, seu ser-em-relação.*

• *A partir de suas relações fundantes e fundamentais com o Deus-Trindade, devem-se pensar as demais relações da Igreja.*

• *Relação inigualável é a com o Reino de Deus anunciado por Jesus, de cuja acolhida pelos discípulos tem início histórico a própria comunidade de Jesus, pois ele "deu início à sua Igreja pregando a boa nova, isto é, a vinda do Reino de Deus, prometido havia séculos nas Escrituras" (cf. LG 5).*

• *De modo semelhante, a Igreja não pode perder a memória nem desfazer-se de sua relação com Israel, o povo eleito, com o qual ela compartilha a "raiz santa" dos patriarcas (cf. LG 6), que, mesmo não tendo reconhecido em Jesus o Messias esperado, continua a ter um papel único na história da salvação.*

• *Com as demais religiões, a Igreja tem um patrimônio em comum e está aberta a um diálogo que enriqueça a todos e contribua com as grandes causas da humanidade. Dos três modelos de compreensão desta relação, só o inclusivismo e o pluralismo são realmente dialógicos.*

• *Embora possam parecer sinônimos, Igreja e cristianismo não são a mesma coisa. Em virtude de divisões confessionais, não existe mais uma Igreja que incorpore sozinha a totalidade do cristianismo. Além disso, há muitos valores cristãos que penetram na realidade sociocultural, nem por isso podendo ser univocamente atribuídos à Igreja ou às Igrejas.*

• *Os fiéis defrontam-se, hoje, com uma situação de pluralismo, privatização da fé e uma relação pessoal extremamente diferenciada com a instituição Igreja. Vários modelos têm sido propostos para se entender esta situação, que aponta para uma "pluralidade" de pertenças.*

• *Gostemos ou não, a Igreja é, num modo determinado, parte da realidade social. Deste dado de fato, porém, ela pode ter uma autocompreensão bastante diversificada. Nas sociedades modernas, em que a Igreja perdeu competência social, essa relação parte-todo dá-se sob três formas típicas: a da diferença, a do princípio vital, a do diálogo ativo.*

• *A relação Igreja-Estado determina profundamente a realidade social dos cristãos, dando uma marca decisiva à imagem pública da Igreja. Ao mesmo tempo, sua forma histórica revela a estrutura interna da vida eclesial, sendo fundamental sua análise para a compreensão da Igreja. Também aqui três modelos são atuados: a separação completa e pacífica (Estados Unidos), a separação hostil (França) e a separação limitada (Alemanha).*

> **Aprofundando**
>
> Tudo é relação. Com a Igreja não poderia ser diferente. Por isso, convido você a refletir agora não sobre a Igreja "em si" (se é que existe esta possibilidade), mas sobre a Igreja "em relação". Vamos lá.
>
> **Perguntas para reflexão e partilha**
>
> 1. A *Redemptoris missio* aborda a temática do Reino de Deus em seu capítulo II. Leia-o e estabeleça três semelhanças e três diferenças entre o nosso texto e o do papa (com todo o respeito).
>
> 2. Você é ecumênico? Por que pensa assim? A sua diocese, paróquia, comunidade são ecumênicos? Alguns exemplos.
>
> 3. Você acha que a Igreja tem alguma responsabilidade social? Em que termos? Como anda essa responsabilidade?

Bibliografia

CNBB. *Diretrizes gerais da ação evangelizadora da Igreja no Brasil 2003-2006*. São Paulo, Paulinas, 2003.

CONCLUSÕES DE MEDELLÍN. Petrópolis, Vozes, 1985.

CONSELHO PONTIFÍCIO PARA A PROMOÇÃO DA UNIDADE DOS CRISTÃOS. *Diretório para a aplicação dos princípios e normas sobre o ecumenismo*. São Paulo, 1994.

IGREJA METODISTA – COLÉGIO EPISCOPAL. *Carta episcopal do Colégio Episcopal sobre ecumenismo*. São Paulo, Cedro, 1999.

LOHFINK, G. *Como Jesus queria as comunidades? A dimensão social da fé cristã*. São Paulo, Paulus, 1987.

PONTIFÍCIO CONSELHO PARA O DIÁLOGO INTER-RELIGIOSO – CONGREGAÇÃO PARA A EVANGELIZAÇÃO DOS POVOS. *Diálogo e anúncio*. Petrópolis, Vozes, 1991.

PUEBLA. *A evangelização no presente e no futuro da América Latina*. Petrópolis, Vozes, 1987.

QUEIRUGA, A. T. *O diálogo das religiões*. São Paulo, Paulus, 1997.

SANTO DOMINGO. *Nova evangelização, promoção humana, cultura cristã*. Petrópolis, Vozes, 1993.

SECRETARIADO PARA OS NÃO-CRISTÃOS. A atitude da Igreja perante os seguidores de outras religiões. Reflexões e orientações sobre diálogo e missão. *AAS* 76 (1984) 816-828.

SEGUNDO, J. L. *Teologia aberta para o leigo adulto*. São Paulo, Loyola, 1978. 1. Essa comunidade chamada Igreja.

Capítulo sétimo

IGREJA, MODELOS E PARADIGMAS[1]

A Igreja muda, muda muitas vezes e muda profundamente sua autocompreensão ao longo da história. Não só na teoria (o que eventualmente dá origem a uma eclesiologia nova), mas também na relação entre teoria e prática (o que dá origem a um novo modelo de Igreja).

Segundo Dulles, quando uma "imagem" é empregada refletida e criticamente para aprofundar a compreensão teórica de uma realidade, temos o que hoje se denomina "modelo". Alguns modelos são mais concretos; outros, mais abstratos.

A categoria "modelo" vem das ciências físicas e percebeu-se que seria útil também para a teologia. Por isso, precisamos entendê-lo em seu terreno de origem:

> *Quando um físico investiga alguma coisa que está para além da sua experiência direta, usa geralmente, à guisa de muletas, algum objeto familiar, suficientemente parecido para lhe dar pontos de referência. Bolas de bilhar, por exemplo, podem servir de modelos para se sondarem os fenômenos luminosos. Certos modelos, como os usados na arquitetura, são simples miniaturas da realidade em consideração, mas outros, de natureza mais esquemática, não foram ideados como réplicas.*[2]

Cientificamente, um modelo mostra-se eficaz quando é capaz de gerar deduções abertas à posterior comprovação experimental de sua verdade ou falsidade.

---

[1] FRIES, H. Modificação e evolução histórico-dogmática da imagem da Igreja. In: FEINER, J. & LÖHRER, M. (Ed.). *Mysterium salutis*. Petrópolis, Vozes, 1975. v. IV, t. 2, pp. 5-59. CODINA, V. Tres modelos en eclesiología. In: *Estudios Eclesiásticos* 58 (1983) 55-82. ALMEIDA, A. J. de. Modelos eclesiológicos e ministérios eclesiais. *REB* 48 (1988) 310-352.

[2] Modelos seriam "realidades que, por serem dotadas de suficiente correspondência funcional com o objeto em estudo, fornecem utensílios conceituais e vocabulário; conservam ligados entre si fatos que de outro modo pareceriam não ter nenhuma relação um com o outro, e sugerem conseqüências que depois podem ser verificadas experimentalmente" (DULLES, A. *A Igreja e seus modelos. Apreciação crítica da Igreja sob todos os seus aspectos*. São Paulo, Paulus, 1978. p. 21).

Modelo seria, na física moderna, sinônimo de "analogia", velha conhecida nossa em filosofia e teologia, desprovida, porém, de suas implicações metafísicas neo-escolásticas, evidentemente.

As semelhanças e diferenças entre o uso de modelos nas ciências e na teologia poderiam ser assim expressas:

> *A teologia ocupa-se com o supremo nível do mistério religioso, que é ainda menos acessível do que o mistério do universo físico. Em conseqüência, nossa linguagem e símbolos religiosos devem ser vistos como modelos, porque, ainda mais do que os conceitos da ciência, são meras aproximações do objeto que refletem [...] Usar na teologia o conceito de modelo desfaz, portanto, a ilusão de que estamos efetivamente abarcando o infinito nas estruturas finitas de nossa linguagem. Impede que os conceitos e símbolos se tornem ídolos e abre a teologia para a variedade e o desenvolvimento, exatamente como o método do modelo fez para a ciência. Mas há o perigo de não se ir suficientemente longe, porque pode-se não tomar na devida conta o nível da experiência religiosa. O teólogo pode copiar servilmente as ciências. Pode tomar o método científico como modelo normativo [...] Procedendo assim, o teólogo corre o risco de esquecer o elemento subjetivo que existe no cerne da religião. A experiência religiosa tem uma profundidade sem correspondente em nossa experiência do universo físico. A experiência religiosa atinge a parte mais íntima da pessoa.*[3]

O uso dos modelos pode ser explanatório (quando os modelos servem para sintetizar o que já se sabe ou pelo menos se está inclinado a crer) ou exploratório, também chamado heurístico (quando mostram sua capacidade de fazer descortinar perspectivas novas).

É claro que, no uso heurístico de modelos em teologia e, portanto, também em eclesiologia, testes dedutivos ou meramente empíricos estão fora de questão, aqueles porque não dispomos de conceitos abstratos sobre a Igreja que pudessem emprestar os termos para um silogismo, estes porque os resultados visíveis e as estatísticas nunca dirão por si mesmos se determinada decisão foi correta ou não.

Os modelos teológicos não são reproduções em escala reduzida. São "modelos análogos" (Max Black) ou "métodos de descoberta" (Ian Ramsey). À vista de sua correspondência com o mistério da Igreja ser apenas parcial e funcional, os modelos são necessariamente inadequados e, neste sentido, esclarecem certos fenômenos, mas não todos. Por isso, tomados com exclusividade, levarão a distorções. Para evitar os defeitos de um mo-

---

[3] COUSINS, E. Models and the future of theology. *Continuum* 7 (1969) 78-91 (citado por DULLES, A. *A Igreja e seus modelos*, cit., p. 22).

delo individualmente considerado, é de bom alvitre uma combinação de modelos irredutivelmente distintos.

Modelos são necessariamente vários, mas não podem ser tantos que, em vez de facilitar a compreensão da Igreja, impossibilitem-na. A mente procura unidade. Por isso, em várias épocas da história, tornou-se possível construir uma teologia total ou, pelo menos, uma eclesiologia total, apelando-se a um único modelo. É o que podemos chamar "paradigma", isto é, um modelo capaz de resolver grande variedade de problemas até então — ou de outra maneira — insolúveis.[4]

Nas ciências, dão-se historicamente mudanças de paradigma, o que Kuhn chama de "revoluções científicas". Em eclesiologia, por motivos especulativos e/ou práticos, ocorrem revoluções eclesiológicas, não sendo fácil a transição de um modelo para outro,[5] donde a necessidade de praticar a tolerância e de aceitar o pluralismo, reconhecendo que nossos modelos, por excelentes que sejam, não resolvem todos os problemas e não podem ser imperialisticamente impostos *sobre a* Igreja ou *sobre uma* Igreja.

1. MODELO DA COMUNHÃO: "A IGREJA É UMA COMUNHÃO"

É o modelo que vige na Igreja antiga, nos primeiros séculos do cristianismo. Sobrevive em alguns teólogos posteriores, como santo Tomás, na idéia de Igreja vista como "congregação dos fiéis" e, de certa maneira, na eclesiologia do corpo de Cristo, central para Paulo e Agostinho. É retomado com vigor, a partir do século XIX, no longo e articulado processo de volta às fontes e de renovação da eclesiologia. Seu maior representante é J. A. Möhler, famoso teólogo de Tübingen, com seu *A unidade na Igreja*, publicado em 1825.

Neste modelo, a Igreja é uma comunhão. "Comunhão" significa que se participa com outros de uma mesma coisa ou pessoa. A Igreja é vista como uma comunhão com o Pai por Cristo no Espírito Santo e, conseqüentemente,

---

[4] Na descrição de T. Kuhn: "Soluções concretas de quebra-cabeças [enigmas] que, empregadas como modelos ou exemplos, podem substituir regras explícitas como base para a solução dos restantes quebra-cabeças [enigmas] da ciência normal" (KUHN, T. S. *A estrutura das revoluções científicas*. São Paulo, Perspectiva, 2000. p. 218).

[5] "Cada paradigma traz, juntamente com o seu conjunto próprio de imagens favoritas, a sua própria retórica, os seus valores peculiares, as suas certezas, compromissos e prioridades. Traz até consigo um conjunto particular de problemas preferidos. Quando se trocam os paradigmas, as pessoas sentem que o chão lhes foge subitamente dos pés. Não podem começar a falar a nova linguagem sem se comprometerem prontamente com todo um novo conjunto de valores que podem não lhes saber bem ao paladar. Acham-se com isso gravemente ameaçadas na sua segurança espiritual [...] Não seria de admirar, portanto, que na Igreja contemporânea, sacudida pela mudança de paradigmas, nos deparássemos com fenômenos tais como polarização, mútua incompreensão, incapacidade de comunicação, frustração e desalento" (DULLES, A. *A Igreja e seus modelos*, cit., p. 31).

com os irmãos e irmãs. Isto é, os cristãos, por um lado, têm comunhão com o Deus uno e trino e, por outro, justamente em virtude dessa comunhão, têm comunhão entre si. Em profundidade, a Igreja é uma manifestação visível da santa comunhão das três pessoas da Trindade. A expressão *sanctorum communio* é documentada pela primeira vez em Jerônimo[6] e, mais tarde, nas profissões de fé gálicas. Entrou no símbolo batismal de Roma por meio de Nicetas de Remesiana (*DS* 19) e indica, antes de tudo, a participação nos mistérios, isto é, na eucaristia, mas foi alargando-se até abranger um amplo significado: a comunhão do Espírito Santo (*communio Sancti*), que atua por meio dos santos sinais [palavras e sacramentos] (*communio sanctorum sacramentorum)* e, assim, gera a comunhão dos santos fiéis (*communio sanctorum fidelium*) do presente, do passado e do futuro.

O Vaticano II consagrou este modelo, embora o próprio termo "comunhão" não seja, numericamente, tão significativo em suas páginas. Vinte anos depois, o sínodo extraordinário sobre o Vaticano II [1985] afirmou que

> *a eclesiologia de comunhão é a idéia central e fundamental nos documentos do Concílio [...] muito foi feito pelo Vaticano II para que a Igreja como comunhão fosse mais claramente entendida e concretamente traduzida na vida.*[7]

2. MODELO DA RELIGIOSIDADE POPULAR: MAIOR DO QUE A IGREJA, MENOR DO QUE O POVO

Este modelo desenvolve-se à medida que, ainda no primeiro milênio, vai-se enfraquecendo o modelo de comunhão, fator e resultado de um processo missionário e eclesial autenticamente evangélico. Dois motivos levaram a um problemático afastamento entre práticas populares e ritos e crenças oficiais. O primeiro é o progressivo estranhamento da liturgia eclesial oficial por parte do povo, processo concluído, na Europa, durante a época medieval. Suas características principais são: progressiva clericalização e deculturação, reservando a ação cultual cada vez mais aos ministros do culto, dividindo a assembléia em dois e empurrando os sacramentos para obscuros meandros mágicos. O segundo motivo é uma evangelização deficiente, que, misturada com dramáticas situações de pobreza cultural e espiritual, possibilitou a permanência de mentalidades mágicas e de práticas religiosas consideradas pouco condizentes com o cristianismo oficial. Em nossa ameríndia, durante a colonização e a evangelização que a acompanhou, a religiosidade popular de extração européia enriqueceu-se e trans-

---

[6] Cf. *Ep.* 17,4: PL 23, 360ss.
[7] O futuro da força do concílio. Sínodo extraordinário dos bispos 1985, C. 1.

formou-se com elementos indígenas, africanos e outros, que só a duras penas conseguiram sobreviver.[8]

Na religiosidade popular, atua esquematicamente o seguinte processo: a pessoa, diante de uma "necessidade" superior às suas forças, recorre a um "santo" (e, nesta categoria, pode entrar uma criatura humana, uma das pessoas da Trindade, ou simplesmente a divindade) com um "pedido", que, atendido, obrigará o agraciado ao pagamento de uma "promessa" diante da imagem do santo ou em seu "santuário". A religiosidade popular, por um lado, é profundamente individualista (cada um e seu santo), mas, ao mesmo tempo, não menos comunitária (os devotos encontram-se e unem-se na mesma devoção e reúnem-se em grupos de diversas formas) e histórica (as tradições religiosas populares fazem parte da identidade pessoal e grupal). As manifestações sociais ficam por conta das associações e confrarias em torno do padroeiro; dos santuários erguidos em sua honra; da celebração, em tempos fixos, de festas, patronos, datas históricas; do uso de imagens e símbolos do grupo, do lugar, da própria história; das peregrinações ao santuário.

Longe de sepultá-la, a Modernidade e a chamada pós-Modernidade parecem ter dado novo vigor à religiosidade popular, cujos adeptos, em nosso País, sentem-se — apesar de todas as crises de pertença — católicos e membros da Igreja católica. Este sujeito coletivo e crente tem práticas distintas, mas dialeticamente ligadas às dos organismos e mesmo das comunidades eclesiais. Em sintonia com Puebla, que traz uma rica reflexão sobre a religiosidade popular,[9] nossos bispos têm reiteradamente insistido nos laços dos católicos não-praticantes (geralmente ligados à religiosidade popular) com as comunidades eclesiais: a herança do catolicismo popular, especialmente a devoção a Maria (Nossa Senhora) e aos santos; a procura dos sacramentos nos momentos decisivos da vida.[10] Elementos da religiosidade popular têm sido relidos e incorporados no ideário e nas liturgias de certas "igrejas" neopentecostais, que guardam uma ambígua relação de ruptura e de apropriação com a religiosidade popular.

---

[8] "Com relação à fé cristã, a religião popular não é uma degradação nem se opõe a ela; ao contrário, enriquece a tradição cristã e é fecundada por ela" (IRARRÁZABAL, D. Religión popular. In: ELLACURÍA, I. & SOBRINO, J. *MysLib*. Madrid, Trotta, 1990. v. II, p. 346). "O modo de existir e pensar do povo é integrador; abarca diferentes dimensões, porém todas elas formam um conjunto [...] O povo pensa relações e oposições complementares" (Idem, ibidem, p. 345). Cf. *REB* 36 (1976) 5-280 LIBANIO, J. B. *Problema da salvação no catolicismo do povo*. Petrópolis, Vozes, 1977.

[9] Puebla, 444-469.

[10] CNBB. *Diretrizes gerais da ação evangelizadora da Igreja no Brasil 1995-1998*. São Paulo, Paulinas, 1995. p. 127.

3. MODELO DA SOCIEDADE: DEUS CRIOU A HIERARQUIA... E TIROU FÉRIAS!

Este modelo inicia-se na Idade Média e ganha impulso na crise gerada pela Reforma, ganhando seus contornos definitivos na longa estação da Contra-Reforma. Hoje está enfraquecido, apesar de teimar em reaparecer.

O modelo societário entende a Igreja a partir da sociedade civil e, mais precisamente, do Estado. A eclesiologia correspondente empenha-se em localizar o ato histórico da "fundação" da sociedade eclesial por parte de Cristo, em definir seu estatuto jurídico e seu órgãos diretivos, em estabelecer seus ritos e sua finalidade própria. A expressão mais típica dessa concepção é são Roberto Bellarmino, eminente representante da Contra-Reforma, que já conhecemos.[11] A característica principal desta visão de Igreja é a afirmação da visibilidade; a Igreja é concebida como uma pirâmide, em cujo topo está o papa, em cujo tronco estão os bispos e padres, em cuja base jaz a massa passiva dos chamados leigos; os bispos, numa visão absolutista do poder, sem perder a majestade, eram reduzidos a representantes do papa; os leigos tinham apenas o direito de receber da hierarquia a doutrina, os sacramentos e as orientações de vida, que deviam acatar sem questionamento. Möhler ironizou esta caricatura de Igreja na célebre frase: "Deus criou a hierarquia e assim proveu as necessidades da Igreja até o fim dos tempos!".

A Igreja pode ser considerada uma sociedade, mas este atributo não pode ser nem a porta de entrada da eclesiologia, nem seu principal conteúdo. Somente uma visão místico-mistérica, na linha de Efésios e Colossenses e dos antigos Padres, é capaz de dar conta da identidade teológica da Igreja; o Vaticano II, graças aos fecundos movimentos de refontalização e renovação que o precederam, realizou o salto definitivo de uma concepção jurídico-societária da Igreja para uma visão mistérico-comunional.

4. MODELO DA LIBERTAÇÃO: A FORÇA HISTÓRICA DOS POBRES

O modelo da libertação tem sua pátria inicial na América Latina, avançando depois para outras áreas do mundo. Surgiu em fins da década de 1960, teve seu esplendor na de 1970, enfrentou duros embates na de 1980 e, a partir daí, evoluiu em novas direções, sem perder a inspiração inicial.

Sua originalidade vem do fato de que não se limita a aplicar o Vaticano II às Igrejas da América Latina, mas de reler o Concílio a partir do mundo latino-americano, um continente ao mesmo tempo "cristão" e injusto. O Concílio é lido a partir dos deserdados da história. Não é por acaso que

---

[11] *De Ecclesia militante*, c. II: De definitione Ecclesiae. Ingolstadt, 1601. pp. 137-138.

Medellín e Puebla começam seus documentos conclusivos analisando a situação socioeconômica da América Latina. Essa análise não é meramente sociológica, mas também teológica. A realidade é globalmente qualificada como "situação de pecado", em contradição com o ser cristão e com o plano de Deus. A categoria "Povo de Deus" — geralmente identificado com o "povo dos pobres"[12] — é reconduzida ao seu contexto originário de escravidão e libertação:

> *Assim como Israel, o antigo povo, sentia a presença salvífica de Deus quando da libertação do Egito, na passagem pelo Mar Vermelho e na conquista da Terra Prometida, assim também nós, o novo Povo de Deus, não podemos deixar de sentir seu passo que salva quando se dá o verdadeiro desenvolvimento, que é, para todos e cada um, a passagem de condições menos humanas a condições mais humanas (Medellín, Introdução às conclusões, 6).*

O modelo eclesiológico libertador[13] tem algumas notas características: a) uma Igreja nascida no meio dos pobres, que se unem em comunidades eclesiais de base ao redor da Palavra e da eucaristia;[14] b) uma Igreja libertadora, comprometida com os movimentos populares e sociais; c) uma Igreja ecumênica, que privilegia a luta pela justiça como caminho para a união dos cristãos e das Igrejas; d) uma Igreja fraterna, que partilha de maneira nova a fé e a vida, assiste ao surgimento de novos ministérios, vive relações novas entre ministros e leigos; e) uma Igreja martirial, cujo sangue derramado é semente que anuncia um mundo novo; f) uma Igreja sedenta

---

[12] Cf. QUIROZ MAGAÑA, A. Eclesiología en la teología de la liberación. In: ELLACURÍA, I. & SOBRINO, J. *MysLib*. Madrid, Trotta, 1990. v. I, pp. 259-260 [modelos].

[13] Cf. BOFF, L. As eclesiologias presentes nas comunidades eclesiais de base. In: AA.VV. *Uma Igreja que nasce do povo*. Petrópolis, Vozes, 1975. pp. 201-209. MIGUEZ BONINO, J. Questões eclesiológicas fundamentais. In: TORRES, S. (Ed.). *A Igreja que surge da base*. São Paulo, Paulus, 1982. pp. 236-241. CODINA, V. Eclesiologia latino-americana da libertação. *REB* 42 (1982) 61-81; IDEM. Tres modelos de eclesiología. *Estudios Eclesiásticos* 58 (1983) 55-82. QUIROZ MAGAÑA, A. Eclesiología en la teología de la liberación, cit., pp. 259-260.

[14] Cf. BARBÉ, D. *Retrato de uma comunidade de base*. Petrópolis, Vozes, 1971. BARREIRO, A. Eclesialidade e consciência eclesial das CEBs. *Perspectiva Teológica* 34 (1982) 301-326. BOFF, L. *Eclesiogênese. As comunidades eclesiais de base reinventam a Igreja*. Petrópolis, Vozes, 1977. COMBLIN, J. As comunidades de base como lugar de experiências novas. *Concilium* 104 (4/1975) 73-81. FERNANDES, L. *Como se faz uma comunidade eclesial de base*. Petrópolis, Vozes, 1984. LIBANIO, J. B. Comunidade de base: pletora de discurso. *SEDOC* 11 (118), 1979, pp. 765-787. PASTOR, F. A. P. Paróquia e comunidade de base: uma questão eclesiológica. *Síntese* (10), 1977, pp. 21-43. TORRES, S. (Ed.). *A Igreja que surge da base*, cit. Merece especial destaque a trilogia do teólogo casado Faustino Luís do Couto Teixeira, que realizou a mais completa e bem acabada pesquisa sobre o assunto: *A gênese das CEBs no Brasil. Elementos explicativos*, São Paulo, Paulinas, 1988. IDEM. *Comunidades eclesiais de base. Bases teológicas*. Petrópolis, Vozes, 1988. IDEM. *A fé na vida. Um estudo teológico-pastoral sobre a experiência das comunidades eclesiais de base no Brasil*. São Paulo, Loyola, 1987.

de espiritualidade popular e libertadora, de contemplação na ação libertadora e de oração que brota da alma do povo. Os pobres e seu grito de liberdade e vida são o eixo irrenunciável, ineliminável e inegociável deste modelo de Igreja.

A Igreja de Cristo, nascida no seio da tradição veterotestamentária, tão fortemente marcada pela experiência do êxodo e pela pregação dos profetas, nascida da práxis de Jesus de Nazaré, cujo Reino destina-se preferencialmente aos pobres e mostra-se como liberdade e vida para todos, não pode não ser uma Igreja da vida, da liberdade e da libertação.[15] Este modelo descobre uma vertente ineliminável da fé e interpela profeticamente toda a Igreja. O Vaticano II, graças ao cardeal Lercaro e a dom Helder, incorporou o tema da "Igreja pobre e dos pobres",[16] inserindo-o justamente no capítulo mais "nobre" da constituição dogmática *Lumen gentium*, o primeiro, no número 8, um dos, teologicamente falando, mais densos.[17]

5. MODELO DA SUBJETIVIDADE: ENTRE A RAZÃO QUE QUESTIONA E A SENSAÇÃO QUE DEVORA

Este modelo toma corpo na Modernidade e avança na chamada pós-Modernidade, tanto nos países do hemisfério norte quanto nos países do hemisfério sul, ainda que sob formas diferentes.

Aqui se estabelece o reino do sujeito, autoconsciente, livre, senhor de si e de suas próprias decisões.[18] A paisagem religiosa não é mais dominada por uma única religião, mas nela estão presentes diversas "igrejas", "comu-

---

[15] Cf. SOBRINO, J. Comunión, conflicto y solidaridad eclesial. In: ELLACURÍA, I. & SOBRINO, J. *MysLib*. Madrid, Trotta, 1990. v. II, pp. 217-243.

[16] MÍGUEZ BONINO, J. *Ecclesia pauper, Ecclesia pauperum* en el Vaticano II y la teología católica latinoamericana reciente. In: *Los pobres, encuentro y compromiso*. Buenos Aires, 1978. pp. 133-147.

[17] Cf. *LG* 8 [ler o texto na íntegra].

[18] "A religião deixa de ser a 'teoria geral deste mundo' (Marx) [...] Um pontilhismo religioso agrava a crise das Igrejas, pois as atinge em seu próprio interior. Adere-se a pontos da doutrina e da moral. Reivindica-se justificativa teológica a aspirações pontilhadas. Diminui a contestação. O sistema regulador central não é mais posto em causa. Aceita-se a autoridade para legitimar reivindicações, não para proferir verdades morais ou dogmas. A autoridade conta pouco. Na realidade, quanto mais 'se impõe' pela 'força' (física ou simbólica), menos é reconhecida socialmente. Paradoxalmente, precisa-se de quem diga 'como as coisas devem ser' para criar um 'espaço de segurança', o que não significa que todos vão guiar-se por este dizer. Assim, mesmo no interior das Igrejas, a religião se individualiza, vale cada vez mais a experiência e não a crença instituída. Intervém o demônio — subjetividade 'interpretativa', fundada no 'direito individual'. A subjetividade (interpretação) leva à perda da inocência com relação às instituições, que, juntamente com as crenças, 'cedem lugar à experiência como fonte do saber e agir no mundo'" (BENEDETTI, L. R. A experiência no lugar da crença. In: FABRI DOS ANJOS, M. [Ed.]. *Experiência religiosa*: risco ou aventura? São Paulo, Paulinas, 1998. p. 31).

nidades religiosas", "seitas". Além disso, "igrejas" e similares acham-se como que atravessadas por agrupamentos e posições ideológicas dificilmente catalogáveis e mensuráveis. Esses diversos grupos sociais vêem-se em concorrência religiosa e ideológica. A Igreja — pensamos, no caso, por exemplo, a católica romana — está como que num mercado dominado pela propaganda, onde a demanda daquilo que ela tem a oferecer não está automaticamente decidida, mas deve ser como que negociada, e é perfeitamente possível que os clientes virem as costas e procurem outras ofertas. As estatísticas sobre a migração religiosa comprovam isso.[19] Por outro lado, dentro das Igrejas, o indivíduo, apesar de todo o peso e controle da autoridade central (no caso da Igreja católica romana), sente que tem sempre mais espaço para as próprias decisões. Quando não deixa sua Igreja por outra, vive numa situação de adesão parcial ou, mais radicalmente, de religião invisível. A "adesão parcial" caracteriza-se pela escolha, livremente feita pelo indivíduo, entre as diversas verdades professadas pela própria Igreja, e um sistema de crenças próprio de cada sujeito: hoje as pessoas elaboram para o próprio consumo seu pacote religioso e ideológico É a religião *à la carte*! Mais radicalmente ainda, há um grupo, crescente entre nós, composto de pessoas certamente religiosas, que se confessam, porém livres de qualquer laço institucional. Declaram-se sem religião e formam vasta rede de "religião invisível", na feliz expressão de um sociólogo norte-americano.

A fé cristã é, por definição, uma escolha e uma adesão supostamente livres. Historicamente, porém, nem sempre foi assim a opção por Cristo, sua mensagem, seus valores, sua Igreja. O advento da Reforma e, mais tarde, da Modernidade e pós-Modernidade, questiona radicalmente o absolutismo do sistema eclesiástico, muitas vezes impérvio à participação dos fiéis naquela necessária tradução constante, não só clerical (padres e bispos), mas também leiga, das verdades e valores da fé. Sem essa constante e ativa transitividade não se pode garantir a unidade na diversidade, própria da fé cristã e irrenunciável na cultura moderna.

6. MODELO DO ECUMENISMO: "QUE TODOS SEJAM UM [...]" (Jo 17,21)

Os primeiros sinais daquilo que seria o atual movimento ecumênico aparecem no pietismo dos séculos XVII e XVIII, o qual, rompendo os confins das

---

[19] Algumas razões para a migração ou para a desvinculação religiosa foram levantadas por um grupo de pesquisadores da PUC-Rio (JACOB, C. R., HEES, D. R., WANIEZ, P. & BRUSTLEIN, V. *Atlas da filiação religiosa e indicadores sociais no Brasil*. Rio de Janeiro/São Paulo, PUC-Rio/Loyola, 2003). O Ceris — juntamente com a CNBB — tem também realizado e continua realizando pesquisas de cunho semelhante (catolicismo nas grandes cidades, novas formas de crer, trânsito religioso); estudo científico concluído temos em CERIS, *Desafios do catolicismo na cidade. Pesquisa em regiões metropolitanas brasileiras*. São Paulo, Paulus, 2002.

Igrejas regionais protestantes, começa a refletir de modo universal, mundial. A missão que parte da Dinamarca propõe-se a difundir a verdadeira e viva consciência de Deus em todo o mundo e a reconstruir uma única "Igreja universal" de todos os fiéis renascidos em Cristo. Foi somente a partir da metade do século XIX, contudo, que o conceito de "ecumênico" passou a designar o ideal missionário e a universalidade do anúncio cristão. Na criação da Assembléia Evangélica, em 1846, em Londres, fala-se de "espírito verdadeiramente ecumênico". O fundador da Cruz Vermelha, H. Dunant, entendia que os cristãos de diversas denominações podiam e deviam reencontrar-se juntos no amor e trabalhar a serviço do próximo para a glória de Deus, sem necessariamente perder a própria convicção religiosa. Para o grande incentivador da criação do Conselho Ecumênico das Igrejas, o bispo Söderblom, de Uppsala, "ecumênico" significava "aquilo que diz respeito à vida da Igreja no seu conjunto", compreendendo, sobretudo, a dimensão social e política do cristianismo. Seu lema era: "A doutrina divide, mas o serviço une". Nas conferências mundiais de Estocolmo (1925) e de Lausanne (1927), entretanto, impôs-se a convicção de "ecumênico" no sentido de reunificação da cristandade, em Cristo e segundo sua vontade. O Vaticano II vai entender por movimento ecumênico "as atividades e iniciativas, que são suscitadas e ordenadas, segundo as várias necessidades da Igreja e oportunidades dos tempos, no sentido de favorecer a unidade dos cristãos"(*UR* 4).

O movimento ecumênico teve de admitir que a esperança de uma unidade institucional das Igrejas não é certamente realista e também que a idéia de uma unidade nas oposições não foi aceita por todos. Neste contexto, nos últimos tempos, a idéia de *koinonía* (= comunhão) (o modelo mais recente de ecumenismo) ganhou o centro das reflexões. As grandes Igrejas convergiam neste conceito: a eclesiologia do Vaticano II é considerada uma eclesiologia de comunhão; a ortodoxia pode reconhecer no modelo da *koinonía* a concepção da Igreja antiga de Igrejas locais episcopais independentes, até a pentarquia; o anglicanismo compreende-se como uma comunhão de Igrejas; as Igrejas da Reforma podem descobrir aqui sua tradicional concepção da federação de Igrejas independentes. Ao mesmo tempo, esse modelo parece apropriado para valorizar as legítimas diversidades entre as Igrejas, o que deixa espaço para uma eventual comunhão global. Além disso, as Igrejas não se vêem confinadas a si mesmas, mas abertas à comunhão com a sociedade e com o mundo. Assim, a comunhão entre as Igrejas e destas com o mundo e a sociedade torna-se a perspectiva dominante no movimento ecumênico. Isto não significa que "vale tudo" (*anything goes*), como se o *status quo* estivesse legitimado e o apelo à conversão, anulado.

Nesse modelo, a comunhão não é legitimação da divisão existente, mas recíproco reconhecimento na palavra, no sacramento e no serviço. As Igrejas não desaparecem, mas também não ficam como estão. A Igreja só pode viver na pluralidade e no diálogo, como unidade na comunhão. Cada uma é referida à outra, vive por ela e com ela. A Igreja é feita de diálogo e comunhão, não só na prática, mas também nos princípios estruturantes. No interior de uma "confissão", a Igreja local não é somente uma subdivisão da Igreja universal, e esta não é apenas uma associação secundária de Igrejas locais. O mesmo modelo poderia determinar as relações ecumênicas das Igrejas, à medida que as confissões compreendessem-se como "Igrejas particulares" da "Igreja universal". A finalidade do movimento ecumênico não seria a organização de uma Igreja universal, mas uma comunhão de Igrejas, cada uma das quais realiza, no sentido pleno, o ser Igreja; a Igreja universal, portanto, é constituída enquanto relativa às Igrejas locais ou particulares.[20] Afasta-se, assim, da absolutização de cada Igreja ("confissão") considerada individualmente, mas, ao mesmo tempo, não se cai na absolutização de uma Igreja ideal, unificada (ainda) não existente ou "central". A autocrítica em relação à própria Igreja ("denominação") e sua relativização são realidades muito presentes neste modelo.

7. MODELO DO DIÁLOGO INTER-RELIGIOSO: "DERRAMAREI O MEU ESPÍRITO SOBRE TODA CARNE" (Jl 3,1)

Em Assis, na Itália, respondendo ao convite de João Paulo II, uniram-se, em 27 de outubro de 1986, representantes de várias tradições religiosas. Esse evento marca simbolicamente o início do diálogo inter-religioso. Dentro da Igreja católica romana, o caminho vinha sendo preparado desde os idos do Vaticano II.[21]

De diálogo inter-religioso fala-se a partir e de dentro da Modernidade. O advento das sociedades modernas não significou o fim das religiões, mas o fim da religião como forma orgânica de vincar e expressar a sociedade. A pluralidade religiosa faz, necessariamente, parte da Modernidade, pois a religião fragmentou-se numa multiplicidade de esferas como tantos campos de conhecimento do mundo e sistemas de convicção, referidos à experiência subjetiva e à produção de valores, independentemente da lógica racional e instrumental das ciências. O reconhecimento desse pluralismo como uma realidade legítima e constitutiva das sociedades modernas questiona radicalmente a busca de uma unidade monolítica, seja ela uma única religião, sistema, ideologia ou tradição. A aceitação da pluralidade é regra fundamental da Modernidade.

---

[20] NEUNER, P. *Teologia ecumenica. La ricerca dell'unità tra le chiese cristiane.* Brescia, Queriniana, 2000. pp. 298ss.
[21] *LG* 16-17; *GS* 11 e 22, *Nostra aetate* e *Ad gentes.* Passos à frente significou também a criação do Secretariado para os Não-Cristãos, transformado mais tarde em Pontifício Conselho para o Diálogo Inter-Religioso, com seus decisivos documentos *Diálogo e Missão* (1984) e *Diálogo e Anúncio* (1991). Vale lembrar que o papa aborda a questão também na *Redemptoris missio* (1991).

Panikkar[22] identifica três atitudes na prática dialógica e no encontro entre as tradições religiosas: o *exclusivismo* (fundado sobre um conceito de verdade que reduz a revelação de Deus a uma única linguagem, que é a da sua tradição, que reivindica para si a exclusividade do acesso a Deus); o *inclusivismo* (que inclui como próprio tudo o que de verdadeiro e bom existe em qualquer tradição religiosa, mesmo sacrificando os conteúdos materiais de cada uma às suas estruturas formais); e o *paralelismo* (que parte do pressuposto de que as religiões são caminhos paralelos que têm, porém, como comum horizonte, o infinito, lugar de encontro de todos os peregrinos). Nesta última perspectiva,

> *cada tradição religiosa seria um caminho correto, que deve ser respeitado, sobre o qual não cabem interferências externas. A verdade não seria encontrada no diálogo entre as tradições, mas no aprofundamento no interior de cada tradição, onde se encontram as riquezas necessárias para a salvação de seus seguidores.*[23]

Nas últimas décadas, a teologia católica tem procurado superar uma concepção absolutista do cristianismo, na linha de um eclesiocentrismo estreito ("extra Ecclesiam nulla salus"), mostrando respeito e estima para com as demais religiões. O magistério não chega a considerá-las "caminhos de salvação", mas portadoras de "valores salvíficos", o que certamente favoreceu o diálogo. É claro que o diálogo exige alguns pressupostos: respeitar a alteridade do interlocutor na sua identidade própria; definir-se a partir de determinada identidade cultural e religiosa; uma certa igualdade entre os parceiros. Aqui está a maior dificuldade no diálogo entre cristãos e pessoas (comunidades) de outras tradições religiosas.[24]

Em termos eclesiológicos, seria necessário abandonar definitivamente uma visão eclesiocêntrica, substituindo um pressuposto exclusivamente cristológico por outro histórico-salvífico e trinitário. Na verdade, a Igreja comunica a salvação oferecida em Jesus Cristo de maneira ao mesmo tempo visível e invisível. Ou seja: se a Igreja é sacramento universal de salvação, constituído por Cristo mediante a efusão do seu Espírito vivificante, ela serve ao desígnio salvífico do Pai, seja visivelmente — por meio de sua

---

[22] PANIKKAR, R. *The intrareligious dialogue*. New York, Paulist Press, 1978.
[23] STEIL, C. A. O diálogo inter-religioso numa perspectiva antropológica. In: TEIXEIRA, F. L. C. (Org.). *Diálogo de pássaros. Nos caminhos do diálogo inter-religioso*. São Paulo, Paulinas, 1993. p. 29.
[24] "Que acontece com a minha fé cristã se eu considero o cristianismo uma religião entre tantas outras, se a revelação cristã não é a manifestação definitiva e absoluta de Deus, se o Cristo não passa de uma mediação entre outras, e não Deus encarnado? Ao mesmo tempo, como falar em diálogo num plano de igualdade se desde o início estou convicto de possuir a verdade, se reivindico uma religião que não só é a única verdadeira, como também a religião absoluta?" (GEFFRÉ, C. A fé na era do pluralismo religioso. In: TEIXEIRA, F. L. C. *Diálogo de pássaros. Nos caminhos do diálogo inter-religioso*. São Paulo, Paulinas, 1993. p. 64).

ação profética, sacerdotal e real —, seja invisivelmente — pela ação do Espírito Santo, que atua nela e fora dela, orientando os corações ao encontro com a plenitude da autocomunicação divina. Por isso, no mistério universal da salvação, a Igreja mantém um papel necessário, mas totalmente relativo:

> *dependendo do único necessário, que é o mistério de Cristo no desígnio do Pai, a Igreja é necessária precisamente enquanto reveste o papel de sinal profético do dom de Deus plenamente oferecido nela e de realização incoativa da salvação querida para todos no desígnio do Pai. À pergunta se "a salvação dos indivíduos passa necessariamente através da Igreja ou pode prescindir dela, pode-se responder que pode dela prescindir, enquanto é Deus que salva e ele pode encontrar caminhos diversos. Deve-se responder que passa através da Igreja, enquanto sem ela não se saberia em forma definitiva o que é a salvação, pelo fato de que não se conheceria em forma completa aquilo que Deus pensa para a humanidade e esta não teria no seu interior a experiência concreta, na forma da antecipação, do seu destino último". A própria Igreja é paradoxo, que vela e revela: por isso, ela remete àquele do qual vem e para o qual tende, não podendo jamais presumir de ser um absoluto, que se substitua à atração misteriosa de Deus e à liberdade dos seus caminhos. Certamente, ela não é tudo: todavia certamente ela existe para todos! Na concepção da Igreja "sacramento" coexistem "seja a amplidão ilimitada da salvação (universalismo como esperança), seja a indispensabilidade do evento Cristo (universalismo como pretensão)". O paradoxo eclesial remete, portanto, inevitavelmente, ao mistério do Reino [...]*[25]

Resumindo

• *O uso de modelos tornou-se freqüente em teologia, especialmente em eclesiologia (basta ver quantas vezes a palavra "modelo" aparece neste texto).*

• *Modelo é uma simplificação, uma esquematização, uma construção teórica que é útil para analisar fenômenos complexos e, eventualmente, desenvolver uma teoria que explique fenômenos aparentemente desconexos.*

• *No modelo da koinonía (comunhão), a Igreja é vista como uma comunhão com o Pai por Cristo no Espírito Santo e, conseqüentemente, de irmãos e irmãs (cf. 1Jo 1,3.6ss.). Esta compreensão é tão relevante que entrou no próprio credo.*

---

[25] FORTE, B. *La Chiesa della Trinità. Saggio sal mistero della Chiesa comunione e missione.* Cinisello Balsamo (MI), 1995. p. 116. A citação entre aspas dentro do texto de B. Forte é de G. Canobbio, *Chiesa perché? Salvezza dell'umanità e mediazione ecclesiale*, Paulus, Milano, 1994. pp. 182ss.

• O modelo da "religiosidade popular" (com mais precisão, "catolicismo popular") desenvolve-se à medida que se vai enfraquecendo o modelo de comunhão. Dois motivos levaram a um afastamento entre práticas populares e ritos e crenças oficiais: o progressivo estranhamento da liturgia eclesial oficial por parte do povo e uma evangelização deficiente, que, misturada com dramáticas situações de pobreza cultural e espiritual, possibilitou a permanência de mentalidades supersticiosas e de práticas religiosas incoerentes com o cristianismo.

• O modelo societário entende a Igreja a partir da sociedade civil e, mais precisamente, do Estado. Sua principal característica é a afirmação da visibilidade da Igreja, que é concebida como uma pirâmide, em cujo topo está o papa, em cujo tronco estão os bispos e padres, em cuja base jaz a massa passiva dos chamados leigos.

• O modelo libertador tem as seguintes características: a) uma Igreja nascida no meio dos pobres, unida em CEBs ao redor da Palavra e da eucaristia; b) uma Igreja libertadora, comprometida com os movimentos populares e sociais; c) uma Igreja ecumênica, privilegiando um ecumenismo prático; d) uma Igreja fraterna, que partilha de maneira nova a fé e a vida; e) uma Igreja de mártires pela justiça por causa da fé; f) uma Igreja que une contemplação e ação.

• O modelo do sujeito é tipicamente moderno. Seus traços principais são o individualismo e o pluralismo, intimamente relacionados. Da adesão parcial à religião invisível (os sem-religião), passa-se pela multiplicação dos grupos religiosos, livremente criados e propagandisticamente oferecidos no mercado religioso, a gosto dos fregueses.

• O movimento ecumênico provoca mudanças mais ou menos profundas no conjunto das Igrejas e em cada Igreja individualmente. Não necessariamente o relativismo, mas uma certa relativização ingressa no arcabouço doutrinário e nas práticas concretas das Igrejas que assumem uma postura coerentemente ecumênica, o que nos autoriza a falar de um modelo eclesiológico ecumênico.

• Finalmente, o modelo do diálogo inter-religioso consagra uma abordagem trinitária da questão da salvação através da Igreja. Numa ótica trinitária, se a Igreja é sacramento universal de salvação, constituído por Cristo mediante a efusão do seu Espírito, ela serve ao desígnio salvífico do Pai, seja visivelmente — por meio de sua ação profética, sacerdotal e real —, seja invisivelmente — pela ação do Espírito Santo, que atua nela e fora dela. Seu papel é necessário, mas totalmente relativo.

Aprofundando

Há pouca clareza em relação a essa questão dos modelos. Alguns chegam até mesmo a pensar que "modelo" seja algo a ser buscado, perseguido, colocado em prática. E você, o que acha? (Não tenha pressa. O capítulo é curto. Por favor, leia-o de novo, evidenciando suas dúvidas. Escreva-as numa folha).

Procure um(a) professor(a) de eclesiologia e tire suas dúvidas. Para não deixar o(a) professor(a) estressado(a), forme um grupo para irem todos juntos a ele(a).

Perguntas para reflexão e partilha

1. Que modelo de Igreja predomina em sua diocese, paróquia, comunidade? Por quê?

2. Que você acha que faltou — e não podia faltar — neste livro de eclesiologia?

Bibliografia

ALMEIDA, A. J. de. Modelos eclesiológicos e ministérios eclesiais. *REB* 48 (1988) 310-352.

ARBUCKLE, G. A. *Refundar la Iglesia*. Santander, Sal Terrae, 1998.

BARREIRO, A. *Comunidades eclesiais de base e evangelização dos pobres*. São Paulo, Loyola, 1977.

DELUMEAU, J. *As razões de minha fé*. São Paulo, Loyola, 1991.

DULLES, A. *A Igreja e seus modelos*. São Paulo, Paulus, 1978.

FRIES, H. Modificação e evolução histórico-dogmática da imagem da Igreja. In: *Mysterium salutis*. Petrópolis, Vozes, 1975. v. IV, t. 2.

KÜNG, H. *Teologia a caminho. Fundamentação para o diálogo ecumênico*. São Paulo, Paulinas, 1999.

MARINS, J. et alii. *Modelos de Igreja*. São Paulo, Paulus, 1977.

MONDIN, B. *Novas eclesiologias. Uma imagem atual da Igreja*. São Paulo, Paulus, 1984.

QUIROZ MAGAÑA, A. *Eclesiología en la teología de la liberación*. Salamanca, Sígueme, 1983.

CONCLUSÃO

Gosto de dizer que não há conclusão. O que há — ou pelo menos deveria haver, mas isso depende de cada leitor — é um novo começo. Ou um começo novo. O iniciado mergulhando nas profundezas do mistério. Adentrando florestas desconhecidas. Criando novas trilhas para novas entradas. De experiência em experiência. De conhecimento em conhecimento. Sem se dar por satisfeito. Tendo por último e único limite a contemplação face a face do Mistério, que, dada a limitação inelimável de nossa estrutura cognitiva, jamais terá termo e fim.

No caso da Igreja, não se pode dizer, é claro, o que diz Agostinho ao terminar seu livro sobre a Trindade: "Hic incipit mysterium Dei, sanctae Trinitatis, aeterni Amoris" [Eis os umbrais do mistério de Deus, da Santa Trindade, do eterno Amor]. Ainda que ousadamente já tenha sido chamada de "o corpo dos Três", a Igreja definitivamente não é a Trindade. Nem é Deus, nem o Cristo, nem o Reino. Ainda que ela venha de Deus, ainda que de Cristo ela seja o corpo, ainda que ela tenha nascido do anúncio do Reino e espere ardentemente seu advento em plenitude, para nele morrer e dele ressurgir em novo céu e nova terra, quando cantaremos "o canto de louvor pela morte da Igreja, morte que nos reconduz à fonte da vida santa em Cristo".

Falamos da Igreja a partir de dentro. Falamos da Igreja a partir da fé, "garantia antecipada do que se espera, prova das realidades que não se vêem" (Hb 11,1). Nossa foi a inaciana perspectiva do *sentire Ecclesiam sentire in Ecclesia* e *sentire cum Ecclesia*. Esse foi nosso método primeiro. Essa foi nossa hermenêutica básica. Embora pudéssemos e fosse legítimo olhar a Igreja sob outros pontos de vista, escolhemos olhá-la como Deus mesmo a vê, como seu Povo, corpo do seu Filho, templo do seu Espírito, rebanho que sua mão conduz, sementeira sua no campo do mundo, edifício que Deus mesmo levanta, cidade colocada sobre o monte, luz do mundo, sal da terra.

Não obstante todas as decepções com seus membros, sobretudo com os colocados em posições em que o poder deveria ser usado para acolher e não para afastar, para compreender e não para acusar, julgar e condenar, para ajudar e não para destruir, a Igreja é a antiga-dos-dias sempre desafiada a renovar-se diante da novidade do mundo, a Igreja é a mãe de que os filhos sempre precisarão para viver — sobretudo quando, grandes, pensam poder dispensá-la —, a Igreja é aquela luz, mesmo que réstia de luz, aquele bruxuleio, teimando em não morrer — de que o mundo precisa para não ser mais triste e sombrio!

Faço meu este conselho:

> Não te separes da Igreja! Nenhuma potência tem a sua força. A tua esperança é a Igreja. A tua salvação é a Igreja. O teu refúgio é a Igreja. Ela é mais alta do que o céu e maior do que a terra. Ela não envelhece jamais: a sua juventude é eterna.

Retenha, irmão, irmã, essas sábias palavras de Cirilo de Alexandria, o mesmo que há pouco convidou-nos a entoar um hino pela morte da Igreja, para podermos passar do tempo à eternidade, da história à glória, da corrupção à imortalidade.

Enquanto estamos no tempo, na história, na corrupção deste mundo, há que se abraçar a missão com toda a intensidade e com todas as forças. A Igreja é chamada e enviada a descobrir sua identidade permanente não só a partir de Deus, mas também a partir do mundo, a partir da história, a partir da tarefa que Deus confiou-lhe. Agora é possível dizer, com Pio XI, sem medo de ferir nenhum ouvido pio, que "o mundo não foi criado para a Igreja, mas a Igreja para o mundo!".

As palavras iniciais da *Gaudium et spes* podem ser nossas palavras finais:

> As alegrias e as esperanças, as tristezas e as angústias dos homens de hoje, sobretudo dos pobres e de todos aqueles que sofrem, são também as alegrias e as esperanças, as tristezas e as angústias dos discípulos de Cristo; e não há realidade alguma verdadeiramente humana que não encontre eco no seu coração. Porque a sua comunidade é formada por homens, que, reunidos em Cristo, são guiados pelo Espírito Santo na sua peregrinação em demanda do Reino do Pai, e receberam a mensagem da salvação para a comunicar a todos. Por este motivo, a Igreja sente-se real e intimamente ligada ao gênero humano e à sua história.

O concílio da Igreja é concílio da identidade e da missão. De uma e da outra. Não há identidade sem missão, nem missão sem identidade. De ambas vive a Igreja; a ambas quer a Igreja viver. Em tensão, pode até ser; em oposição, absolutamente. Como em Inácio de Loyola, interpretado por um filho seu do século XX, o século da Igreja:

> Uma coisa é certa: a minha eclesialidade, no fim das contas, foi só um elemento, de qualquer modo para mim indispensável, da minha vontade de ajudar as pessoas, uma vontade que atinge o seu verdadeiro objetivo só e à medida que essas pessoas crescem na fé, na esperança e na caridade, na relação direta com Deus. Qualquer amor

pela Igreja oficial seria idolatria, participação no horripilante egoísmo de um sistema por si mesmo, se não fosse animado por essa vontade e por ela limitado [...] Com outras palavras: amei a Igreja seguindo a inclinação de Deus para o corpo concreto do seu Filho na história e nesta união mística de Deus com a Igreja — não obstante a radical diferença entre ambos —, para mim a Igreja foi e permanece transparente a Deus e o lugar concreto desta minha inefável relação com o mistério cristão.[1]

---

[1] RAHNER, K. Rede des Ignatius von Loyola an einen Jesuiten von heute [Conversa de Inácio de Loyola com um jesuíta de hoje]. *Schriften zur Theologie*. Zürich, Benziger Herder, 1983. Band XV, pp. 373-408, especialmente pp. 392ss.

VOCABULÁRIO[1]

Advento divino: Deus enquanto constantemente vem ao encontro dos seres humanos, para estar com eles, para revelar-se a eles, para autocomunicar-se e deixar-se encontrar na autotranscendência e historicidade do ser humano, permanecendo aí sempre excedente. Ao advento divino corresponde o *êxodo* humano.

Aforismo: sentença moral breve e conceituosa; máxima (Aurélio); máxima ou sentença que, em poucas palavras, explicita regra ou princípio de alcance moral; apotegma, ditado; texto curto e sucinto, fundamento de um estilo fragmentário e assistemático na escrita filosófica, geralmente relacionado a uma reflexão de natureza prática ou moral (Houaiss).

Apologética: nascida do debate com o mundo não-cristão da inteligência, é o nome que recebe aquela parte da teologia ("dogmática geral", segundo Rahner) que se dedica a justificar a fé (apologética "positiva") e a defendê-la das objeções e ataques de que possa ser objeto (apologética "negativa").

Apologia: defesa; justificação; discurso em que se defende, justifica ou elogia uma pessoa, doutrina, instituição, ação. Ver **apologética**.

Apostasia: abandono da fé por parte de um fiel batizado, seja pela passagem a uma religião não-cristã, seja pela profissão de doutrinas contrárias à fé.

Aprioristicamente: fundamentado num preconceito ou numa posição previamente tomada, mas não explicitada nem justificada; baseado num *a priori*.

Arianismo: heresia do século IV, protagonizada por Ário, presbítero de Alexandria (Egito), que negava a divindade de Cristo, considerando-o apenas a mais elevada das criaturas.

Autocompreensão: compreensão que uma pessoa ou um grupo tem de si mesmo; em eclesiologia, trata-se da compreensão que a Igreja tem de si mesma em determinado contexto ou momento histórico.

Carisma: dom gratuitamente dado pelo Espírito à pessoa em vista do seu crescimento e da utilidade comum (Cf. 1Cor 12,7).

Cesaripapismo: tendência, peculiar à Igreja do Oriente, de o poder temporal (César = imperador) ingerir-se nos negócios da Igreja, por exemplo, convocando concílios, presidindo-os e transformando em lei suas deliberações; atingiu seu ponto máximo com Justiniano (527-565) e continuou a ser princípio de governo de soberanos bizantinos durante praticamente um milênio, provocando tensões entre Roma e Constantinopla, que se separaram em 1054.

Circunsessão (em grego, *perikhoresis*): a recíproca presença das pessoas divinas uma na outra (cf. Jo 10,38); distingue-se da circuncessão, que denota seu aspecto dinâmico.

Cisma: do grego *skhisma,* que significa "separação", este termo por muito tempo foi usado como sinônimo de heresia; hoje, costuma-se distinguir os dois conceitos, e por cisma entende-se toda a divisão da unidade eclesial, ainda que esta divisão não implique um erro doutrinal, o que permitiria qualificá-la como heresia; rompimento formal da unidade eclesial.

Colegialidade: doutrina segundo a qual o episcopado de todo o mundo, com o papa, exerce a suprema autoridade doutrinal e pastoral sobre a Igreja universal, em forma ordinária ou extraordinária; alguns defendem "formas menores" ou parciais da colegialidade, como as conferências episcopais.

Conciliarismo: concepção de canonistas dos séculos XII e XIII, que considera um concílio geral ou ecumênico a mais alta autoridade da Igreja, superior ao papa; essa doutrina foi

---

[1] Cf. Rahner, K. & Vorgrimler, H. *Petit dictionnaire de théologie catholique*. Paris, Seuil, 1970. Bouyer, L. *Breve dizionario teologico*. Bologna, EDB, 1993. McBrien, R. P. *Os papas. Os pontífices de são Pedro a João Paulo II*. São Paulo, Loyola, 2000. Forte, B. *Gesù di Nazareth, storia di Dio, Dio della storia. Saggio di una cristologia come storia*. Cinisello Balsamo (MI), Paoline, 1985. Centro di Studi Filosofici di Gallarate. *Dizionario dei filosofi*. Firenze, Sansoni, 1977. Idem. *Dizionario delle idee*. Firenze, 1977. Azevedo, M. *Comunidades eclesiais de base e inculturação da fé*. São Paulo, Loyola, 1986. p. 414. Idem. Cristianismo, uma experiência multicultural: como viver e anunciar a fé cristã nas diferentes culturas. *REB* 55 (1995) 783. Peelman, A. *L'inculturazione. La Chiesa e le culture*. Brescia, Queriniana, 1993. Lemaître, N. et alii. *Dicionário cultural do cristianismo*. São Paulo, Loyola, 1999. Arrupe, P. Carta a toda a Companhia de Jesus sobre a aculturação (14.5.1978). In: Equipe S. J. de Vila Kostca/Itaici (Org.). *A obra da aculturação*. São Paulo, Loyola, 1978. p. 5s.

oficialmente ensinada pelo Concílio de Constança (1415) e chegou ao seu auge no Concílio de Basiléia (1431-1449).

Concílio: assembléia solene de líderes eclesiásticos, na Igreja católica, de bispos com o papa; pode ser ecumênico ou geral, quando reúne líderes de toda a Igreja e exerce a suprema autoridade doutrinal e pastoral com o papa; pode haver concílios plenários (nacionais) e provinciais, que reúnem os bispos de uma província eclesiástica.

Concordata: acordo formal entre a Santa Sé e um Estado determinado, por exemplo, a Concordata do Latrão, entre a Santa Sé e o Estado italiano, em 1929, garantindo os direitos soberanos da Santa Sé sobre o Estado e a Cidade do Vaticano.

Cristocentrismo: sistema teológico em que o centro da reflexão e da sistematização dos vários conteúdos da fé é Cristo, Filho de Deus preexistente e encarnado.

Cristomonismo: em eclesiologia, concepção pela qual a Igreja e as articulações eclesiais (a hierarquia, por exemplo) derivam exclusivamente (*monós* = único) de Cristo, não se tematizando a atuação das outras duas pessoas da Trindade, o Pai e o Espírito, na constituição da Igreja.

Cursus clericalis: processo gradual de preparação ao exercício dos ministérios "superiores", pelo exercício efetivo das ordens "inferiores", uma após a outra; intensifica-se a partir do século IV.

Deuterocanônicos: na linguagem em uso na Igreja católica, os livros (ou partes de livro) que se encontram somente na Bíblia grega.

Diacrônico: relativo à consideração de um determinado fenômeno lingüístico segundo o critério temporal, observando-se aí a evolução de uma idéia ou de uma concepção; em eclesiologia, por exemplo, a eclesiologia veterotestamentária, neotestamentária, patrística, medieval, moderna etc. Ver **sincrônico**.

Diálogo inter-religioso: diálogo entre as grandes religiões (cristianismo, islamismo, budismo etc.), que se desenvolve em vários níveis (conhecimento e amor mútuos, tomadas de atitude comum em favor da justiça e da paz, teologia etc.).

Dualismo: sistema, como a gnose e o maniqueísmo, que explica a ambigüidade do mundo por meio de dois princípios, um bom e outro mal, co-eternos e independentes. Ver **gnose**, **maniqueísmo**.

Eclesiologia: disciplina teológica que estuda a Igreja — sua origem, sua condição atual, sua missão, seu destino —, refletindo e influenciando sua práxis.

Eclesiotípica: realidade que tenha como ponto de referência a Igreja; neste texto, fala-se de mariologia eclesiotípica (a expressão é do italiano L. Sartori) para distingui-la de uma *mariologia cristotípica* (a expressão estou criando agora), que tem Cristo como ponto de referimento de todas as suas considerações.

Economia: em teologia, o termo é usado para indicar a disposição divina de salvação em sua realização histórica; neste sentido, o mesmo que desígnio, plano, projeto à medida que se realiza e revela-se na história.

Ecumenismo: movimento surgido em ambientes protestantes e anglicanos, que visa à reconciliação da cristandade dividida e à unidade das Igrejas cristãs.

Empírico: diz-se da realidade sensível, isto é, que pode ser captada pelos sentidos; diz-se, também, da realidade que pode ser submetida à experiência repetida e controlada.

Encíclica: carta pública endereçada pelo papa (ou por um concílio) a todos os bispos e fiéis católicos sobre algum assunto considerado importante; a partir de João XXIII, algumas encíclicas foram endereçadas a todas as pessoas de boa vontade; trata de algum aspecto importante da fé ou da moral, mas não engaja a infalibilidade papal.

Epiclese: do grego *epiklesis*, que quer dizer "invocação", o termo é aplicado às orações litúrgicas que pedem a Deus, mais propriamente ao Espírito Santo, a consagração das espécies eucarísticas e, depois da consagração, a comunhão das pessoas entre si e com Deus.

Estoicismo: doutrina filosófica iniciada em Atenas por Zenão de Cízio (300 a.C.), que se ocupa com o problema da verdade (lógica estóica), com a questão de um princípio racional e objetivo interior ao conjunto dos seres (*lógos* estóico) e propõe uma ética essencialmente racionalista, visto que o homem é aquele ser em que a racionalidade da natureza revela-se e reconhece-se, cabendo ao homem adequar-se conscientemente a ela (ética estóica).

Ex cathedra: o mais alto nível do ensinamento pontifício; ensinamento infalível, que deve ser acolhido por toda a Igreja; suas condições são: 1) deve tratar de um assunto de fé ou moral; 2) o papa deve falar como pastor e doutor supremo da Igreja; 3) em virtude de sua autoridade apostólica suprema; 4) deve ter a intenção clara de vincular toda a Igreja. Desde o Vaticano I, só houve um pronunciamento desta natureza, a proclamação do dogma da Assunção de Maria, por Pio XII, em 1950.

Fenomenicidade: caráter daquilo (ser pessoal ou não) que se manifesta, revela-se, apresenta-se ou aparece; [o fenômeno] pressupõe, então, um ser que se manifesta ou aparece e outro ser (dotado de capacidade de conhecimento ou de experiência externa e interna) ao qual ele se manifesta ou aparece.

Gnose (gnosticismo): uma série de seitas dos primeiros séculos que tinham em comum a pretensão de oferecer a seus adeptos um conhecimento (gnose) superior ao oferecido pelo judaísmo ou pelo cristianismo ortodoxo, dos quais dependiam num grande número de doutrinas e práticas; são características da gnose o dualismo entre matéria e espírito, bem como a crença numa série de emanações que, de Deus e — paralelamente — do princípio mau, vão se degradando até produzir o mundo atual, e a interpretação da redenção como libertação do espírito da escravidão da matéria por meio do conhecimento (= gnose) da verdade.

Heresia: do grego *hairesis* (= escolha), aplica-se à arbitrária acentuação de um aspecto da verdade de fé em prejuízo de outros aspectos; no sentido (derivado) de "desenraizamento", indica as separações produzidas por um erro doutrinal grave e obstinado; a heresia implica sempre um erro doutrinal.

Hermenêutica: "ciência" das regras e normas que permitem descobrir e explicar o sentido autêntico de um texto; em teologia, no limite, consciência crítica diante da desproporção teórica entre o mundo da fé (diferença) e o mundo da cultura (igualdade).

Iluminismo: movimento espiritual europeu, cujo ápice deu-se no século XVIII, caracterizado pela plena confiança na capacidade de a razão de afastar as névoas da ignorância e do mistério que assolam e obscurecem o espírito humano e tornar melhores e felizes os seres humanos justamente iluminando-os e instruindo-os; visa especialmente a abater o princípio de autoridade, a libertar o espírito humano da ignorância, das superstições e preconceitos, a acostumá-lo a pedir razão e provas de tudo e a dar às instituições sociais uma marca de racionalidade e secularidade. Ver **Modernidade**.

Inculturação: (1) a encarnação da vida e da mensagem cristã numa área cultural concreta, de forma que esta experiência não só chegue a expressar-se com os elementos próprios da cultura em questão (o que não passaria de uma adptação superficial), mas que se converta no princípio inspirador, normativo e unificado que transforme e recrie esta cultura, dando, assim, origem, a uma nova criação (padre Pedro Arrupe); (2) processo de evangelização pelo qual a vida e a mensagem cristãs são assimiladas por uma cultura, de modo que não somente elas se exprimam com os elementos próprios da cultura em questão, mas constituam-se em princípio de inspiração, a um tempo norma e força de unificação, que transforma e recria essa cultura [...] processo de evangelização pelo qual se lança numa cultura a semente evangélica, de modo que a fé possa nela germinar e desenvolver-se segundo o gênio próprio dessa cultura (padre Marcelo de Azevedo); (3) caminho de discernimento cultural e espiritual, bem como processo de conhecimento pedagógico da cultura como veículo real ou potencial da fé, pelo qual entre evangelizandos e evangelizadores estabelece-se uma evangelização mútua, em que o evangelizador, ao dar-se conta da própria cultura como portadora do Evangelho, não a absolutiza, e a cultura que está sendo evangelizada revela ao evangelizador que ele pode viver a mesma fé de um modo diferente e novo (idem).

Indefectibilidade: afirmação que exprime, na linguagem teológica, uma tríplice certeza a respeito da Igreja: (1) a Igreja não perecerá ao longo da história (cf. Mt 16,18); (2) a Igreja não fracassará em sua missão; (3) a Igreja subsistirá até o fim dos tempos como Cristo a quis, tudo em virtude da graça, da promessa e da fidelidade divinas.

Infalibilidade: dom da graça de que goza a Igreja em sua totalidade de perseverar na verdade divina (cf. Jo 16,13; *LG* 11); deste mesmo dom é dotado o magistério da Igreja, quando propõe uma doutrina de fé ou de moral de forma definitiva, universal e obrigatória (cf. *DS* 3074).

Josefinismo ou josefismo: tentativa setecentista dos imperadores austríacos de subordinar a Igreja a seus interesses nacionais; o nome provém do sacro imperador José II († 1790), que instituiu a norma do controle do Estado sobre a Igreja; esta norma só foi derrogada em 1850.

Jurisdição: faculdade de exercer a autoridade pastoral no interior da Igreja, sendo própria — do papa e dos bispos — e delegada — dos párocos.

Katástasis: em geral, significa "designação" e, conseqüentemente, "constituição"; especificamente, porém, o termo refere-se aos ministérios "instituídos" sem imposição das mãos, como é o caso das viúvas, na Igreja antiga, ou então conferidos simplesmente por "nomeação", como para os subdiáconos, também na Igreja antiga (cf. Hipólito de Roma. *Tradição apostólica*. 10 e 13).

Maniqueísmo: doutrina desenvolvida pelo persa Manes ou Mani (séc. III), que se considerava o último profeta, na qual o Bem e o Mal são vistos como dois princípios reais, iguais e antagônicos (dualismo) e na qual a matéria, radicalmente má, está na origem de todos os males e do cativeiro das almas; teve ampla difusão e alguns de seus traços sobrevivem até hoje.

Milenarismo: heresia ou tendência herética surgida nos primeiros séculos do cristianismo, ressurgida várias vezes ao longo da história cristã (por exemplo, joaquimismo, adventistas, testemunhas de Jeová etc.), que consiste em tomar a imagem bíblica do milênio (cf. Ap 20,1-6) de forma tão literal que acaba recaindo naquelas formas de messianismo terreno que Jesus havia rejeitado; geralmente, os milenaristas acreditam que o milênio (enigmático período de mil anos de que fala o Apocalipse) já começou ou está às portas.

Ministério: carisma em estado de serviço reconhecido pela Igreja.

Mistagogia: iniciação [introdução] ao mistério ou aos mistérios, especificamente aos sacramentos (*mysteria*).

Mistério (*mystérion*): não indica algo incognoscível ou oculto, mas uma realidade divina transcendente e salvífica, que se manifesta e revela de modo visível, razão pela qual o vocábulo, que é inteiramente bíblico, parece muito válido para designar a Igreja.

Modelo: construção teórica destinada a analisar situações reais (em que se imbricam teoria e prática) e a desenvolver teorias que ajudem a explicar essas mesmas situações; pode tornar-se "paradigma", que, como tal, afirma-se num determinado momento histórico, passa a ser criticado quando começa a mostrar suas contradições e é, finalmente, substituído por outro que negue a negatividade do modelo anterior e supere-lhe a positividade, em nova síntese.

Modelo cultual: concepção do ministério ordenado que privilegia, na teoria e na prática, sua dimensão cultual, sacramental, eucarística; neste modelo, o presbítero é simplesmente "sacerdote". Seu principal formulador na Antigüidade foi são Jerônimo, seguido pelo Ambrosiaster, Isidoro de Sevilha e, finalmente, santo Tomás, que o consagrou. Esta *visão cultual* marcará de tal modo a teologia do ministério que impedirá, de um lado, a recuperação da plena sacramentalidade do episcopado e, de outro, o entendimento de que pregação e governo pastoral da comunidade são tarefas que derivam da ordenação.

Modelo pastoral: concepção do ministério ordenado que o interpreta como serviço (*servitium*), ministério (*ministerium*) em relação a Deus e aos membros da comunidade, expurgando-o de toda a vinculação, teórica e prática, com poder, honra, domínio; neste modelo, o presbítero (e o bispo) é "pastor", "servidor" de Deus e dos irmãos, "evangelizador". Na Igreja antiga, seu maior representante é santo Agostinho e, na Idade Média, santo Tomás (sim, santo Tomás!) o reabilitará, como o fará, na Idade Moderna, também a Reforma.

Modelo sacral: concepção do ministério ordenado segundo a qual este é um *status* teologalmente fundado, uma dignidade, uma honra, uma posição quase celeste e divina, que torna seus detentores mais próximos dos anjos do que dos seres humanos; neste modelo, o presbítero é "homem do sagrado" e, por isso mesmo, "sagrado", "angélico", "quase divino". Os "pais" foram Gregório Nazianzeno (cf., sobretudo, o *De fuga* e a *Oratio II*), João Crisóstomo (cf., especialmente, seu *Diálogo sobre o sacerdócio*) e o Pseudo-Dionísio, com sua célebre *Hierarquia eclesiástica*.

Modernidade: paradigma cultural que se constitui entre o século XVI (até mais cedo, segundo alguns) e fins do século XVIII; cobre o século XIX (capitalismo liberal), o século XX até depois da Segunda Grande Guerra (capitalismo organizado) e o período que começa na década de 1960 (capitalismo financeiro), cujos princípios internos são o da regulação e o da emancipação: o da regulação é constituído pelos vetores do Estado (Hobbes), do mercado (Locke) e da comunidade (Rousseau); o da emancipação seria formado por três lógicas de racionalidade: a racionalidade estético-expressiva da arte e da literatura; a racionalidade moral-prática da moral e da ética; a racionalidade cognitivo-instrumental da ciência e da técnica.

Monofisismo eclesiológico: compreensão errônea da Igreja, pela qual se valoriza apenas sua dimensão divina e espiritual, à semelhança do monofisismo cristológico (Eutiques, Alexandria), que, em Cristo, só enxerga a pessoa e a natureza divinas. Ver **nestorianismo eclesiológico**.

Nestorianismo eclesiológico: expressão que remonta oficialmente a Leão XIII e indica compreensão errônea da Igreja, pela qual não se articulam corretamente a dimensão divina e a dimensão humana da Igreja, separando uma da outra em favor da dimensão humana (Nestório, Antioquia); na verdade, corretamente articuladas, a dimensão humana exprime — ainda que limitadamente — a dimensão espiritual, e a dimensão espiritual sustenta a dimensão humana. Ver **monofisismo eclesiológico**.

Ontológico: relativo ao ser enquanto ser ou ao ser enquanto tal, a realidade comum a todos os seres; para Aristóteles, a ontologia (ele propriamente não distingue metafísica e ontologia) é a ciência que estuda "o ser enquanto ser e as suas propriedades essenciais" (*Metafísica*, livro IV).

Ordenação absoluta: ordenação realizada sem que o indivíduo esteja destinado a uma comunidade eclesial concreta; a prática da ordenação absoluta foi condenada pelo Concílio de Calcedônia, 451:

Ninguém [...] pode ser ordenado em modo "absoluto", mas ser-lhe-á claramente confiada uma Igreja (= comunidade) na cidade ou no campo ou no lugar da memória de um mártir ou num convento. O sacrossanto concílio decide que a imposição das mãos sobre um ordenado em modo "absoluto" é inválida [...] (cân. 6)

Organolético: diz-se de algo (por exemplo, substância) que possui propriedades que atuam sobre os sentidos e/ou órgãos; o mesmo que organoléptico.

Padres da Igreja: antigos teólogos, geralmente bispos, a maioria canonizados, que por primeiro definiram e explicaram a fé cristã e que também prepararam as definições que seriam assumidas pelos antigos concílios diante das primeiras grandes heresias; no Ocidente, vão até Beda (673-735); no Oriente, até João Damasceno (675-749).

Papacesarismo: tendência, própria da Igreja do Ocidente, a partir sobretudo de Gregório I Magno (590-604), mas acentuada na Idade Média, de os papas ingerirem-se nos negócios temporais, o que provocou muitos atritos entre Igreja e sociedade "civil", entre Igreja e Estado.

Parentesco semiótico: proximidade ou semelhança de significado entre determinados termos ou expressões.

Per saltum: situação em que o *cursus clericalis* não é respeitado e vai-se diretamente aos ministérios "superiores" sem passar pelos "inferiores"; um bom número de papas (e de bispos), por exemplo, "saltaram" diretamente de leigos a papa, ou de diáconos a papa.

Plerofloria do Espírito: derramamento do Espírito na plenitude dos seus dons, fenômeno típico da era messiânica (cf. At 2,38; 10,45).

Pneumatocentrismo: em geral, sistema teológico cujo centro é o Espírito (*pneuma* = Espírito) em sua atuação econômica (na história) e em sua existência intradivina.

Pneumatoconforme: conforme ao Espírito; conformado ao Espírito; que, na totalidade do seu ser, foi radicalmente transformado pelo Espírito Santo; estado próprio de Jesus ressuscitado, que, segundo Paulo, foi feito "espírito vivificante" (1Cor 15,46; cf. 2Cor 3,6.17).

Praeparatio evangelica: expressão oriunda de Eusébio de Cesaréia — que escreveu uma obra homônima em 15 volumes —, significa originariamente que o paganismo (e antes o judaísmo) pode ser considerado uma "preparação" à mensagem evangélica graças às verdades parciais intuídas pelos filósofos, sendo, porém, sem fundamento todo o aparato mitológico pagão.

Quirotesia: indicação ou escolha de um cristão ou cristã para ocupar uma função "menor" na Igreja antiga; hoje diríamos "instituição", entendendo este termo em sentido lato. Ver **katástasis**.

Quirotonia: tecnicamente, o termo refere-se ao gesto de imposição das mãos, seguido da oração por parte do bispo, em vista do serviço divino (*leitougía*), da pregação autoritativa (*martyría*) e do pastoreio (*diakonía*); conferimento de um específico dom do Espírito mediante a imposição das mãos em vista do ministério pastoral; tornou-se sinônimo de ordenação em algum grau do ministério eclesiástico (Cf. HIPÓLITO DE ROMA. *Tradição apostólica*. 2.7.8).

Reducionismo: opção, nem sempre consciente e refletida, de reduzir o todo a uma parte; em teologia, ato de reduzir a visão total (enquanto esta é possível) de alguma verdade revelada e crida a algum determinado aspecto, empobrecendo ou mutilando o mistério cristão.

Reforma gregoriana: movimento de reforma eclesiástica iniciado no século X, ligado ao seu expoente máximo, o monge Hildebrando, que, como papa, assumiu o nome de Gregório VII (por isso reforma "gregoriana") e conduziu adiante a reforma da Igreja com pulso de ferro, entre 1073 e 1085; dele é o famoso *Dictatus papae*; combatia a simonia, o nepotismo, o casamento clerical e a investidura de autoridade eclesiástica por leigos.

Regime de encarnação: regime pelo qual o Deus transcendente faz-se presente à humanidade, assumindo e respeitando as estruturas da própria condição humana, possibilitando assim a comunicação entre o ser humano e o Deus vivo; o ponto gratuitamente culminante e inexcedível deste processo, onde cabe a Deus a soberana iniciativa, é a encarnação do próprio Filho de Deus, que se fez em tudo semelhante a nós, menos no pecado (Hb 4,15; GS 22) para salvar-nos e divinizar-nos nele.

Relativismo: ponto de vista filosófico (sobretudo em matéria de conhecimento e de comportamento moral) para o qual tudo é relativo, não havendo uma verdade absoluta e universal ou uma norma de comportamento que seja válida sempre e para todos os seres humanos.

Semina Verbi: expressão de Fílon de Alexandria (*lógos spermatikós*), usada por são Justino († 165), que significa literalmente "sementes do Verbo", ou seja, do único verdadeiro princípio racional (Cristo, o Logos, o Verbo, a Palavra preexistente e encarnada); estas sementes, partículas do único verdadeiro princípio racional, são inatas em todo o gênero humano e, por isso, encontram-se em toda a parte, portanto também entre os pagãos. Ver **estoicismo**.

Sessão conciliar: período de duração variável em que se dividem os trabalhos de um concílio ecumênico; o Vaticano II (1962-1965), por exemplo, teve quatro sessões.

Sincrônico: relativo ao estudo de um tema considerado num momento dado, independentemente de sua evolução histórica. Ver **diacrônico**.

Sínodo: reunião de líderes eclesiásticos para tratar de assuntos pertinentes à vida e à missão da Igreja; durante o Vaticano II, em 1965, Paulo VI institui, para a Igreja católica, o Sínodo Universal dos Bispos, convocado pelo papa para tratar de assuntos também fixados pelo próprio papa.

Soteriocentrismo: em geral, sistema teológico cujo centro é ocupado pela afirmação e preocupação com a salvação humana no cristianismo e nas demais religiões da humanidade; no diálogo inter-religioso, o soteriocentrismo radicaliza a posição teocêntrica (ver **teocentrismo**), pois concentra seus interesses não na questão de Jesus Cristo (ortodoxia), mas no compromisso efetivo de cada religião e de todas as religiões com os sofrimentos da humanidade (ortopráxis); no soteriocentrismo, o valor das religiões consiste em promover o Reino, a libertação, o bem-estar da humanidade, encerrando-se numa visão considerada pragmática e imanentista.

Subsidiariedade: princípio (da doutrina social da Igreja) pelo qual nada que um agente subalterno faça melhor, ou pelo menos tão bem quanto um agente superior — na sociedade, no governo ou na Igreja —, deve ser feito por este último (cf. Pio XI, *Quadragesimo anno*).

Teocentrismo: em geral, sistema teológico em cujo centro temático é colocado o próprio Deus, em relação a cujo mistério todas as demais realidades da fé são coerente e sistematicamente pensadas; no diálogo inter-religioso, tem uma acepção especial.

Teocrático: diz-se do poder ou do Estado que governa apelando-se à autoridade divina como sua fonte ou, de qualquer maneira, como sua legitimação perante os cidadãos.

Tipo: termo de origem grega (*t+pos* = imagem, figura) usado no Novo Testamento para indicar as realidades da antiga aliança que constituem uma imagem e um anúncio da novidade cristã; Paulo o aplicará, por exemplo, a Adão em relação a Jesus (cf. Rm 5,14) e ao Povo de Deus do Antigo Testamento em relação à Igreja (cf. 1Cor 10,6).

Tuciorismo: atitude ou doutrina que pretende garantir maior segurança (*tutus,-a,-um* = seguro) aos atos ou decisões humanas.

SUMÁRIO

APRESENTAÇÃO DA COLEÇÃO 5

INTRODUÇÃO 9

CAPÍTULO I. **A IGREJA NÃO CABE NUM ÚNICO OLHAR** 13
   1. A perspectiva histórica 13
   2. A perspectiva sociológica 15
   3. A perspectiva psicológica 17
   4. A perspectiva da fé 19
   5. A perspectiva da teologia 21
   6. A perspectiva das teologias 23
   7. A perspectiva de uma teologia ecumênica 28

CAPÍTULO II. **CREIO "NO ESPÍRITO SANTO PRESENTE NA SANTA IGREJA!"** .. 33
   1. Igreja do Pai: "Por livre desígnio de sabedoria e bondade,
      o Pai eterno criou o mundo [...]" (*LG* 2) 34
   2. Igreja do Filho: "Veio o Filho, enviado pelo Pai que, através dele,
      nos escolheu desde ainda antes da criação [...]" (*LG* 3) 35
   3. Igreja do Espírito: "[...] O Espírito Santo foi enviado,
      no dia de Pentecostes, como fonte perene de santificação" (*LG* 4) ... 37
   4. A Igreja é santa: A Igreja [...] é ao mesmo tempo santa
      e está em constante purificação [...]" (*LG* 8c) 40
   5. A Igreja é una: "Um só Senhor, uma só fé, um só batismo" (Ef 4,5) ... 42
   6. A Igreja é católica: "A presença de Cristo assegura a presença
      da Igreja católica" 46
   7. A Igreja é apostólica: "Como o Pai me enviou, também eu vos envio"
      (Jo 20,21) 48

CAPÍTULO III. **"A NATUREZA ÍNTIMA DA IGREJA NOS É MANIFESTADA ATRAVÉS DE VÁRIAS IMAGENS" (LG 6)** 55
   1. Igreja-rebanho do Senhor: "[...] O povo sob seu governo,
      o rebanho que ele conduz" (Sl 95,7) 57
   2. Igreja-campo e semeadura de Deus:
      "O semeador saiu a semear [...]" (Lc 8,5) 59
   3. Igreja-construção do Espírito: "[...] E vós, lavoura de Deus,
      construção de Deus" (1Cor 3,9) 61
   4. Igreja-virgem e mãe: "Uma única virgem tornou-se mãe;
      gosto de chamá-la Igreja" 63

5. Igreja-esposa: "Vem, vou mostrar-te a noiva,
esposa do Cordeiro" (Ap 21,9) 66
6. Igreja-nave: "Avança mais para o fundo,
e ali lançai vossas redes para a pesca" (Lc 5,4) 68
7. Igreja-lua: "[...] Um é o brilho do sol,
outro o brilho da lua [...]" (1Cor 15,41) 71

CAPÍTULO IV. **A IGREJA EM NOÇÕES: A FADIGA DO CONCEITO** 75
1. Povo de Deus: "O sacerdócio régio, nação santa,
o povo que ele conquistou" (1Pd 2,9) 76
2. Corpo de Cristo: "Vós todos sois o corpo de Cristo e, individualmente,
sois membros desse corpo" (1Cor 12,27) 81
3. Templo do Espírito Santo: "Acaso não sabeis que sois templo
de Deus e que o Espírito de Deus habita em vós?" (1Cor 3,16) 85
4. Comunhão (*koinonía*): "[...] E a nossa comunhão
é com o Pai e com seu Filho, Jesus Cristo" (1Jo 1,3) 89
5. Sacramento de comunhão: "[...] Isso que vimos e ouvimos,
nós vos anunciamos, para que estejais em comunhão conosco" (1Jo 1,3) ... 93
6. Mistério da Igreja: "Ele nos fez conhecer o mistério
de sua vontade [...]" (Ef 1,9) 97
7. Instituição: "É dele que o corpo todo recebe coesão
e harmonia, mediante toda sorte de articulações [...]" (Ef 4,16) 100

CAPÍTULO V. **A IGREJA EM SUAS ARTICULAÇÕES INTERNAS** 107
1. Discípulos e discípulas: "Vinde e vede!" (Jo 1,39) 107
2. Filhos e filhas: "[...] Um só é vosso Pai,
aquele que está nos céus" (Mt 23,9) 111
3. Irmãos e irmãs: "[...] Um só é vosso Mestre
e todos vós sois irmãos" (Mt 23,8) 114
4. Carismas e ministérios: "A cada um é dada
manifestação do Espírito [...]" (1Cor 12,7) 118
5. O ministério episcopal: "Derrama a força que vem de ti,
o Espírito de chefia [...]" (*TA* 8) 123
6. O ministério presbiteral: "Comunica-lhe o Espírito
da graça e do conselho [...]" (*TA* 20) 127
7. O ministério diaconal: "Não para o sacerdócio,
mas para o serviço do bispo" (*TA* 22) 131

CAPÍTULO VI. **A IGREJA E SUAS RELAÇÕES: IDENTIDADE E MISSÃO** 139
1. Igreja e Reino de Deus: "[...] O Reino de Deus está próximo" (Mc 1,15) 140
2. Igreja e Israel: "Não repudiou Deus o seu povo,
que de antemão conhecera" (Rm 11,2) 146
3. Igreja e religiões: "Não rejeita nada que seja verdadeiro
e santo nestas religiões" (*NA* 2) 150
4. Igreja e cristianismo: "Na casa de meu Pai há muitas moradas" (Jo 14,2) ... 155
5. Igreja e fiéis: "Ide, pois, às encruzilhadas
e convidai para as núpcias todos [...]" (Mt 22,9) 161
6. Igreja e sociedade: "Vós sois o sal da terra [...]
vós sois a luz do mundo" (Mt 5,13.14) 166

7. Igreja e Estado: "Dai, pois, a César o que é de César
e a Deus o que é de Deus" (Mt 22,21) 167

CAPÍTULO VII. **IGREJA, MODELOS E PARADIGMAS** 173
1. Modelo da comunhão: "a Igreja é uma comunhão" 175
2. Modelo da religiosidade popular:
maior do que a Igreja, menor do que o povo 176
3. Modelo da sociedade: Deus criou a hierarquia... e tirou férias! 178
4. Modelo da libertação: a força histórica dos pobres 178
5. Modelo da subjetividade: entre a razão
que questiona e a sensação que devora 180
6. Modelo do ecumenismo: "Que todos sejam um [...]" (Jo 17,21) 181
7. Modelo do diálogo inter-religioso:
"Derramarei o meu Espírito sobre toda carne" (Jl 3,1) 183

CONCLUSÃO 189

VOCABULÁRIO 193

SIGLAS

AA	Decreto *Apostolicam actuositatem* (18.11.1965), do Vaticano II
AAS	*Acta Apostolicae Saedis*, 1909ss
AA.VV.	Autores vários
Ad Eph.	Carta de Inácio de Antioquia aos Efésios
AG	Decreto *Ad gentes* (7.12.1965), do Vaticano II
AS	*Acta Synodalia Sacrosancti Concilii Oecumenici Vaticani II, Typis Polyglottis dogmaticae Lumen gentium Synopsis Historica,* editado por G. Alberigo e F. Magistretti, Istituto per le Scienze Religiose, Bologna, 1975 [atas do Concílio]
Aste	Associação de Seminários Teológicos Evangélicos
ARCIC	*Anglican-Roman Catholic International Commission* (Comissão Internacional Anglicana-Católica-Romana).
BEM	*Batismo, Eucaristia, Ministério,* documento do acordo de Fé e Constituição do Conselho Ecumênico das Igrejas (Lima, 1982)
CCE	*Catechismus Catholicae Ecclesiae* (11.10.1992)
CCEO	*Codex Canonum Ecclesiarum Orientalium* (1990)
CD	Decreto *Christus Dominus* (28.10.1965), do Vaticano II
CDC	Código de Direito Canônico (1983)
CEBs	Comunidades eclesiais de base
Ceris	Centro de Estatística Religiosa e Investigações Sociais
Cf.	Conforme, conferir
CIC	*Codex Iuris Canonici* (1983)
CIC/17	*Codex Iuris Canonici* (1917)
CLAR	Conferência Latino-Americana de Religiosos (Bogotá)
CLV	*Edizioni Liturgiche* (Centro Liturgico Vincenziano)
CNBB	Conferência Nacional dos Bispos do Brasil
CSEL	*Corpus Scriptorum Ecclesiasticorum Latinorum,* Viena, 1866ss
D.	H. Denzinger, *Enchiridion symbolorum definitionum et declarationum de rebus idei et morum*, 1854
Denz.	Idem.
DH	Declaração *Dignitatis humanae* (7.12.1965), do Vaticano II
DHN	H. Denzinger & P. Hünermann, *Enchiridion symbolorum definitionum et declarationum de rebus fidei et morum*, edição bilíngüe [grego / latim - italiano], Bologna, 1995
DS	H. Denzinger & A. Schönmetzer, *Enchiridion symbolorum definitionum et declarationum de rebus fidei et morum*, 36. ed., Barcelona – Freiburg Br. – Roma, Herder, 1976
DV	Constituição dogmática *Dei Verbum* (18.11.1965), do Vaticano II.
(Ed.)	Pessoa ou pessoas responsáveis pela edição de uma obra
EDB	*Edizioni Dehoniane Bologna*

EN	Exortação apostólica *Evangelii nuntiandi* (8.12.1975), de Paulo VI.
EO	*Enchiridion Oecumenicum*. Documentos do diálogo teológico interconfessional, em vários volumes, publicados em Bologna, 1986ss
EV	*Enchiridion Vaticanum*. Bologna, EDB, 1976ss. [Documentos do Concílio]
GE	Declaração *Gravissimum educationis* (28.10.1965), do Vaticano II
GS	Constituição pastoral *Gaudium et spes* (7.12.1965), do Vaticano II
Ibidem	Citação de mesma obra na imediata seqüência do texto
Idem	Citação do mesmo autor na imediata seqüência do texto
Immortale Dei	Encíclica de Leão XIII (1º.11.1885)
IPLA	Instituto Pastoral Latino-Americano (Quito)
LG	Constituição dogmática *Lumen gentium* (21.11.1964), do Vaticano II
Marialis cultus	Encíclica de Paulo VI (1974)
Medellín	2ª Conferência Geral do Episcopado Latino-Americano (1968)
MI	Milano [Milão]
MysLib	*Mysterium liberationis*
Mystici corporis	Encíclica de Pio XII (29.6.1943)
NA ou Nae	Declaração *Nostra aetate* (28.10.1965), do Vaticano II
OE	Decreto *Orientalium ecclesiarum* (21.11.1964), do Vaticano II
O. R.	Edizioni O. R. (Opera della Regalità)
Op. cit.	*opus citatum* (obra citada).
(Org.)	organizador(a) de determinada obra, geralmente coletiva
OT	Decreto *Optatam totius* (28.10.1965), do Vaticano II
PC	Decreto *Perfectae caritatis* (28.10.1965), do Vaticano II
PG	*Patrologiae cursus completus, series graeca et orientalis* (org. por J. P. Migne, Paris, 1857-1886)
PL	*Patrologiae cursus completus, series latina* (org. por J. P. Migne, Paris, 1844-1864)
PO	Decreto *Presbyterorum ordinis* (7.12.1965), do Vaticano II
Puebla	3ª Conferência Geral do Episcopado Latino-Americano (1979)
PUG	Pontifícia Universidade Gregoriana
REB	*Revista Eclesiástica Brasileira*
RMI	Encíclica *Redemptoris missio* (7.12.1990), de João Paulo II
SC	Constituição *Sacrosanctum concilium* (4.12.1963), do Vaticano II
SEDOC	Serviço de Documentação do Instituto Teológico Franciscano
ss	seguintes
TA	*Tradição apostólica*, de Hipólito de Roma
UNSA	Ediciones Universidad de Navarra, S.A. (Pamplona)
UR	Decreto *Unitatis redintegratio* (21.11.1964), do Vaticano II
US	Bula *Unam sanctam* (18.11.1302), de Bonifácio VIII
UUS	Encíclica *Ut unum sint* (25.5.1995), de João Paulo II

Impresso na gráfica da
Pia Sociedade Filhas de São Paulo
Via Raposo Tavares, km 19,145
05577-300 - São Paulo, SP - Brasil - 2018